U0820438

工程原理（下）

【美】布雷特·A. 汉德利　戴维·M. 马歇尔　克雷格·库恩　著

黄兆祺　楼初旸　唐楚虹　汪凡　王佳元　译

上海科技教育出版社

出版说明

21世纪是知识和经济全球化的时代，科技创新越来越受到重视，社会对科技与工程类人才的需求与日俱增。各国为了应对竞争压力，纷纷进行基础教育改革，尤其是美国发起的STEM（科学、技术、工程和数学，简称STEM）教育，在全世界引起了广泛的关注和探索实践。

当前，我国基础教育阶段的工程教育尚处于起步阶段，没有成熟的课程设置与师资配备，也缺乏相对权威可靠的课程资源。为此，我们精选美国“项目引路”机构（Project Lead the Way，简称PLTW）的课程资源，引进出版了这套“中小学工程教育”丛书。目前，美国50个州和哥伦比亚特区已经有4700多所学校开设PLTW课程，PLTW的课程资源是目前美国初中和高中使用最广泛的预备工程教育课程资源。我们希望，这套丛书的引进出版，为我国当下正在策划的基于“核心素养”的基础教育课程改革，以及我国以工程技术思想为龙头的STEM教育的有效实施提供参考。

需要说明的是，原书使用的度量衡单位、符号及部分规范，与国内通用的国际单位有所不同，为了原汁原味地保持原有内容，以及行文的简洁，我们仅在每本书的前面附上了单位换算表，以方便读者使用。此外，该套丛书涉及科学、技术、工程和数学多个领域，翻译难度较大。不当之处，欢迎广大读者批评指正。

丛书序

教育要面向未来多变的社会，要培养具备全球胜任力的学生。在这样的背景下，综合性、跨学科的知识和能力越来越重要，这也是我国当前课程改革中最新提出培养、发展学生核心素养（即必备品格与关键能力）的重要内涵。因此，通过加强跨学科课程建设，给学生提供跨学科学习经历尤显重要。国际上当前流行的STEM、STEAM课程，也正是以跨学科、综合性作为其重要特征的。

我国的基础教育历来十分注重学科课程。虽然学科课程原本内涵着跨学科的元素（如物理中有数学，化学中有物理，历史中有地理），但长期以来已被固化，缺乏与时俱进的深化和拓展。近年的课程改革又开始重视综合性课程和跨学科课程的开发，如全国课程改革中的综合实践活动课程，上海课程改革中的研究型课程、科学课程和艺术课程。但在实施中，这些课程远未达到应有的水平。而且现在看来，这些课程缺乏了一个重要内容，就是工程教育。工程是科学、数学与技术等的整合与应用，航天工程、生物工程、桥隧工程、建筑工程、“菜篮子工程”等都是工程。在工程中，必须把设计思维和实践能力放在重要位置，这就要求能够在面临一个复杂的、综合性的任务时，创造性地利用各种手段和方式去完成任务。在设计思维里，系统性思想、以人为本的思想都非常重要。因此，工程教育是跨学科的，是培养设计思维和实践能力的一个很重要的载体，而这正是发展学生核心素养的重要内容。

在基础教育课程改革中，我们首先关注课程的育人价值，在今天特别要考虑课程面对未来的育人功能。工程教育的缺失会产生育人的短板，这也是国际教育界通过反思之后特别重视STEM课程的重要原因。当前，加强工程教育已经成为国际共识。相比之下，我们就更需要努力了。

如何弥补工程教育在我国基础教育中的的薄弱与空白？由于当前国内还没有理想的中小学工程教育教材，所以需要学习和借鉴。本套“中小学工程教育”丛书是从美国引进的，有很多值得借鉴的优点。首先，内容系统、完整。书中对工程学科有全面、系统的介绍，包括工程设计的一般流程，工程建设相关的工具、材料、职业等。书中还结合具体的工程项目，介绍了物理、数学等学科知识在工程问题中的应用。其次，它是跨学段的系统设计，初中阶段的学生用书是《工程学入门》，高中阶段的学生用书是《工程原理》《工程设计导论》，内容的难易与梯度都比较合适。第三，语言生动、图文并茂，可读性很强。最后，整套书不仅有功能类似传统教材的学生用书，还有配套实践手册，可供学生练习、提高。

“他山之石，可以攻玉”。我希望这套“中小学工程教育”丛书的翻译出版，可以为我国当前的课程改革、教材开发服务。希望国内的相关人士，能够在此基础之上，开发本土中小学工程教育教材。

张民生

2017年12月

单位换算表

量的名称	英（美）制单位		换算关系
	名称	符号	
长度	英寸	in	1 in = 25.4 mm
	英尺	ft	1 ft = 12 in = 0.3048 m
	码	yd	1 yd = 3 ft = 0.9144 m
	英里	mi	1 mi = 1760 yd = 1609.344 m
面积	平方英寸	in^2	1 in^2 = 645.16 mm^2
	平方英尺	ft^2	1 ft^2 = 0.092 903 m^2
	英亩	acre	1 acre = 4840 yd^2 = 4046.856 m^2
体积	立方英寸	in^3	1 in^3 = 16.387 cm^3
容积	加仑（美）	gal	1 gal = 231 in^3 =3 .785 4 L
流量	加仑每分钟	gal/min, gpm	1 gpm = 0.003 785 4 m^3/s
速度	英尺每分钟	ft/min	1 ft/min = 0.005 08 m/s
	英寸每秒	in/s	1 in/s = 0.0254 m/s
	英寸每分钟	in/min	1 in/min = 0.3048 m/s
加速度	英尺每平方秒	ft/s^2	1 ft/s^2 = 0.3048 m/s^2
质量	磅	lb	1 lb = 0.453 59 kg
	盎司	oz	1 oz = 28.3495 g
压强，应力	磅每平方英寸	lb/in^2, psi	1 psi = 6894.757 Pa
	千磅每平方英寸	ksi	1 ksi = 6 894 757.293 Pa
温度	华氏度	℉	华氏度 = $\frac{9}{5}$摄氏度 + 32 华氏度 = $\frac{9}{5}$开氏度 − 459.67
功、能、热	英尺磅	ft · lb	1 lbf · ft = 1.355 82 J
	英寸盎司	in · oz	1 in · oz = 0.007 061 55 J
	英制热量单位	Btu	1 Btu = 1055.056 J
	热姆	therm	1 therm = 10 000 Btu = 105 505 585.26 J
比热容	英制热量单位每磅华氏度	Btu/（lb · ℉）	1 Btu/(lb · ℉) = 4186.8 J/(kg · K)

（续表）

量的名称	英（美）制单位		换算关系
	名称	符号	
功率	英尺磅每秒	ft · lb/s	1 ft · lb/s = 1.355 82 W
	马力	hp	1 hp = 550 ft · lb/s = 745.700 W
转矩	盎司力英寸	ozf · in	1 ozf · in = 0.007 061 55 N · m
	磅力英寸	lbf · in	1 lbf · in = 0.112 985 N · m
	磅力英尺	lbf · ft	1 lbf · ft = 1.355 82 N · m

前言

毫无疑问，工程学并不是一门新兴的学科。从人类文明开始出现时，工程学就得到了运用。随着更多强有力技术的进化与整合，工程师使用的方法一直在改变。然而，工程学最基本的原理（比如说概念、科学定律、数学公式）却是始终不变的。

《工程原理》对于教师来说是一本全新的教科书，他们可以用它帮助高中生在现有数学和科学知识的基础上，理解什么是工程学。同时，它也可以激发学生对工程学领域以及技术领域的职业的探索热情。《工程原理》这本书通过展示工程师和设计专家塑造现代化人造社会所依据的原理和概念，培养学生的技术素养以及解决问题的能力。这些能力在后续的工程学学习以及工程技术活动中都是非常宝贵的。

《工程原理》和PLTW机构

本书是德尔玛圣智学习出版公司（Delmar Cengage Learning）和项目引路机构（Project Lead The Way，简称PLTW）于2006年2月开展的一项合作的成果。作为一家开发工程学课程的非营利性基金会，为了让学生能够更好地学习工程学以及工程项目，PLTW机构整理了一系列与之相关的严谨的、实用的重要知识。

PLTW的课程开发人员力求在每一门课程中，通过策划易于实施、联系实际的项目让学生学到相关的数学、科学知识。为了支持PLTW的课程目标以及所有想要在工程学领域和工程技术领域策划项目的老师，德尔玛圣智学习出版公司出版了一系列教科书来配合PLTW的九门课程：

技术入门
工程设计导论
工程原理
数字电子学
航空航天工程
生物技术工程
土木工程与建筑

计算机集成制造

工程设计与开发

本书是如何研发的？

德尔玛“PLTW”系列的研发是从一个讨论小组开始的。这个讨论小组的成员都是经验丰富的教师以及课程研究人员，他们都来自工程学科的不同领域。通过讨论，他们认为有两点非常重要：(1) 教师需要一种适应当今工程学教学的资源；(2) 教师希望能够有支持基于项目和问题学习的互动资源。

多年来，教师们一直试图让传统的教科书适用于以科学、技术、工程与数学（STEM）为基础的工程学课程。大多数高中教师在教学时，都会先从一摞厚厚的课本中提取有用的素材，然后组合起来再给同学讲解工程学的概念。《工程原理》这本书满足了以上需求，因为它既有工程学的理论知识也有相应的应用技术。从此，教师就可以选择只用一本书进行教学，因为这一本书就可以解决基于项目和问题学习的问题，并且全面覆盖工程设计过程需要用到的重要概念和技术。

本书的独特之处在于它是由一个团队撰写的，作者们都拥有丰富的高中工程学理论教学经验。这些作者耗费了大量精力编写这本高中生能够理解但又不失严谨的课本。每一个章节的内容都经过工程学教授的彻底审查，以确保工程学内容的准确性和合理性。《工程原理》通过以下方式支持基于项目和问题的学习：

- 创造了以概念理解而非传统课本内容指导的非常规教育方法，它“重在示范，而不是灌输”。在每一章节的开始，便将重要概念罗列出来，从而使学生在阅读过程中能清楚地理解概念的含义。
- 根据实际的应用案例、项目策划、问题的解决，加深对重要概念的理解。
- 将课本里的内容与现实世界相结合。案例研究、工程师档案、讲述人类成就的短文以及拓展学习部分的资源向学生展示了工程师和建筑师如何迈上职业道路，如何战胜失败挫折，如何不断创新以完善成果、提高项目质量。
- 加强了课本的互动性。本书包含许多有趣的古代和现代的土木工程与建筑实践活动，供学生参与、练习。

组织

本书主题严谨有序，每一个主题都经过了精挑细选，能够满足PLTW对于“工程原理”课程的要求。

特点

教师希望能够有一本具有互动性的教科书，以使学生对塑造当今城市的工程产品和工程方案背后的故事感兴趣。在本教科书中，有许多的趣味阅读和关于当代技术的介绍，通过以下这些小栏目，让学生体验整个设计过程。

- **案例研究** 让学生能够探索学习设计团队发明新技术的过程。

案例研究

木工具箱：设计木质机械驱动玩具

埃里克·威廉森（Eric Williamson）是一位设计师和手工艺者，家住英国威尔士中部的兰布林迈尔。自20世纪70年代以来，他一直在制造独特的木制玩具，并称其为机器人。这些玩具利用简单的机械装置，例如连杆机构和凸轮，将手摇曲柄的旋转运动传递给木质动物形象、机器，甚至人像玩偶，使它们做出一些栩栩如生的动作（见图4-16）。埃里克的灵感来自于他对人体解剖学和大自然创造优雅运动方式能力的崇敬，这些优雅的运动极难用机械进行复制。

在他妻子艾莉森（Alison）的帮助下，埃里克将他的机器人发展成为商业化的自行拼装式木制玩具，叫做Timberkits，销往全世界。尽管高科技玩具不断涌现，但埃里克的机器人20年来一直畅销。他认为很多针对儿童的现代玩具和活动没有给孩子的想象力留下空间。“人类的想象力是很强大的。孩子总是能从最简单、最平凡的物体中发现一些相当神奇、难以想象的东西，并且会热衷于将一片片的木头拼成一个鼓手、一只毛毛虫，或者是一条龙。”

埃里克“将想法转换为可行的现实”所用的设计方法非常独特，包括了反反复复地画图和建模。“我的方法可以概括为，一个艺术家认为他的想法一定能被制造出来，而且一定能够大卖！首先，我简单地‘涂涂画画’。然后我制作模型来检验想法是否可行。在此之后，我回到画图板（有数学工具的那种简单、老式的板），修改图稿。这个过程反复进行，直到我做好画‘技术图纸’的准备，这种图纸要详细说明每一个元件各个部位的尺寸。”

埃里克把他完成的模型展示给别人，让他们对他的想法“挑毛病”，反馈“真实世界”对它们的看法。他也和零售商合作，发现他们感兴趣的地方。然后把一个完成的样品送到中

图4-16 （a）威廉森自20世纪70年代以来一直在设计和制造木玩具。（b）他的商业化的木玩具工具包（叫做Timberkits），将简单的机械装置运用在活灵活现的模型里，例如这个毛毛虫和蝴蝶。

案例研究

国制造商手中，利用传统方法或计算机辅助制造法进行批量生产。每一个工具包都配备有详细的拼装步骤说明，还有手工绘制的原尺寸斜视立体图。霸王龙是埃里克的Timberkits模型之一（见图4-17）。

图4-17 霸王龙的部件由一系列彼此联系的连杆机构和凸轮组成。

组装好的霸王龙由手动曲柄机构驱动，曲柄连接在平板凸轮上（见图4-18）。平板凸轮再通过连杆机构和活动铰链连接到玩具的左腿上。连杆机构将曲柄连续的圆周运动转换成摇摆运动，使得左腿前后摆动。右臂和下颌是一个四杆机构系统的一部分，控制着霸王龙嘴巴的张开和合拢。当右臂向上抬起时，嘴巴闭合。

埃里克和他的妻子希望能够激励孩子们用一切可利用的资源制造他们自己的机器人，无论他们年龄大还是小。“我们希望人们做出自己的模型，而且希望我们的模型能够打开这个局面。”

图4-18 （a）改良的滑块和曲柄使得玩具的左臂活灵活现。（b）霸王龙下颌的运动是由一个四杆机构控制的。

- **趣味阅读** 展示有趣的故事以及产品不断完善的过程。

趣味阅读

通往未来的桥梁

达·芬奇的发明在当时并非都是可实现的，其中有许多是超越时代的。比如，在1502年，达·芬奇曾为博斯普鲁斯河画了一张长达720英尺的单孔桥的设计草图，这个项目是君士坦丁堡苏丹巴耶赛特二世时期土木工程合同中的一部分，位于现在的土耳其。但是这座桥一直未能建成，因为达·芬奇对于该桥的建造构想比当时的工程技术水平领先300年。大约500年后，达·芬奇的这份简约却不简单的草图吸引了挪威艺术家桑德（Vebjøon Sand）的注意。桑德从这张草图中得到了灵感，并决定将该想法变成现实。达·芬奇的这张草图画完500年以后，这座达·芬奇桥最终于2001年10月31日在挪威奥斯陆建成并开放供行人和骑自行车的人使用。目前，桑德正在考虑在美国的一些地方继续建造达·芬奇桥。

▶ **轮到你了** 通过技能型活动强化书中的概念。

轮到你了

2010年1月，阿拉伯联合酋长国迪拜的哈利法塔成功投入使用，成为世界上最高的建筑。这座塔高2625英尺，层数超过160层（图1-20）。你可以在网上查询关于这座世界上最高的建筑的资料，并调查一下在这个工期长达6年的项目中，工程师所遇到的问题和采取的解决方法。

Image copyright hainaultphoto, 2010. Used under license from Shutterstock.com.

图1-20 哈利法塔是世界上最高的建筑，高达2625英尺。

▶ **术语解释** 贯穿全文，为工程学术语提供可靠的解释。

连杆机构（linkage）： 是指机械系统中某些刚性机械部件的装配集合，它们连接在一起传递力和控制运动。

▶ **STEM** 展示用科学和数学原理解决工程技术领域问题的例子。

希腊符号π（pi）是一个常数，比3略大，数学家用它来表示圆的周长与直径的比值。上千年来，π让世界上无数的数学家为之着迷，因为它是一个无理数。它的小数位无限且不循环。科学计算器有个π按钮，方便人们进行相关计算。如果你没有科学计算器，那么使用π的近似值3.14也是可以接受的。因为数值的有效位数会影响到你的最终答案，所以在回答问题之前，最好先问一下你的老师应该选哪个数值。

▶ **工程师档案**　介绍一些优秀工程技术人员，以激发学生对工程学领域职业的追求。

工程师档案

诸事皆可能

霍布斯（Jamesia Hobbs）是一名工艺工程师，供职于美国科罗拉多州丹佛市的一个全球咨询公司的总部，她说："工程涉及到我们日常生活中的各个方面。"在公司亚特兰大办公室工作的霍布斯被工程学的多样性所吸引。她说："你的职业生涯有多条路可走，我就爱这许许多多的可能性，不喜欢停滞不前。"

迄今为止她都没有停滞不前。在获得她的工程学位后，霍布斯在造纸行业的一个龙头企业工作。就是在那，她萌生了想要成为工程师的愿望。"工程师分两种，"她说，"实干型工程师，他们只是一味积极投入；另一种我称之为把控型工程师，也就是幕后工作者，他们的工作就是协助前者使之能够顺利完成自己的工作。我很早就意识到我更适合做后者，因为我确实很喜欢做设计工作，并把完成的内容打包发给客户。"

霍布斯：化学工艺工程师

工作内容

霍布斯目前所在的公司涉及多个方面的内容，她在能源化工部门工作。她说："现在我正投入在多晶硅工业的研究中，来设计某些能被运用于太阳能技术中的材料。现在的重点是为一些打算走环保型路线的公司提供帮助。"

作为一名化学工程师，霍布斯主要关心的是流过设备的原材料情况。她观察温度变化范围、化学品所处的气压大小以及管道中的情况。作为一名顾问，霍布斯几乎不进入现场检测。但她那让人难忘的工程师经历足以让她具备丰富的经验。霍布斯说："当我还在纸品公司工作时，我是负责几个项目停工关闭系统的工程师。在一次停工期间，有一台设备必须彻底关闭进行维修和清洁。当时在动力室有一个很大的锅炉需要清洁和检查，而我就正好有机会进去看一遍。这些事情在学校里你也可以听到，但当你亲临现场，你会发现这将是一个极大的启发。"

职业启蒙

霍布斯并不是一直都清楚自己要当一名工程师。她说："在我小的时候，我对于我长大要做什么的想法每周都会变，但是我始终热爱数学和科学，它们对我来说就像谜一样。当我听说一个朋友家的女儿进入化学工程行业的时候，我觉得有点意思。"

霍布斯的父母支持她的想法，但并没有强迫她。她说："他们俩在我出生前都没有上过大学，但他们一直强调教育对我的未来是多么重要。所以在我很小的时候，我就知道取得好成绩以进入大学是多么重要。为了强调大学教育的重要性，我的母亲在我高中二年级的时候开始攻读一个大学学位。"

教育经历

霍布斯以优异的成绩从北卡罗来纳州立农工大学毕业。她说："这真的是一个很小的集体，因为在我们班只有12人左右，所以更像是一个家庭。"

霍布斯最爱的老师都是严厉管教学生的。霍布斯说："我喜欢老师们严格要求我们，这样我才能学得最好。"

给学生的建议

霍布斯建议学生们一定要在数学和科学上打好坚实的基础以便于接受工程教育，但她同时也鼓励学生们应该做好多方面准备。她说："从长远考虑，应该通过一家公司或是一家机构与工程始终保持接触，并且从不同方面找到可以运用到你的专业知识的地方。"

▶ **设计概要**和**工程师笔记本**是进行有效沟通的重要方式。

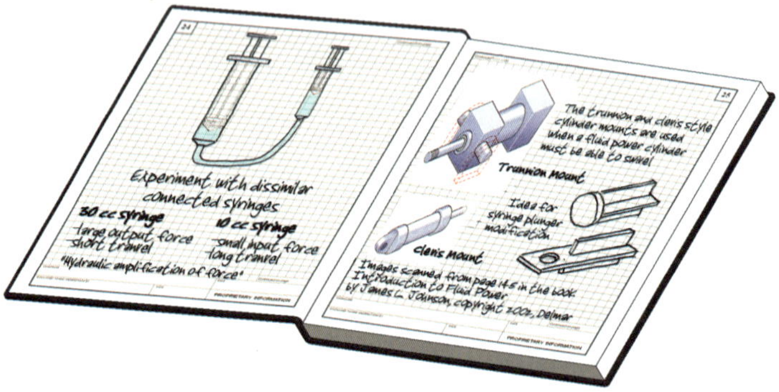

设计概要

客户： 杰纳西峡谷电力局

设计者： 克里斯廷·哈斯

问题陈述： 低放射性核废料的处理存在危险，不能让处理核废料的工人冒险与之直接接触。

设计要求： 设计一个特制的液压机器手臂，它可以从工作区域中的指定位置转移一个乒乓球大小的物体并将其扔进一个内径为1.5英寸的管道中。这个乒乓球大小的物体代表敏感物质。工作区域代表着危险的环境，不适合人类进入与敏感物质进行直接接触。

约束条件：

1. 完成期限：3周
2. 预算100美元
3. 最大重量 = 10 lb
4. 在机器手臂工作过程中，工作区内的任何物品不得与人体接触
5. 该机器组装完成以后，尺寸不能超过"11英寸 × 9英寸 × 17英寸"（一个标准复印纸纸盒的大小）
6. 该机器必须能够通过2个相距3英寸的1/4-20螺纹插件插入到测试环境的底座上

课后作业

1. 机器所用的三种基本动力传输方式是什么？
2. 什么是流体压力传动系统？
3. 为什么气体和液体都称为流体？
4. 什么是流体静力学？
5. 说出流体静力学的两种常见应用。
6. 什么是流体动力学？
7. 说出流体动力学的两种常见应用。
8. 为什么飞机控制等应用更倾向于用液压传动系统而非机电装置？
9. 如何计算圆的面积？研究流体压力传动系统时为何该数学公式很有用？
10. 何为压强，其常用的美制单位及国际标准单位是什么？
11. 写出压强、力及面积之间的数学关系式。
12. 解释为什么人们在（不小心地）走过结冰的水面时更喜欢穿雪地鞋而不是普通的鞋子。
13. 液体和气体在压缩性方面有何不同？
14. 液压传动系统和气压传动系统最适合于什么场合？
15. 分别指出液压传动系统和气压传动系统的三个缺陷。
16. 帕斯卡是谁，他对流体传动有何贡献？
17. 第一台利用帕斯卡定律的流体压力传动装置是什么，谁发明了它？
18. 什么是标准，为何工程师要设计标准？
19. 什么是图形符号，为什么用图形符号来交流流体压力传动系统的设计？
20. 液压系统和气动系统共同的组件是什么？
21. 工作管路和控制管路的区别是什么？
22. 工程师如何判断示意图中的交叉线是否表示真正的流体压力传动管线相连？
23. 流体压力传动回路中的过滤器有何作用？
24. 液压系统中两种最常见的线性执行机构是什么，它们之间有何区别？
25. 截流阀和止回阀的区别是什么，这些阀的作用是什么？
26. 在什么情况下工程师会在流体压力传动回路中使用梭阀？
27. 流量控制阀的作用是什么？
28. 画出过滤器、单作用气缸、双作用气缸、截流阀、止回阀、梭阀和流量控制阀的图形符号。
29. 流体压力传动回路中的蓄液池有何作用？
30. 流体压力传动系统用什么机械装置来产生压力？
31. 什么是原动机，流体压力传动系统需要原动机么？
32. 流体压力传动回路中的溢流阀有何作用？
33. 方向控制阀的功能是什么，如何分辨该阀上的各个孔？
34. 画出蓄液池、定量泵，溢流阀及四通道中心汇接方向控制阀的图形符号。
35. 为什么外界空气在用于气压传动系统前要先经过预处理？
36. 气压传动系统中用什么机械装置来产生气压？
37. 气压调节器的作用是什么？
38. 气压传动系统中为何要使用润滑器？
39. 气压传动系统中的压缩空气在使用前存于哪里？

▶ **课后作业** 在每一章节的最后，都有相应的问题和活动，以加强学生对本章节知识的理解。

补充作业

问题陈述： 救援人员在进行校园演讲时经常被询问关于标准搜救设备之一——瓶式液压千斤顶的工作原理。学生们想要了解这种设备如何操作，以及它们是怎么放大人的力量，产生巨大输出力的。但由于瓶式千斤顶的液体和内部结构都不可见，因此不容易解释其工作原理。

设计要求： 设计、制作并测试瓶式千斤顶的功能型概念模型，使救援人员在学校演讲时可利用该模型进行解释（见图7-49）。计算输入和输出液压缸之间力的放大倍数。解决方案必须符合以下要求：

- 可简单组装、拆卸；
- 用水作为工作流体；
- 含有止回阀和截流阀；
- 用30毫升和60毫升的注射器分别作为输入和输出液压缸；
- 用可买到的塑料容器作为蓄液池。

图7-49 一名学生的瓶式千斤顶概念模型解决方案，记录在工程笔记本上。

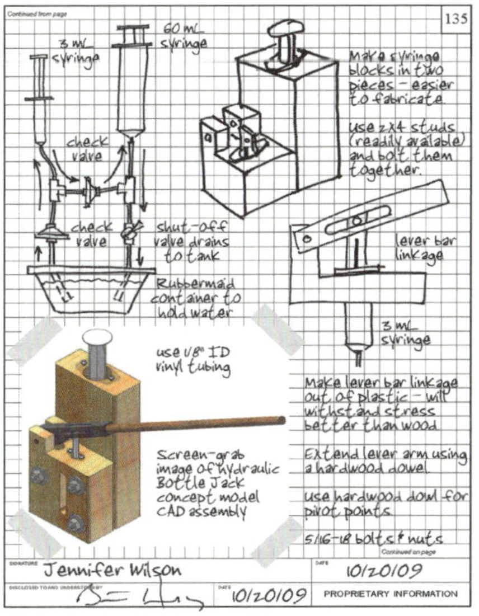

▶ **补充作业** 在每一章节最后的工程设计挑战或探索项目为那些想要继续挑战的学生提供了一个深入学习的机会。

配套材料

为了帮助教师在工程学教学中运用现代化教学手段，在出版本书的同时还配套出版了学生实践手册，通过实践练习和活动加强学生对于教科书中概念的理解。

《工程原理》是怎样支持STEM课程的

科学和数学是我们交流工程技术思想的语言。在本书中，几乎没有哪个段落不涉及科学、技术、工程和数学的。对于数学、科学以及工程、技术之间的联系，作者还进行了补充阐述。在本书中“STEM”符号标记的段落展示了工程师或技术专家如何运用数学和科学原理完成杰出设计。

致谢

像《工程原理》这样一本书的完成离不开家人和朋友的耐心支持，以及教育机构的宝贵贡献。作者想要在这里感谢很多人的支持和耐心。

汉德利（Brett Handley）想要感谢父母、妻子和女儿在编写本教科书第一版的漫长进程中对他的忍耐、理解和无条件的支持。同样也要感谢他的学生、同事和领导一直对他的鼓励。汉德利希望以本书纪念他的外祖母康沃尔（Laura Cornwall），他的外祖母在初稿完成后不久就去世了。

马歇尔（Dave Marshall）想要感谢妻子梅拉妮（Melanie）的帮助，以及两个儿子对他把编书放在第一位的理解。特别要感谢他的学生和学校的技术团队不停地激发他的新想法。他还要感谢PLTW给予他这个机会，使他能够参与教学、编写课程并与同事进行交流，所有的一切都使他成为一个更好的教师。

PLTW的工程原理课程的教学始于20世纪80年代末期，是由我们的一位朋友和已退休的同事，来自纽约州克里夫顿帕克的舍内德霍瓦高中的凯恩（Paul Kane）发展起来的。感谢凯恩，若不是你，这本书可能根本不会出现。

除署名的作者之外，谢弗（Mary Pat Shaffer）、鲍威尔（Allyson Powell）、雅各布森（Dawn Jacobson）、威廉斯（Kent Williams）和施蒙西斯（Lindsay Schmonsees）等多位友人对本书作出了很多贡献。我们还要对我们的项目经理克莱因（Mary Clyne）表示特别的感谢，感谢她的专业、耐心、坚持不懈、指点迷津以及理解。

圣智学习出版公司希望感谢讨论小组及审稿团队为本项目提供宝贵的知识和经验。

讨论小组成员

贝尔图奇（Connie Bertucci），纽约州维克多，维克多高中

加西亚（Omar Garcia），加利福尼亚州圣迭戈，卡尼高中

汉德利（Brett Handley），纽约州斯科茨维尔，惠特兰-奇利中学

马特森（Donna Matteson），纽约州立大学奥斯威戈分校

赖希魏因（Curt Reichwein），宾夕法尼亚州兰斯代尔，北潘高中

雷卢斯库（George Reluzco），纽约州鹿特丹，莫霍纳森高中

施罗尔（Mark Schroll），克恩家族基金会项目协调人

威廉斯（Lynne Williams），科罗拉多州科泉市，科罗拉多高中

审稿团队

布伦德尔(Andy Brendel),伊利诺伊州特洛伊,三岛高中

巴克(Kyle Buck),佛罗里达州塔彭斯普林斯,东湖高中

哈夫利克(Nick Havlik),威斯康星州布鲁克菲尔德,东布鲁克菲尔德高中

休伯(Jason Huber),威斯康星州南密尔沃基,南密尔沃基高中

林奇(David Lynch),威斯康星州麦迪逊,纪念中学

马丁(Michael Martin),加利福尼亚州里弗塞德,马丁路德金高中

蒂姆·牛顿(Tim Newton),纽约州恩迪科特,联合恩迪科特高中

奥尔(Rick W. Orr),犹他州奥格登,韦伯州立大学

兰德森(Dara M. Randerson),伊利诺伊州奥斯威戈,东奥斯威戈高中

斯帕克(Daniel Spak),俄亥俄州阿克伦,费尔斯通高中

斯特赖特(George Streit),威斯康星州埃德加,埃德加高中

塔克(Peter Tucker),伊利诺伊州特洛伊,三岛高中

作者要感谢两位审稿者的特别支持:

罗特洛-珀杜(Pamela Lottero-Perdue),马里兰州陶森市,陶森大学

威特(Barry Witte),纽约州科勒尼,南科勒尼中央学区

罗特洛-珀杜是一名工程师、大学教授,曾经担任硕士工程原理课教师和幼儿教师,她在每一章节的审查中都提出了宝贵的意见。威特拥有多年关于课程开发和课堂教学方面的经验,以其敏锐的眼光审阅本书的细节。这两位审稿者花费了大量的时间和精力,展现了他们对工程学素质教育的重视。我们真心感谢他们为本书所做的贡献。

技术编辑

作者和出版社对我们沉着细心的技术编辑表示特别的感谢:埃及亚历山大大学工程学院,海洋工程和造船工程系,伊拉基斯(Aly El-Iraki)教授。

出版社还要感谢特别顾问北卡罗莱纳州立大学的克拉克(Aaron Clark)先生。

出版社同时也要感谢PLTW工程课程主管考克斯(Sam Cox),以及副主管特雷尔(Western Terrell)对稿件各章节的评审。

关于作者

汉德利是一名技术教育教师，在参与了PLTW项目的惠特兰-奇利中学任职。编写本书时正在教授PLTW的技术入门课和高中的工程设计、计算机集成制造、工程原理等课程。曾担任PLTW课程开发部门的副主管。他拥有技术教育专业的理学学士学位，以及工程教育方面的专业研究硕士学位。

马歇尔是一名技术教育教师，在参与了PLTW项目的西伊朗德阔伊特学区任职，教授工程原理、数字电路、产品设计与制图以及技术入门等课程，参与编写了最新版本的工程原理教材。他从事工程原理课程教学已有15年，每年暑假都会在美国各地进行授课。他拥有技术教育专业的理学学士学位，以及技术教育的硕士学位。

库恩（Craig Coon）是一名技术教育教师，在参与了PLTW项目的布罗克波特中心学区任职。他从事工程原理课程教学已有10年，每年暑假都会和全美国各地的教师一起合作授课。他参与开发了目前全美通用的工程原理课程。目前，库恩正在教授工程原理以及工程设计与发展两门课程。他拥有技术教育专业的理学学士学位，以及教育集成技术的硕士学位。

目录

《工程原理（上）》目录

第8章 控制系统

头脑准备

在学习本章的概念时，请思考下面的问题：

1. 什么是系统？
2. 认识系统的组件。
3. 开环控制系统和闭环控制系统的区别是什么？
4. 如何区分模拟信号和数字信号？
5. 热敏电阻和电位差计是数字器件还是模拟器件？
6. 数字输入装置的例子有哪些？
7. 控制系统中的输出设备有何作用？
8. 在控制系统中处理器和控制器处于什么角色？
9. 微控制器、基于计算机的控制器和可编程逻辑控制器的特征是什么？
10. 控制系统常用的两种编程语言是什么？
11. 房子里的加热、制冷系统如何控制室温？
12. 工业中如何使用过程控制系统？
13. 自动控制装置和数控系统如何控制运动？

≫ 引 语

我们都有面临失去控制的时候。当事情失去控制时，我们就会感到焦虑。生产力下降，容易犯错。人类有能力控制自己，但机器不行。这就是当我们用机器完成复杂或高度精细任务时需要控制系统的原因。

控制系统是一组共同工作的元件，在处理器或计算机的指示下完成给定的任务。制造设备的控制系统在第一次世界大战和第二次世界大战之间逐渐发展起来。此后，自动化的制造设备开始替代人工操作的机器。自动化的制造设备在计算机程序驱动下完成单调重复的工作，以最小化或直接替代对劳动力的需求。程序指示计算机何时以及如何控制如机床主轴、电动机等输出装置。程序也会指示计算机寻找固定在设备上的传感器传来的反馈信息。若问题出现，反馈信息可触发必要的步骤以快速纠正该过程。控制系统的用途很广，如在装配线上将饮料注入瓶中（见图 8-1）。

1

控制系统（control system）：
一组共同工作的元件，在处理器或计算机的指示下完成给定的任务。

现如今汽车也属于自动化设备，因为驾驶汽车不仅是踩油门和转方向盘那么简单。汽车的控制系统一直根据不断改变的行车条件来做出调整。它能够调整燃料空气混合，对不同的转速范围修改喷油正时，并能控制引擎温度。当引擎灯在仪表盘上闪烁时，车上的车载诊断装置在告诉你一个或者多个汽车感应器向计算机发送了警报。引擎灯也同时在提醒司机，汽车出现了故障，需要请专业人员进行排查。

本章我们将学习基本控制系统中各种各样的元件，如输入输出装置、处理器以及控制器。我们将探讨现在人们所使用的不同种类的控制系统并了解控制系统中计算机程序如何发挥作用。最终，我们将解释控制系统如何使机器变得更加可靠，使它们所生产的产品的质量整体提升。

©iStockphoto.com/fadhilkamarudin.

图 8-1 在饮料生产线上，用控制系统监控灌装液面的高度。

系统概述

总的来说，系统是一组相互作用或互相依赖的部件，它们作为一个整体共同作用来完成一项任务。例如，数码照相机就是一个包含了镜头、电路板、机身、闪光灯、紧固件、曝光计以及记忆卡等零部件的系统。这个系统的任务是捕捉瞬间的画面并将其存储成数码图片。数码照相机的各种操作都按照**输入**，**处理**以及**输出**三个步骤按顺序进行。所有的系统也都遵循这一模式。当你将数码照相机对准物体并半按下快门时，照相机的输入装置就会收集光线信息，以及你跟物体之间距离的信息。这个信息便是输入信息。然后照相机的计算机系统利用软件控制程序处理该输入信息，并选择恰当的焦距、光圈以及快门速度以捕捉最完美的图像。当快门全部按下时系统已经做好了必要的调整。处理器捕捉到的图像就是系统的输出信息。存储器保存下了输出的图像，使其可以打印、邮寄给朋友或是上传到社交网站上。

系统分为两类：开环控制系统和闭环控制系统。

输入(input)：
将信息录入处理系统或计算机中。

处理(process)：
一系列用于控制输出信息的系统行为。

输出(output)：
计算机或由计算机控制的机器的行动产生的信息。

开环控制系统

开环控制系统基于一个假定：不会出现错误。一旦系统开始运作，没有任何**反馈**信息可以使其进行调整。一旦触发输入装置并开始进行处理，结果是要么按照计划输出信息要么就直接失败。

图 8-2 所示的动力系统和穿梭系统在固定齿轮架上运动，受开环系统的控制。该系统被设定进行一系列连续重复的定时行动，包括使穿梭器沿着齿轮架来回移动，一个方向上的运动时间为 3 秒。齿轮架下面的尺子会显示刻度，理想的情况是穿梭器在其刻度显示的 3 英寸和 6 英寸之间移动。然而，电动机在一个方向旋转得更快。因此，忽略过程控制程序产生的时间延迟，电动机在一个方向上运动的距离大于在相反方向运动的距离。结果，一段时间之后，穿梭器将会向一个方向偏移。由于

反馈(feedback)：
为了自我纠正而返回系统输入装置的信息。

图 8-2　图片显示了齿轮架和由 5 V 电动机供能的小齿轮穿梭器，该穿梭器利用延时装置持续地在尺子上标注的 3 英寸和 6 英寸间来回移动。

©Cengage Learning 2012

没有反馈组件告知系统有错误出现，系统就不能进行自我纠正。最终，穿梭器会滑出齿轮架。但这并不意味着所有的开环控制系统肯定都会失败。定时环路适用于短期工作，并在一些工业设备和家用设备中占有一席之地。例如，洗衣机的操作流程就是由定时循环系统控制的。

图 8-3 闭环控制系统示意图。

© Cengage Learning 2012

闭环控制系统

闭环控制系统也由输入组件、处理组件以及输出组件构成，但它同时含有一个或多个反馈装置，可使控制程序进行监测并调整系统输出（见图 8-3）。反馈信息由叫做**传感器**的装置产生。传感器的例子有：限位开关、热敏电阻、电位差计、簧片开关和光电晶体管。闭环控制系统接收传感器传来的电信号。控制器处理输入信号并使系统按计划运作。

传感器（sensor）： 对物理刺激（如热、光、声音、压力、磁力或特殊运动）做出响应并输出相应信号（用于测量或操作控制）的器件。

图 8-4 所示为另一种沿着固定齿轮架持续来回移动的穿梭系统。但该系统含有两个安装在齿轮架两端的位置感应器。它不再依赖于延时装置，穿梭器在一个方向上运动直至直接接触到**限位开关**。当接触到限位开关时，该开关会发送信号至控制器。控制器处理信息并命令电动机反方向运转。限位开关的反馈使系统不再需要延时装置，并可避免穿梭器滑出齿轮架。

图 8-4 此穿梭装置由闭环系统控制。穿梭器在两个限位开关间来回移动，限位开关给控制系统提供反馈信息。

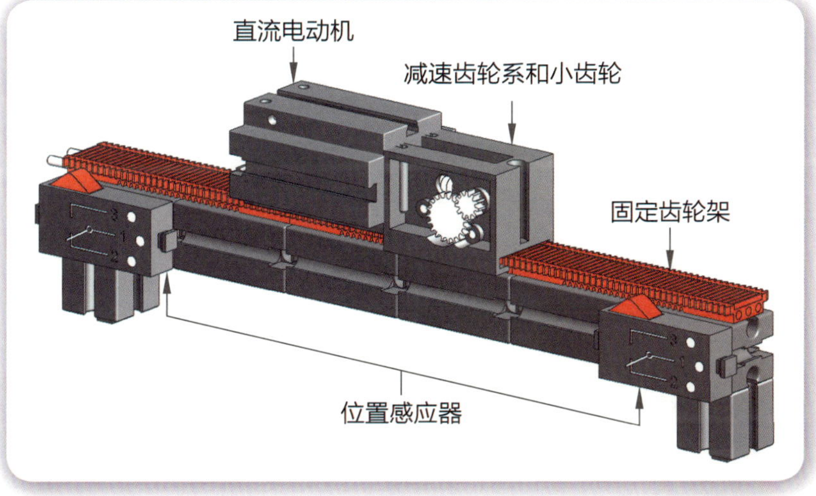

©Cengage Learning 2012

输入装置

传感器等输入装置用于收集环境信息并在闭环系统中将信息以电信号的形式传回控制器。不同的传感器反馈的电信号各不相同，有的是模拟信号，有的是数字信号。两者的区别在于其波形不同。电信号通过电线传输。但这些信号也可转为电磁波，透过障碍物进行长距离无线传输。

模拟信号（analog signal）：
连续的电信号，强度会随着时间而改变，并能够在给定范围内获得无数个值或级别。

模拟信号

模拟信号是连续的、强度随着时间改变的电信号，并且可在给定范围内得到任何的数值或级别（见图 8-5）。举例来说，模拟光敏元件两端的电压大小会根据照射到传感器上的光的强度而改变。假定传感器的电压介于 0 到 5 伏，不同光强度产生的电压值在该范围内有无限多个。模拟装置可以将声、热、压力、光及其他形式的能量转换为模拟信号。这些信号可通过导线传输，在闭环控制系统中提供反馈信息。模拟信号的缺点是有时会出现噪声，即多余、随机的干扰。该噪声可能会触发误读，产生进程错误。

图 8-5 模拟信号波形。

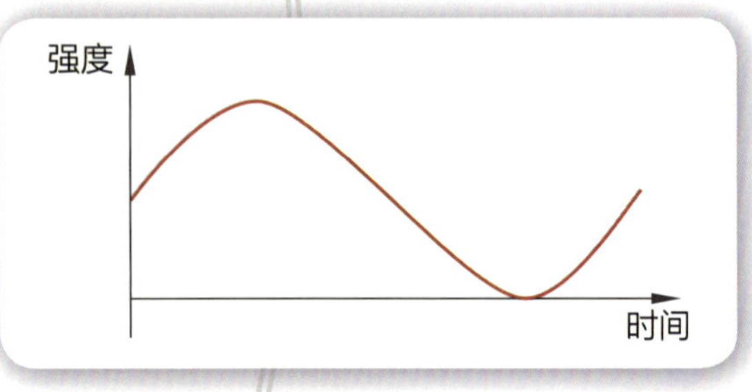

©Cengage Learning 2012

数字信号

数字信号（digital signal）：
一种在给定范围内有着整数个离散级别或离散值的电信号。

数字信号是一种电信号，在给定范围内有整数个离散级别或离散值。图 8-6 为两个小孩把硬币投到坡道和台阶上。坡道代表模拟信号，台阶代表数字信号。坡道在平地和房子入口平台之间提供了无数个投掷高度。如果将硬币投到坡道上，硬币的高度值可以连续不重复。台阶把平地和房子入口平台之间的垂直高度分成了几级。落在台阶上的硬币只能有若干个高度值。

最简单的数字信号只有两种不同的状态：有电压或无电压，开或关，高或低，1 或 0。本章所讲的数字传感器也有这种特征。

如果你使用数字电话，你的声音会被转换为一系列的数字信号并以二进制码形式进行传输（见图 8-7）。该信号传到其他装置时被转换为可识别的文字或声音。数字信号相对于模拟信号有着明显的优势。它们可创造最高精度的电视图像以及最清晰的语音通话。

图 8-6 平地和房子入口平台间的坡道上有无数的高度级别，类似于模拟信号。台阶则把同样的垂直高度分为离散的高度级别，类似于数字信号。

Adapted with permission from Master Publishing, Inc., Niles, IL Basic Digital Electronics.

图 8-7 数字信号波形示例。数字信号只有两种不同的状态或位置。

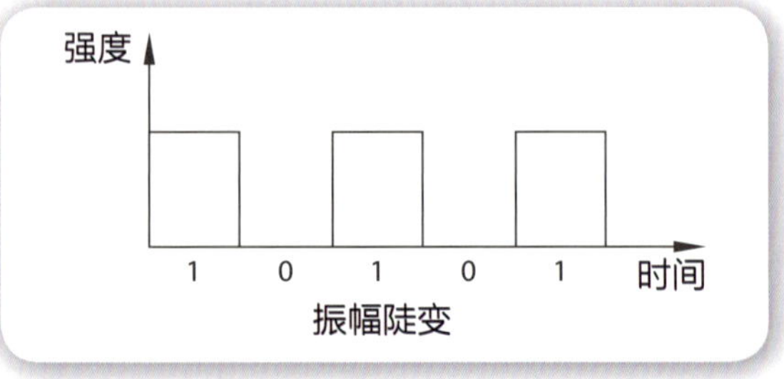

©Cengage Learning 2012

工程师档案

用无线网络工作

在巴西长大的卡洛斯·科代罗（Carlos Cordeiro）没想到有一天自己会作为一个电脑工程师环游世界。但这正是他现在所做的事，在国际商务中将最知名的公司联合起来：IBM、诺基亚、飞利浦还有英特尔。目前，他正走在无线通讯的最前沿，在英特尔实验室（英特尔的研究部门）工作。

科代罗所在的研究小组的研究重点是单片系统，简称 SOC，指的是将计算机或者其他电子系统的所有元件整合到单个集成电路中。科代罗说："我研究的是 SOC 的无线通信，目标是将其提速，使它能够支持高精度视频流、数千兆文件瞬时传输、无线 USB 等应用。终有一天，这些都可以用无线网络来实现。"

©Cengage Learning 2012

科代罗，认知无线电，英特尔实验室

工作内容

科代罗在北美的飞利浦研究室做了一些最有趣的工作。在飞利浦工作时，他研究的领域是认知无线电，这听起来像是一台能够猜出你想听哪个电台的收音机。事实上，认知无线电指的是尽可能提高电磁谱的效率。

科代罗说："现在，由于所有的无线电频谱由政府静态分配，空间变得稀缺，但我们找到了方法来利用当前没有使用的频谱——空白空间。"

职业启蒙

直到高中时，科代罗都没有想成为一个工程师。他说他想成为一名律师，这主要是因为他期望得到令人羡慕的薪水。但命运发生了讽刺性的转折，大他 6 岁的哥哥在大三的时候从工程专业退学，因为他想要成为一名律师。但他认为卡洛斯就是为工程而生，于是他带着卡洛斯游览了一次校园。

卡洛斯说："我被那里的环境和人深深吸引。我擅长科学和数学，但我从未真正将两者结合。幸运的是，我的哥哥看到了我所没看到的东西。"

教育经历

科代罗在巴西取得了计算机科学的学士和硕士学位，但那里很难找到工作。他说："找份相关工作太艰难了，巴西政府没有提供很多的支持。"当 IBM 让他去加利福尼亚工作时，科代罗觉得前途一片光明。一天，他收到了一个工程专业的学生寄给他的一封邮件，上面写着："我正在写一篇论文，我所做的研究用的是你的代码，你可以给我你的源代码么？"于是他回信给了那学生源代码，并和他成为了朋友。并且那个学生的研究生导师后来变成了他的研究生导师。他在辛辛那提大学得到了他的博士学位。

给学生的建议

科代罗追随他心目中的"明星"远赴芬兰，那里是诺基亚的基地。他建议现在的学生也这样做。他说："要倾听你的心声，关注任何让你高兴的事。并且要与人交谈，尤其是你所感兴趣的领域里的人。了解那个领域真正的样子。"

模拟信号到数字信号的转变

取样器（如麦克风）可以捕捉人的声音作为模拟信号；而数字装置（如现代电话）在传输信号前首先得将模拟信号转为数字信号。这就得用到图 8-8 所示的**模数转换器**（ADC）。该装置将连续的模拟信号转成数字信号。然后再用**数模转换器**（DAC）将数字信号转回到模拟信号。

图 8-8　图中的电路板含有 ADC 芯片，可将模拟信号转为数字信号。

Courtesy of Fujitsu Semiconductor.

模拟输入装置

5

电阻（resistance）：
对电流有阻碍作用的电子器件。

导电元件**电阻**的变化会导致模拟输入装置在一定的电压范围内产生不同的电信号。热敏电阻和电位差计就是两种在闭环控制系统中常用的模拟装置。简而言之，这两个装置都是可变电阻器。

热敏电阻　**热敏电阻**［见图 8-9（a）］是一种可用于模拟输入装置的器件，它的阻值随着温度改变而改变。阻值的改变引起传到控制

图 8-9　（a）当热敏电阻周围的温度改变时，它对电流的阻力也会发生改变。（b）恒温器中的电阻会提供模拟信号，该信号会随着恒温器所处空间的温度发生改变。

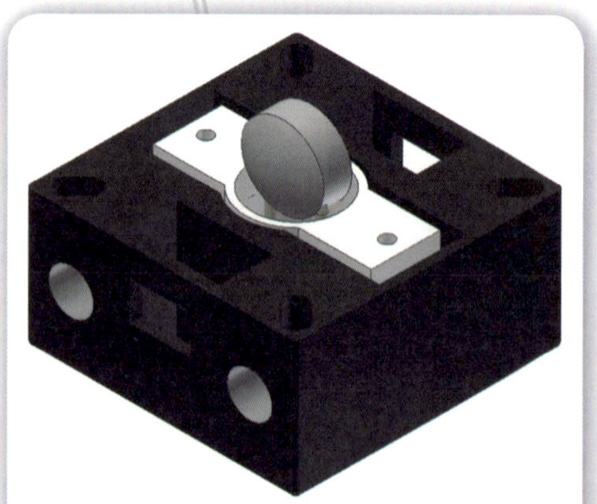

(a)

©Cengage Learning 2012

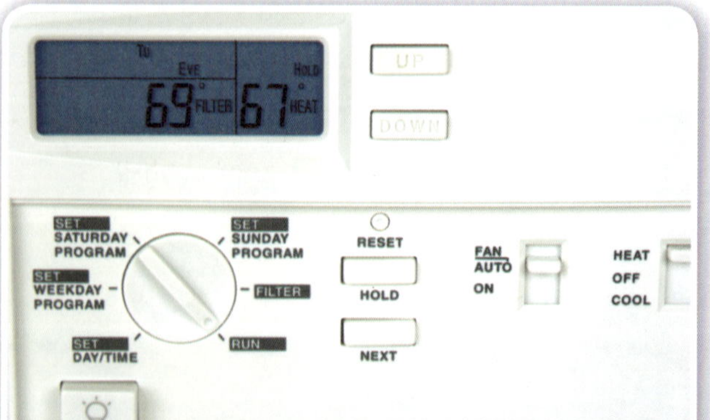

(b)

©iStockphoto.com/SummitView

器的模拟电压信号发生改变。恒温器中有热敏电阻，可用来控制家里的温度。热敏电阻的阻值不是温度，但与温度有关[见图 8-9（b）和 8-10]。

电位差计 **电位差计**是一种可以手动改变回路电阻的模拟输入设备。其最常见的家庭应用是用来使灯光变暗的旋钮或滑动开关。

图 8-11 所示的 300 欧姆电位差计可旋转 270°。当其转动时，它的电阻也会发生改变，每旋转 90° 会使电阻改变 100 欧姆。因此，当电位差计的控制旋钮转到 180° 时，它的电阻为 200 欧姆。如果已知旋钮每转 1° 电阻的变化量，那么该电位差计就可运用于运动控制装置中作为位置传感器。

图 8-10 这个加热和制冷系统利用热敏电阻的模拟输入信号监控生活环境的温度。如果气温超过恒温器限定值，制冷空调将会打开。如果气温低于限定值，暖气将会打开。

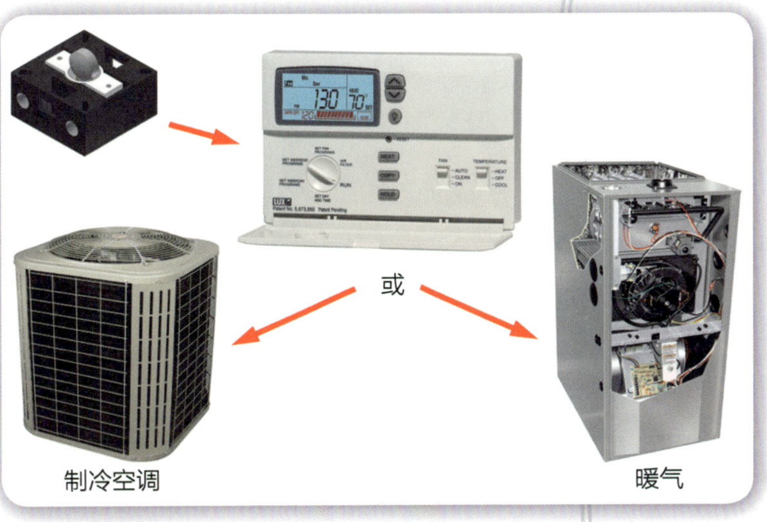

©Cengage Learning 2012

数字输入装置

本章所讲的数字输入装置用开或关的信号为控制器提供信息。限位开关是一种由物理接触启动的数字输入装置。其他数字输入装置（如簧片开关和光电晶体管）都可在没有物理接触的情况下触发。

按钮开关 图 8-12 所示的限位开关可以有两种配置：**常开**（NO）或**常闭**（NC）。如果你仔细观察图 8-12，你可以看到开关上画了内部线路**图示**，用线连接端口 1 和 3 会形成常开结构。这种状态下，当开关未按下时，没有电信号通过。门铃就用了类似的开关和线路结构。当开关按下时，端口 1 和 3 就会相连，使电流能够流过。只要开

图示（schematic）：
用符号来代表系统组件的示意图。

图 8-11 当电位差计的输入旋钮转动时，它的电阻会发生改变。

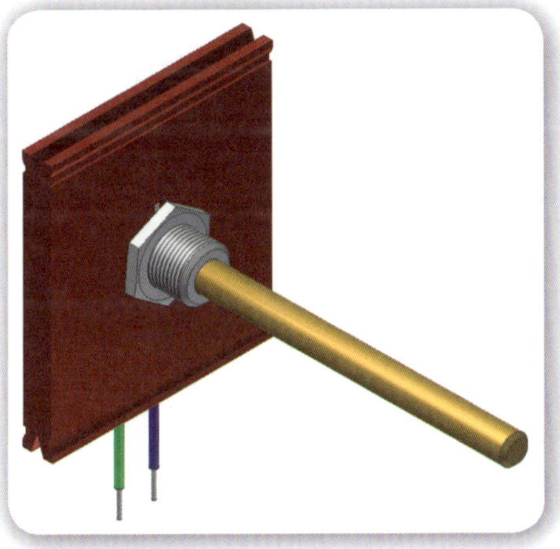

©Cengage Learning 2012

图 8-12 限位开关连接端口 1 和 3 时，形成常开开关电路；连接端口 1 和 2 时，形成常闭开关电路。

©Cengage Learning 2012

关一直按下，电信号就可以持续不断地流过。但当开关弹出时，回路就断开，信号传输停止。

用导线连接端口 1 和 2，就可形成常闭开关结构。该状态下，只要不将开关按下，电信号就能自由通过开关。按下开关则断开了端口 1 和 2 之间的连接，流经开关的电流停止。

轮到你了

你能说出一个处于常闭状态，需手动调节开关的装置么？

图 8-13　簧片开关由磁场启动。当簧片开关感受到磁场时，电流就可以流过开关。

©Cengage Learning 2012

簧片开关　**簧片开关**是一种非接触的数字信号输入装置，经常在报警系统中使用。基本的簧片开关由两个完全相同的扁平铁磁簧片构成，簧片置于装有干燥、惰性气体的玻璃容器内（见图 8-13，8-14）。簧片的自由端重叠但未接触。在磁场作用下，簧片会相互吸引。当簧片相接触时，电流就可以流过开关。

簧片开关用于与家庭报警系统相连的窗上。永磁体靠近簧片开关，分别位于窗子开口的两侧。当窗户打开时，开关和磁铁分开，电流回路被断开。这种状态的改变就会产生信号，并发送给报警系统。

图 8-14　簧片开关内部结构图。

Courtesy of Reed Relays and Electronics India Limited.

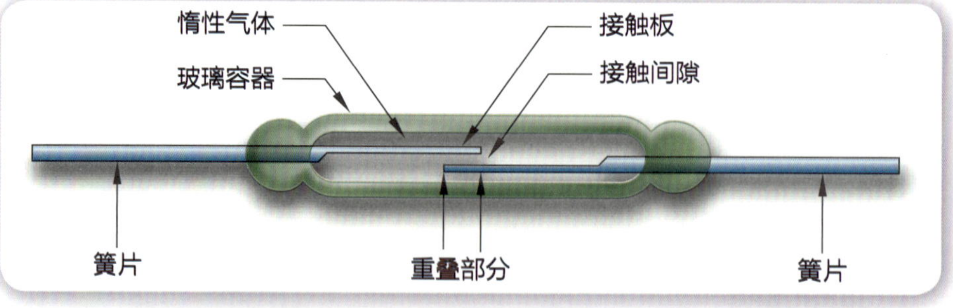

光电晶体管　**光电晶体管**是另一种非接触式数字输入装置，可用于光敏开关（见图 8-15）。如果你走进商店的大门听到一种嗡嗡声，那你很可能触发了光电晶体管。由于晶体管是一种极性敏感的电子元件，在接线时必须考虑光电晶体管的极性。若接线错误，光电晶体管就不能工作。

图 8-15　光电晶体管是一种光敏输入装置。光线可使晶体管改变状态。传感器根据接收到的光的强弱决定数字信号是 0 还是 1。

©Cengage Learning 2012

图 8-16　飞机着陆传动系统使用液压执行机构。

©iStockphoto.com/Ratstuben

输出装置

输出装置用于完成工作，或为了完成特定任务将能量从一种形式转为另一种形式。输出装置可以产生运动、光、声音或磁场。输出装置包括执行机构、灯、蜂鸣器以及电磁铁。

执行机构

执行机构 是可产生机械运动的输出装置，在夹紧装置、机床主轴和零件顶出器等制造装备中使用。如第 7 章所述，液压执行机构用于需要精确移动重物的情况。这就使它们成为飞机着陆传动系统中理想的装置（见图 8-16）。

图 8-17 为电动马达执行机构。电动马达的其中一个应用是操纵阀门。大多数时候马达使阀门处于全开或全闭的位置，但阀门同样也可以被调节到任意中间位置。

图 8-17　电动马达作为开关工业截止阀的执行机构。

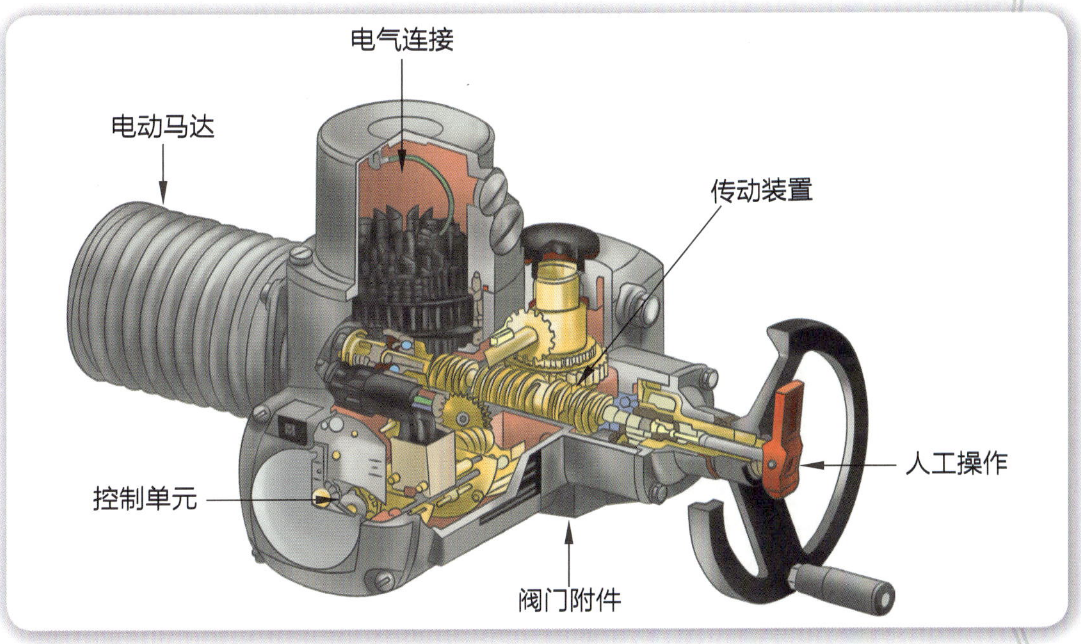

Courtesy of AUMA-USA; redrawn with permission.

图 8-18 （a）车门使用了电动马达执行机构。当电动马达收到电信号时，它就会驱动机械装置开关车门。（b）汽车门窗的电动马达。

Courtesy of ArvinMeritor, Inc. (www.arvinmeritor.com).

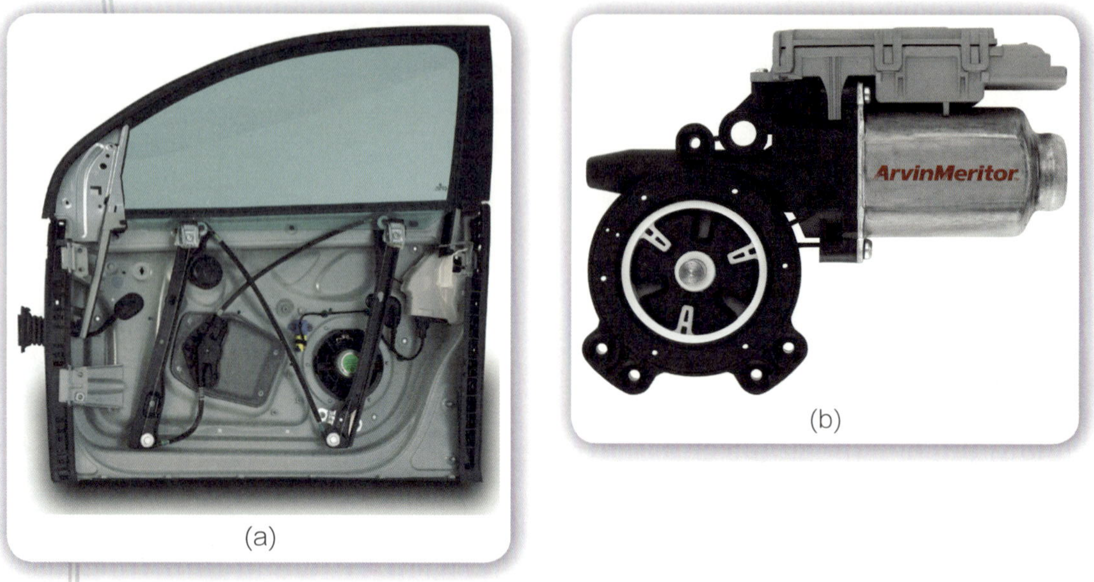

图 8-18 为车门机械装置，使用电动马达来上下移动车窗玻璃。

图 8-19 灯。

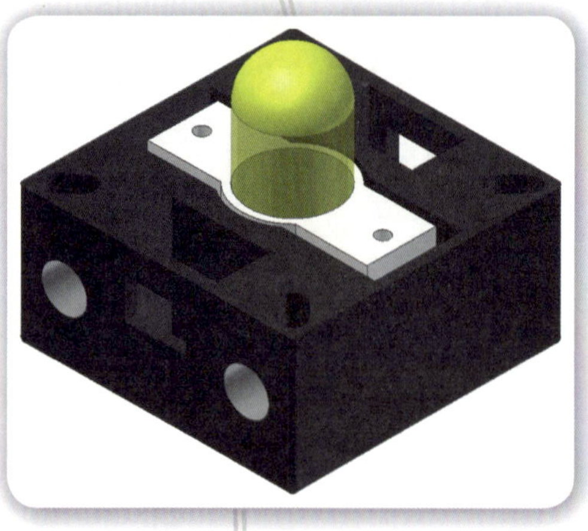

©Cengage Learning 2012

灯

工业行业里，灯在自动化系统中有着许多不同的作用。首要的功能是用于交流。控制板上的灯可以提示检查员或操作员需要执行某些操作。图 8-19 所示的灯可以显示程序正在运转、将要开始或者已经结束。

尽管灯在传统上被认为是一种输出装置，有时候灯也会和传感器结合作为一种输入系统。举例来说，图 8-20 为一连串的红灯，作为工业车间的安全栅。每一盏灯都连了光电晶体管。当人或物体突然闯入工作车间，可能发生危险时，该装置会立刻停止机器的运作。

蜂鸣器

在任何情况下，安全都是至关重要的。如果系统不安全，那么不论它运转得多快或是它生产的零件多好都没有意义。如图 8-21 所示的蜂鸣器是一种将电能转为声能的输出装置，用于引起人们对某些情况的注意。例如，蜂鸣器可用于提醒过程的开始或结束。也可用于提醒司机或乘客系好安全带。

电磁铁（electro-magnet）：
一种由缠绕在铁芯上的导线线圈构成的装置，电流通过线圈时可产生磁场。

电磁铁

当电流流经缠绕在铁芯上的导线线圈时，就会产生磁场。不同于

图 8-20　安全光幕的例子解释了输入装置如何增加工作场所的安全性。当光幕破坏时，会有信号传给处理器使操作过程停止。

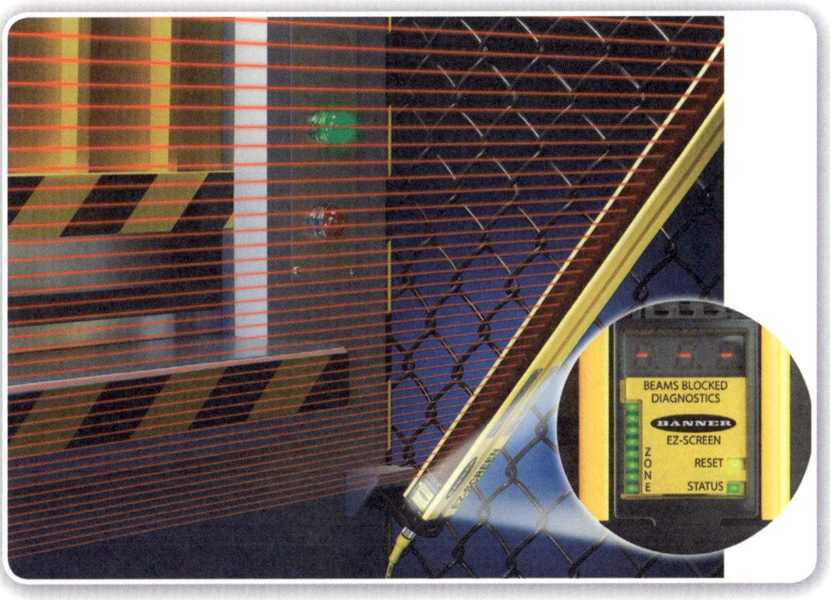

图 8-21　蜂鸣器。

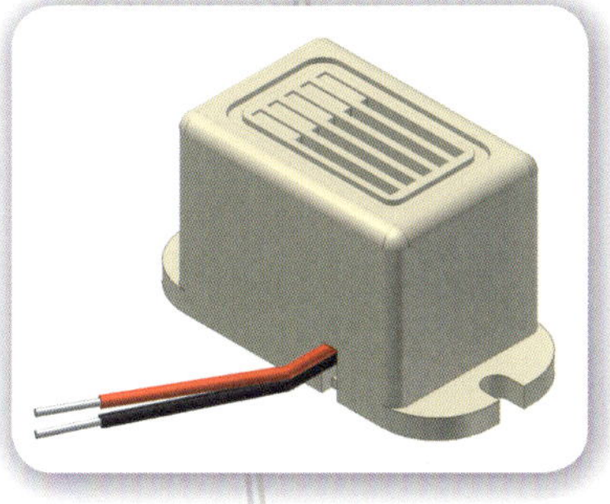

永磁体，**电磁铁**可以开启和关闭。自动门锁以及提起含铁金属物件的装置，如汽车垃圾场的起重机，都用了电磁铁。它们也可以用于继电器开关。继电器是一种电磁开关（见图 8-22）。当继电器内的线圈通了电，就会产生磁场，使开关内的电接触点闭合。

继电器常常用于电力系统，用低压回路来控制高压回路的运转，图 8-23 说明了固态继电器是如何用 12 V 的直流回路控制 120 V 的交流电灯回路。从汽车到学校的制冷、供暖系统，任何地方都能发现继电器的身影。

图 8-22　常见的电磁继电器作为低高压系统之间的开关装置。

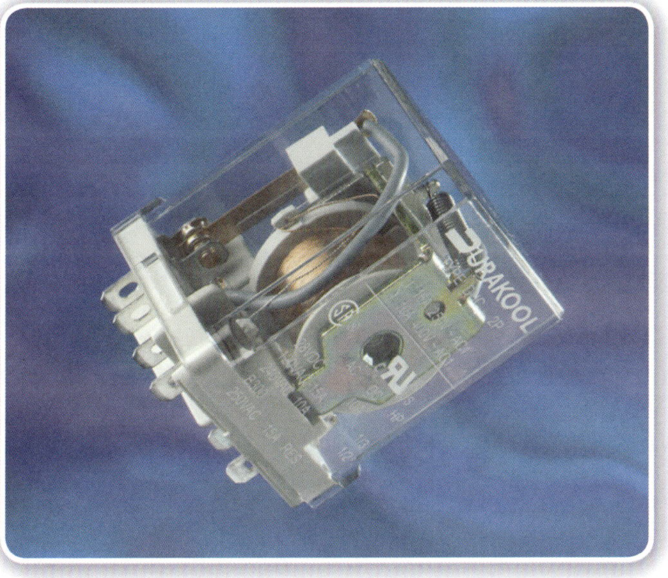

图 8-23　固态继电器开关示意图。

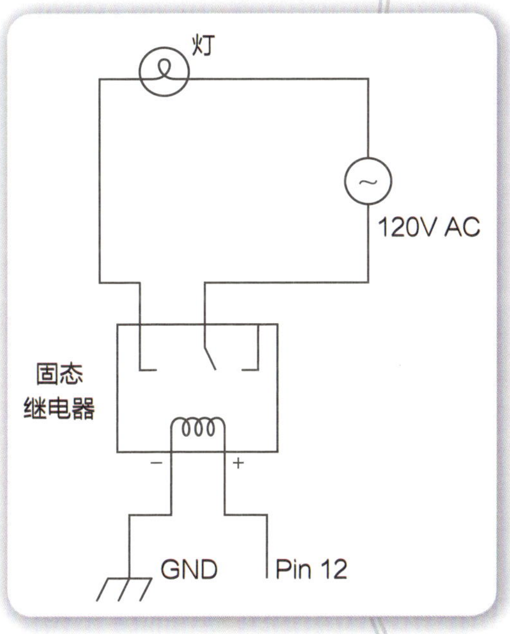

处理器和控制器

处理器和控制器都用来告知控制系统要做什么。可以把它们当做系统的大脑。处理器是计算机的一部分，处理数据并进行计算。数据由输入装置提供。控制器是控制系统的组件，为输出装置提供指示，控制系统的运作。根据系统设计的需求，可选择不同种类的处理器和控制器。

微处理器

微处理器（microprocessor）： 一种单晶片的计算机元件，包含了控制单元、中央处理电路以及所有必要的逻辑器件，可用作计算机的中央处理器（CPU）或专用的自动控制系统。

类似图 8-24 所示的 **微处理器** 通常是单晶片计算机元件，它包含了控制单元、中央处理电路以及所有必要的逻辑器件，可用作微型计算机的中央处理器（CPU）或专用的自动控制系统。微处理器可进行数学和逻辑运算。英特尔在 1974 年引入了第一台通用的微处理器。Intel 8080 是一种 8 位处理器，有 64 kb 可寻址存储器，每秒能够处理 290 000 条指令。它的发展标志着微型计算机的诞生。

微处理器可完成三种任务：

1. 计算数学函数；
2. 把数据从一个记忆位置移到另一个位置；
3. 作出判断并基于预定义条件跳到一组新的指令上。

图 8-24 微处理器用于第一代电子计算器中，可完成数学和逻辑运算。

©iStockphoto.com/LongHa 2006

微处理器处理数据的能力以位计。位数越高，就可以处理越多的信息或数据。将高速公路车道和处理器的位作类比。如果我们想让大量的车通过两车道的高速路，需要花很长的时间，因为只有两个车道能行驶。但若是变成四车道，并且行车数量保持不变，它们就可以使用四个车道，使通行时间变短。同样地，增加微处理器的位数可以使其更加高效地处理更多信息。

微处理器的速度以赫兹为单位。如果一个微处理器在一秒内能做 10 亿次操作，那么它的速度就是 1 吉赫（GHz）。因此，速度为 2.6 GHz 的处理器可以在一秒内处理 26 亿条指令。

微控制器

微控制器（micro-controller）： 一种电子设备，由微处理器、存储器、输入输出接口、用于计时的晶体振荡器、ADC 以及 DAC 组成，所有的元件都置于一块电路板上。

为了发挥作用，微处理器必须连接到一系列提供输入和输出信息的集成电路，从而组成 **微控制器** 。微控制器由微处理器、存储器、输入输出接口、用于计时的晶体振荡器、ADC 以及 DAC 组成，所有的元件都置于一块电路板上（见图 8-25）。

微控制器被设计用于小型专业设备，如汽车引擎控制系统、遥控器、电动工具以及玩具。因为控制器处于装置中，所以这些应用属于嵌入式控制器。

图 8-25 微控制器由微处理器、存储器、输入输出接口、晶体振荡器、以及模数转换器组成。

Courtesy of Ioan Sameli, wikipedia.org.

图 8-26 BASIC Stamp。

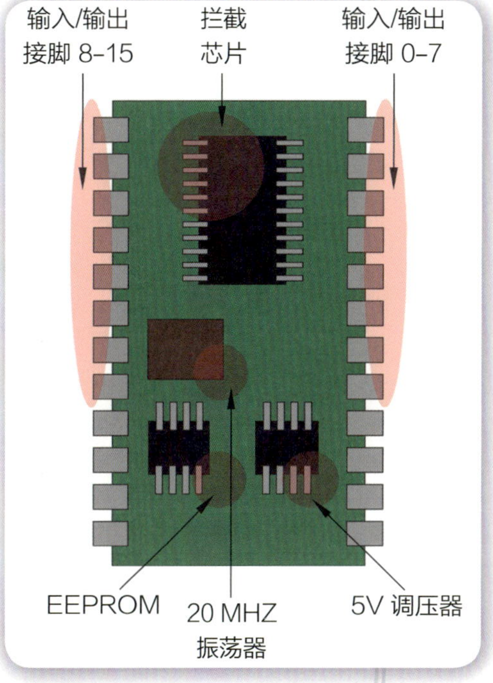

©Cengage Learning 2012

BASIC STAMP 图 8-26 所示的 **BASIC Stamp** 是一种微控制器，用 Parallax PBASIC 编程语言编程。该程序存于 **电可擦可编程只读存储器（EEPROM）**，即可重写且不需要电维持其内容的记忆芯片中。PBASIC 编程语言使你可以控制输入输出装置，包括控制辅助设备的开和关。BASIC Stamp 能够与其他集成电路相连，和输入输出设备沟通，以及管理网络。BASIC Stamp 与众不同的地方在于它有一个板载基本程序直译器，可以在 PC 机上用 PBASIC 语言写程序，然后直接下载到 Stamp 的 EEPROM 中。

基于计算机的控制器

基于计算机的控制器利用计算机的扩充槽来插接口卡，如图 8-27 所示。这些扩充槽直接与主板相连。接口卡有许多输入和输出位置，用来连接计算机和其他控制系统组件。

图 8-27 计算机扩充卡。

Courtesy of Chassis Plans.

基于计算机的控制器使低价计算机变得可行。它们的软件系统基于图形界面，使操作者能够用基于图标的系统来编程，并能通过图形界面监视进程。这种图形呈现方式就是我们所知的人机界面（HMI）。

可编程逻辑控制器

图 8-28 所示的**可编程逻辑控制器**（PLC）是一个独立的系统，可通过编程完成各种任务。这些控制器含有各自的 CPU 及供电设备，并使用专门的计算机语言通过微型计算机编程。一旦编程完毕，它们就会和微型计算机断开，独立自主地运行。

图 8-28 可编程逻辑控制器。

Courtesy of AutomationDirect.

控制器本身含有许多输入输出接口，能够被逻辑控制电路设置及监测。控制器会时常检查大量的传感器输入端的状态，然后再管理输出执行机构，比如电动机、**螺线管**、灯、显示器和阀门。

螺线管（solenoid）：
一种机电装置，用电磁学原理控制执行机构的运动。

可编程逻辑控制器有其他种类控制器所没有的优势。它们结合了时序逻辑系统和组合逻辑系统。一台可编程逻辑控制器可同时操控许多机器。纠正错误如修改程序那么简单。同时，该控制器外观小巧，价格低廉。

编程

不管是 BASIC Stamp、PLC 还是微控制器，所有控制器都需要编程。在过去的几年里，编程语言得到了巨大的发展，但一些较老的编程语言仍在使用。两种常见的控制器编程方式是图像化流程图绘制和梯形逻辑。基于文本的编程方式仍旧在使用，如 PBASIC。但这种方式正在渐渐地被更加用户友好型的、基于图标的软件编程系统所取代。

图像化流程图

基于图标的软件用**图像化流程图**符号代替了基于文本的代码。流程图用图像来体现整个过程中的操作顺序。图 8-29 所示为流程图中常用的符号。

图 8-29　基本流程图符号。

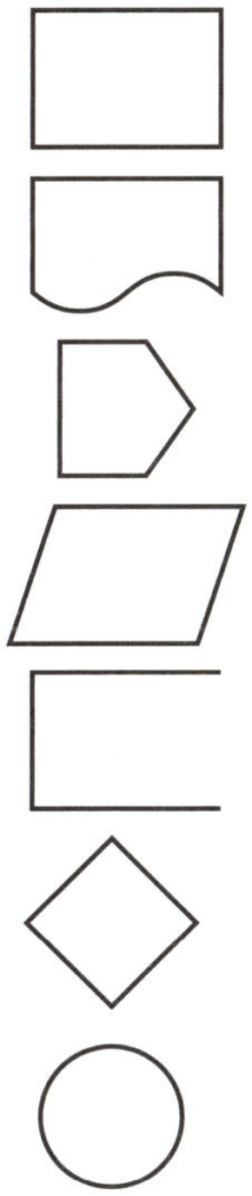

过程符号代表任何过程，功能或行为，是流程图中最常用的符号。

文件符号代表任何种类的硬拷贝输入或硬拷贝输出（如：报告）。

跨页链接符号用来说明流程图在下一页继续。为了更容易参考，页码数字通常放在图形里。

输入 / 输出符号代表输入设备提供的数据或信息处理产生的数据（如客户数据库记录）。

批注符号用于需要补充解释或评论的情况。该符号通常和它所批注的符号用虚线相连。

判定符号用于需要做判定的地方。一个问题可能有很多不同的解决方式，但只能选择一种。

连接符号代表出口或入口，连接到同一个流程图的另一部分。它经常用于打破流水线，而在别处继续。最好标注页码数字，以便更容易地找到连接点的位置。

Copyright 2005 Patt on and Patt on Software Corporation. All Rights Reserved

图 8-30 所示为流程图。该流程图由 ROBO Pro 软件程序建立，目的是控制驱动线性穿梭器的电动机，使穿梭器能够沿着短轨道来回运行 9 次。穿梭器带有永磁体。轨道的两端都装有簧片开关，作为行程限位器。程序依照流程从头到尾按顺序执行，其中包含一系列的子循环。在每一个流程图的背后都有一套可被计算机识别的计算机语言指令。

当按下限位开关（I1）后，程序将“计数器”设置为 0 开始运行。若不按开关，程序会不停地循环直至开关被按下。开关按下后，电动机（M1）接通，沿顺时针方向转动，驱动穿梭器沿着轨道向簧片开关（I2）运动。当穿梭器上永磁体的磁场接触到簧片开关时，开关就会闭合。电动机就反方向转动，使穿梭器向着相反方向的簧片开关（I3）运动。一旦簧片开关接触到穿梭器的磁场，电动机就停止工作。计数器的数字增加 1，然后与数学公式相比较，检查计数器的值是否大于 9。若大于 9，程序停止；若小于等于 9，程序将重新循环以上步骤直至计数器变量大于 9。

图 8-30　一个基于图标的控制程序流程图。

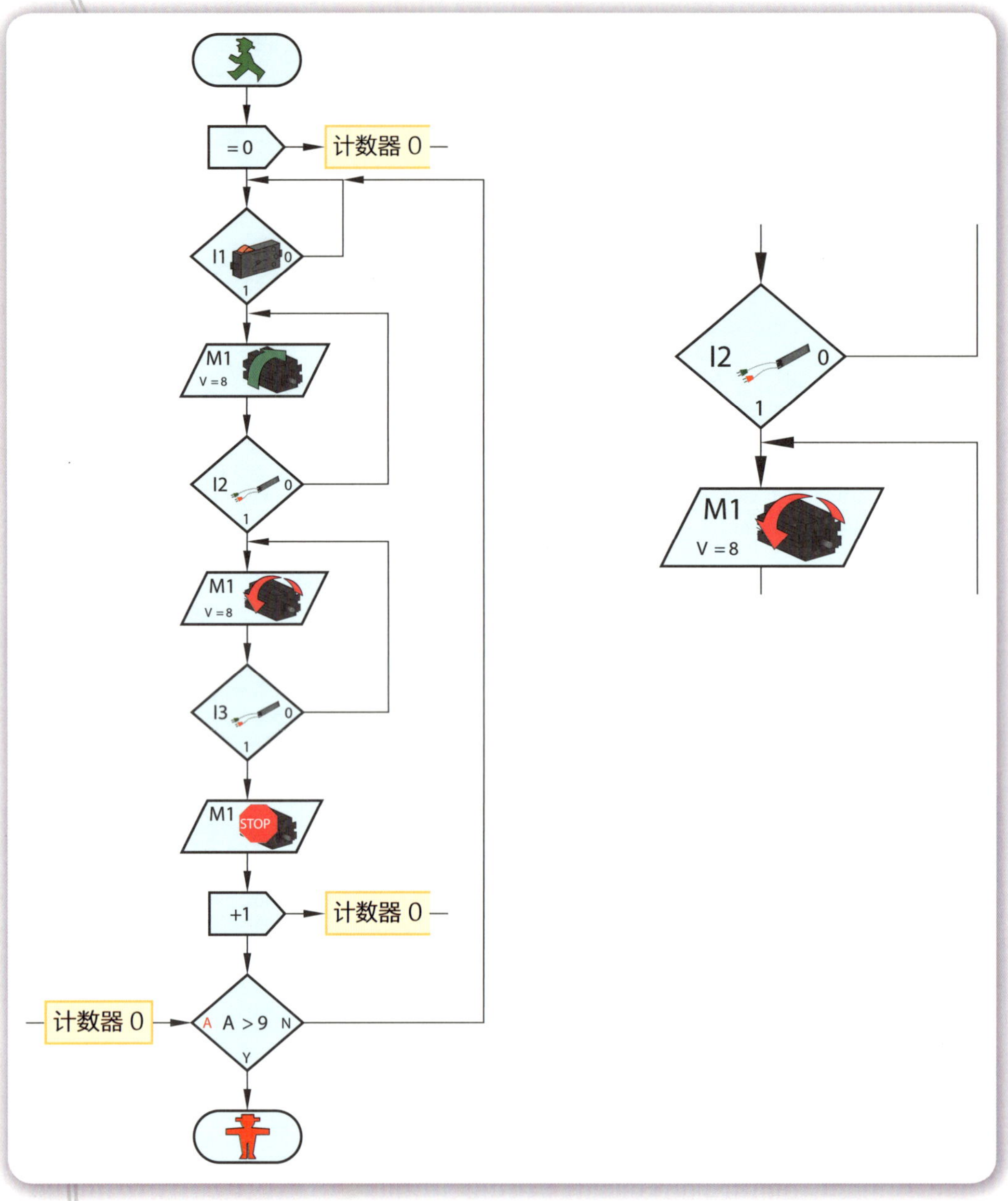

图 8-31　梯形逻辑程序示例，显示出它的各个梯级。

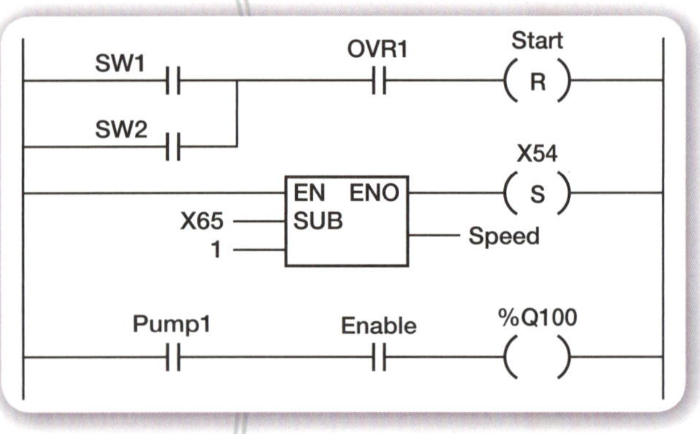

梯形逻辑

图 8-31 的 **梯形逻辑图** 是 PLC 编程时最常用的语言。该编程语言的风格类似于电工介绍电路结构时所绘制的继电器控制电路。

梯形逻辑图的两条竖线代表供电线路。一条为负，另一条为正。每一个输出装置或线圈的逻辑控制器都位于水平线上，称为梯级，梯级连接着电源的负极和正极。当一系列的梯级从上到下排列，就会形成阶梯状，因此称这种编程法为梯形逻辑。

以下符号用于梯形逻辑图：

( )常规线圈(输出装置)；当沿着梯级的电路通道闭合时有效。

(\)非常规线圈：当沿着梯级的电路通道断开时有效。

[ ]常开触点(输入装置)：当与其对应的内部比特线圈或输入装置工作时处于闭合状态。

[\]常闭触点：当与其对应的内部比特线圈或输入装置工作时处于断开状态。

图 8-32 显示了梯形逻辑图的一个梯级，当图中标记为 1 的触点接通时，梯级的回路接通并且为输出线圈 1 通电。

图 8-32　梯形逻辑程序的一个梯级。

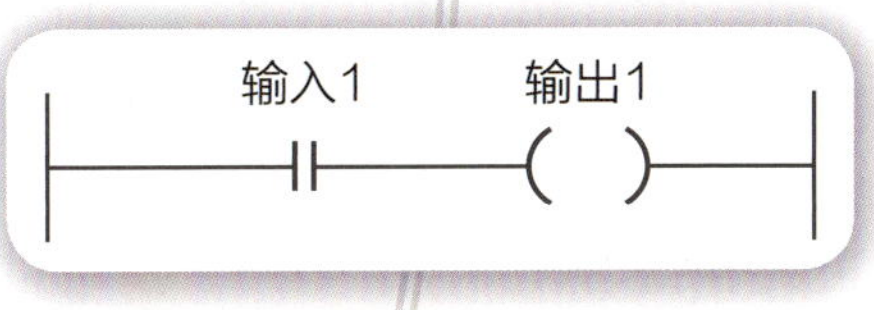

轮到你了

对于一个由按键和远程控制设备共同控制的车库门，它的升起和落下需要哪些操作呢？图 8-33 中的梯形逻辑图提供了一个备选方案。如果开关 1 闭合，那么车库门处于升起状态；如果开关 2 闭合，那么车库门处于落下状态。请用文字阐述此梯形逻辑图是如何自上而下工作的。

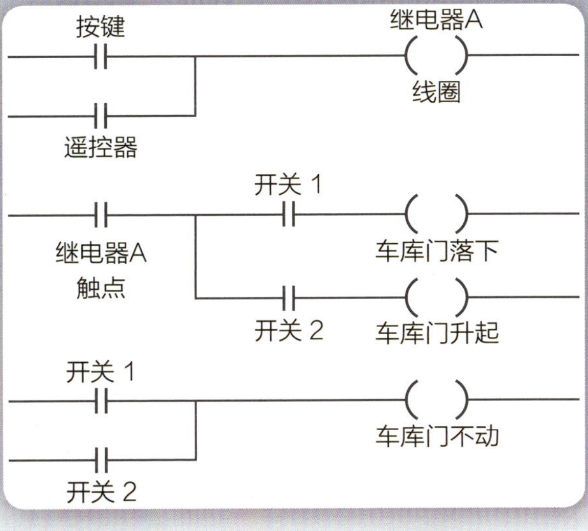

图 8-33　车库门的梯形逻辑控制实例。

控制系统实例

大多数人没有意识到他们每天与大量的自动化控制系统进行交互。比如，当你进入一幢办公室大楼，你可能通过了一扇自动门(见图 8-34)。进入以后，你可能会搭乘电梯上楼。电梯部分便是自动化控制系统的一部分。其他自动化控制系统的例子还有交通灯以及家里的供暖、制冷系统。

图 8-34　自动门。

供暖、制冷系统

我们将恒温器设定到想要的温度，如 70℉，便是给家里的供暖、制冷系统“编程”了。系统首先会检测室内空气温度；这很可能是通过热敏电阻输入的信息。系统的控制器会比较室温和设定的温度，然后采取行动。在制冷模式下，若室温超过 70℉，制冷系统开启，空调便会产生冷气；若室温不高于 70℉，将不会制冷。类似的过程也会在制热模式下发生。暖气会开启直至到达理想温度，然后制热系统关闭。

过程控制系统

控制误差（control limits）：
在制造产品过程中可以接受的一系列具体的、预设的参数。

在制造环境中，**过程控制**系统是一种特殊的闭环系统，可监测工业过程，使制造的产品统一化。系统监测输入信息，然后做出适当的调整使产品维持在一个**控制误差**内。目的是使输出结果保持一致，并且在制造商的规定范围内。

灌装厂便是过程控制器的一个实例。灌装机要确保生产的每个瓶子都无瑕疵，这就要通过过程控制系统实现。灌装厂的监测系统确认每个瓶子已清洗了尘垢。然后将瓶子浸泡在高温液体中杀菌。将瓶子先送去水洗站，接着送去电子检测站（见图8-35）。检测之后，填充饮料，加压，加盖。最后将瓶子贴上标签，送去进行最终检测。整个操作过程都通过过程控制器进行监控。

图8-35　果汁汽水灌装操作。

©iStockphoto.com/Mitch Aunger

轮到你了

利用网络查询灌装厂工作过程，并回答以下问题：

1. 如何清洁瓶子？这能通过反馈系统做到么？作出解释。
2. 清洁检测过程中可能会使用哪种类型的反馈系统？
3. 如何做到把标签贴在瓶身正确的位置上？
4. 如何做到装瓶时每次液面都保持同一水平？

运动控制系统

运动控制系统（无论是开放的还是闭合的）用于协调执行机构和其他组件的运动。这种系统包括电动机、流体传动执行机构，以及闭环系统中的反馈感应器。运动控制器的应用实例包括工业机器人、自动化制造设备甚至现代的自动贩售机。

伺服系统 **伺服系统**是由传感元件、放大器和伺服电动机组成的反馈系统。伺服系统用于操纵无线控制飞机。飞行员用控制器向飞机无线传送信息。这些输入信息被送往各个伺服电动机（见图 8-36），接着伺服电动机对飞机的控制面作出调整。伺服系统也用于调整电视天线、雷达天线以及数字控制机器的可移动轴。

13

伺服系统（servo-mechanism）：
由传感元件、放大器和伺服电动机组成的反馈系统。

数字控制 **数字控制**（NC）指将机械工具（例如铣床和车床）自动化，这都是由编码指令控制的。一旦给机器编了程，它会不停运转制造出同样的零件。数控铣床（见图 8-37）的每一条可移动轴都由专属独立电动机驱动，电动机连接着运动控制系统。

图 8-36 这是一个伺服系统。它是一台由输入信号控制位置的小型电动机。

Courtesy of Sachin Surendran.

图 8-37 三轴计算机数控铣床。

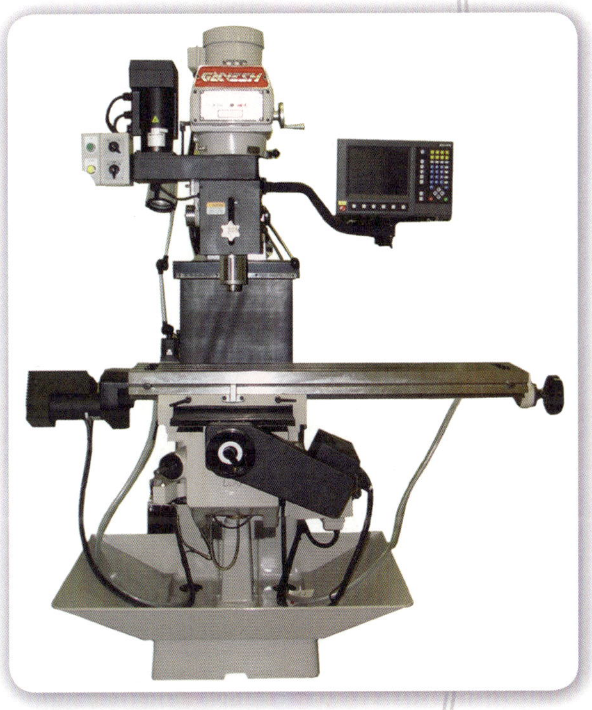

Courtesy of Ganesh Machinery (www.ganeshmachinery.com).

轮到你了

列出五种不同的用数控机器制造的零件。解释每一零件是由什么种类的机器所造，若同时还有其他过程，请一同说明。

总　结

本章主要介绍了以下内容：

- 系统指一组元件在处理器或计算机的指示下，共同作用来完成给定的任务。
- 系统的各种操作都遵循输入、处理、输出的流程。不同于开环系统，闭环系统从输出装置中得到信息，并将其通过传感器反馈给输入装置，以调整程序，使系统按计划运作。
- 模拟信号为连续的电信号，信号强度随着时间变化，可在给定范围内得到任何数值或级别。
- 热敏电阻或电位差计等模拟输入装置的电压会随着设备中导电元件电阻的改变而改变。
- 开关为数字输入装置，可通过暴露在磁场或光中人为触发。
- 输出装置用于完成工作或将能量从一种形式转换为另一种形式，以完成特定的工作。输出装置有执行机构、灯、蜂鸣器和电磁体。
- 处理器是计算机的一部分，处理数据并进行计算；数据来源于输入装置。
- 控制器是控制系统的组件，为输出装置控制系统的运作提供指示。
- 微控制器是由微处理器、记忆单元、输入和输出端口、用于定时的晶体振荡器、ADC 以及 DAC 组成的电子设备，所有的元件都置于一块电路板上。
- 基于计算机的控制器可用基于图形的软件程序进行定制。这些软件程序也使操作者通过图形监控控制器的控制过程。
- 可编程逻辑控制器体积小，价格低廉。它们可独立运作，能同时控制许多机器。
- 尽管基于文本的编程语言仍在使用，但许多控制系统使用图形编程法，如基于图标的流程图或梯形逻辑图。
- 人们每天与各种控制系统进行交互。例如，摇下汽车的自动窗、乘坐电梯、控制家里的温度以及调节天线接收器来收看电视。
- 过程控制系统是一种特殊的闭环系统，监控工业过程使生产的产品一致。
- 运动控制系统包括伺服系统和数控系统。

课后作业

1. 指出三个日常生活中与控制系统有关的例子。
2. 哪个系统要利用反馈系统，是开环系统还是闭环系统？
3. 模拟信号和数字信号的区别在哪里？
4. 以客厅的灯为例，解释为什么电位差计是模拟装置。
5. 以门铃为例，解释为什么门铃按钮用常开状态连接较好。
6. 簧片开关是怎么工作的？
7. 灯和蜂鸣器在控制系统中起什么作用？
8. 继电器作为输出装置是如何工作的？
9. 处理器的作用是什么？
10. 指出微控制器的所有组件。
11. 可编程逻辑控制器的优势是什么？
12. 哪种微控制器使用 BASIC 计算机语言？
13. 指出控制系统使用的两种图形编程语言。
14. 什么时候需要用过程控制系统？
15. 解释伺服系统是如何用来远程操控飞机的。

补充作业

研究控制系统的其他实例，并指出系统中的组件，说明各个组件是如何工作的。

第9章 材料

头脑准备

在学习本章的概念时，请思考下面的问题：

1. 在家用产品和工程应用中，黑色金属和有色金属的共同点是什么？
2. 软木和硬木的区别是什么？这两种材料共同的应用是什么？
3. 陶瓷材料分为哪些不同种类？哪些产品是由这些种类的陶瓷制作的？
4. 热塑性塑料与热固性塑料有什么区别？这两种塑料有哪些应用？
5. 在复合材料中，基体和增强体有什么区别？日常应用中哪些物品会使用复合材料？

引 语

材料是用来制造实体物品的有形物质。材料对于现代科技型社会是如此重要，以至于科学研究和工程实际应用中的所有学科与领域都围绕着这个主题发展了几个世纪。材料工程师和化学家都在探索材料的构成及特性。他们运用从这些探索中获得的知识来开发符合设计者要求的新材料。因此，设计工程师拥有各式各样的材料可以选择。

材料（material）： 用来制造实体物品的有形物质。

本章着重介绍工程应用中常见的五种材料：金属、木材、陶瓷、聚合物和复合材料。每种材料都有其自身的特性、已证实的用途、局限性和相较于其他材料的优势与劣势。正因如此，设计工程师必须对各种材料都有一定的了解，这样对于一项工程所需要的材料才能做出明智的决定。

有些材料必须在其他材料发展前就掌握。例如陶瓷，如果没有陶瓷材质的坩埚和砖砌成的熔炉，如今无所不在的合金便无法炼制。复合材料的发展也是遵循着这样的轨迹。因为材料科学起源于冶金术，所以我们将先从金属开始探索材料。

金属

金属对于人类文明和科技发展有着极为重要的作用，其中青铜时代和铁器时代就是用金属来命名的，而这也是人类早期历史中最为发达的两段时间。

金属组成了元素周期表中大部分的已知**元素**，而它们可能是现代文明发展中最不可或缺的材料。即便是简略介绍，所有应用于工程中的金属和合金都可以编成一本书了。因此，这里将重点放在一小部分对人类文明发展有着十分重要作用的金属上面：那些通过商业平台就能轻易获得的，以及那些在引人瞩目的工程应用中所使用的金属。

科学领域和工程领域对于金属的定义略有不同。科学领域中，金属是指纯净的元素。例如，科学家不会将钢、青铜或是黄铜描述为金属，而是指出这些都是由两种或两种以上金属混合而成。对于工程师而言，金属是一种泛指的说法，包括所有金属单质和合金。本章中的**金属**（工程领域）被定义为在室温下（通常是20℃~25℃）十分坚硬，具有金属光泽并且有良好的导电性和导热性的固体材料。

金属（metal）： 在室温下十分坚硬，具有光泽并且有良好的导电性和导热性的固体材料。

黑色金属

金属被分为两类：黑色金属和有色金属。黑色金属就是那些含有铁的金属。人们经常用“含铁”一词来描述这种金属会受到磁场的影响。不过，有些有色金属也有这种性质，如钴、镍、钆、镝。大部分黑色金属的一个主要缺点是易腐蚀。铁极易与氧结合，而氧在空气和水中都是很容易获得的。这就使得含铁材料（例如钢）在暴露于外部环境中时易生锈。为了避免这种情况发生，诸如镍和铬等元素被融入到钢里，生产出的抗腐蚀金属被称为不锈钢。如果你家中有金属制的厨房洗涤池，那很可能就是用不锈钢制成的。

铁 在公元前4000年，埃及和苏美尔的冶金工人首先利用铁制造出手工制品。然而，他们使用的铁来自于陨石（见图9-1）。由于含铁陨石仅占撞击地球表面的陨石的5%，所以出土的由含铁陨石制作的古代手工制品是十分罕见的。

图9-1 公元前4000年出现了最古老的由含铁陨石制成的手工制品。(a)陨石坑为手工制品提供原材料(b)含铁陨石。

(a) Image copyright Walter G. Arce, 2010; used under license from Shutterstock.com.
(b) Image copyright Kenneth V. Pilon, 2010; used under license from Shutterstock.com.

(a)

(b)

只有等到熔炉发展到可以产生**冶炼**铁矿石必需的温度（约2000℉），人们才能将地壳内的铁矿石制成手工制品。这温度比起冶炼铜矿石（约1500℉）要高得多。冶炼是从矿石提炼出金属元素的过程，它需要持续不断的稳定高温加上助熔剂，如石灰岩。最早的铁冶炼证据可以追溯到公元前1200年，在印度、土耳其和欧亚大陆。这一时期标志着人类历史进入铁器时代。

冶炼后的铁需要反复在炭火中烤热然后加以捶打，以便去除其中的杂质。捶打过程也被用来制造有用的东西（如武器）和建造工具。当金属冶炼工艺发展到冶金科学后，人们发现木炭中的碳元素会在冶炼时进入铁中，形成一种十分坚硬的材料，并且它的边缘比任何一种金属都要锋利。这一发现为钢的发展奠定了基础。

铁在机械和土木工程领域里是一个十分重要的元素，因为大部分的机器、桥梁和建筑物都是由含铁的部件所造。化学工程师也会把铁用于模具、颜料和肥料中。根据美国地质调查局（USGS）的报告，世界上超过一半的铁矿石供给来自中国、巴西和澳大利亚（USGS Mineral Commodity Summaries，2009）。

铁以氧化物的形式存在于各种矿产中，如磁铁矿（Fe_3O_4）和赤铁矿（Fe_2O_3）。这些矿产被统称为铁 **矿** 。生产铁的现代化方法是通过采矿工业从地壳中提取铁矿石，然后将研磨后的铁矿石与焦炭混合（见图 9-2）。 **焦炭** 是一种低硫烟煤，通过烘烤已经将水分、煤气和煤焦油都去除了，留下的绝大部分是碳。

图 9-2 （a）生产铁的第一步是开采（b）来自地壳的铁矿石。（c）铁矿被研磨并且与焦炭混合。铁矿石和焦炭一起在高温的熔炉里冶炼，这样可以将铁与矿石中的其他元素分离。

(a)
©iStockphoto.com/SergeyZavalnyuk

(b)
Dorling Kindersley/Getty Images

(c)
©iStockphoto.com/photosoup

铁矿石和焦炭一起在高炉中冶炼，这样可以使氧 **原子** 与铁原子分离，生成熔融的铁和废弃的 **炉渣** 。炉渣是由一些不需要但也包含在铁矿石内的元素（如硅、磷、铝和硫）构成的。炉渣漂浮在熔融的铁上方，很容易与铁水分开。然而，仍有小部分不需要的元素会残留在铁水中。铁水会被倒进钢包中以进一步制造成合金或生铁（见图 9-3）。

图 9-3 铁矿石中的杂质变成炉渣漂浮在铁水上方。

Image copyright Fotokkden, 2010. Used under license from Shutterstock.com.

由于冶炼过程中使用了焦炭，所以生铁中碳的质量占 2% 到 4.5%，生铁可以被加工成为铸铁。铸铁很重，且耐压性很好。它可以用来生产复杂的形状，也可以用来制造大型机器的底座和装饰性的室外家具。炊具也是一种很常见的铸铁制品（见图 9-4）。

图 9-4　由铸铁制成的煎锅。

Image copyright Sharon Day, 2010. Used under license from Shutterstock.com.

铸铁需要将近 2800℉ 的温度。中国人在大约公元前 300 年开始铸铁，是最早的铸铁者，他们发展了熔炉来达到铸铁所需的温度。这是巨大的技术成就，相对而言，西方人在最近 700 年才能够铸铁。

钢　生铁含碳太多，在一些需要承受高强度压力的情况（如高楼的骨架）下因为易碎而不能使用。为了使生铁成为更加有用的材料，可将铁放入高温氧气顶吹转炉（见图 9-5）或者电弧炉中再熔化，使碳燃烧，除去多余的碳。再往熔铁中加入一些材料以去除杂质，制成低碳合金钢。

图 9-5　氧气顶吹转炉用于减少钢中的碳含量。

Wright and Helsel, *Introduction to Materials and Processes*, 1996, Delmar Learning, a part of Cengage Learning, Inc. Reproduced with permission.

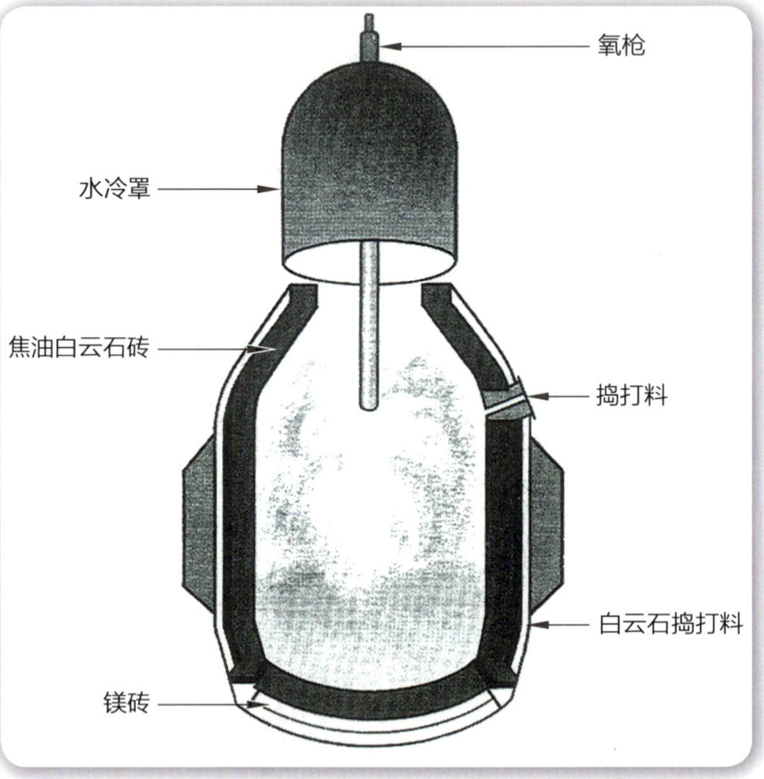

合金是两种或多种元素的混合物，其中一种元素是金属。如果铁与质量百分数低于 2% 的碳形成合金，所得到的材料就叫钢。其他元素也会小剂量地加入钢中来增强它的特性。钢是一种常见的黑色金属，用于桥梁（见图 9-6）、汽车组件、家用电器，以及数不清的工程设施和消费品。

钢分为两类：碳素钢和合金钢。三种碳素钢的碳含量范围在

0.05%~1.5%。软（低碳）钢的碳含量为0.05%~0.3%。冷轧钢是一种常见的软钢，价格便宜，经常用于制造不需要太高强度的机器组件。软钢的应用实例包括链条、铆钉、钉子、管道以及车体面板。

图 9-6 用合金钢建造的大桥。

©iStockphoto.com/ChrisMR

中碳钢比低碳钢坚固，但更难加工、弯曲和焊接。中碳钢的碳含量在0.3%~0.6%。应用实例包括丝杠、齿轮、轴以及其他通过热处理来增加硬度、减少磨损的组件。

高碳钢的碳含量为0.6%~1.5%。它比低碳钢和中碳钢更加坚硬且易碎，但能保持边缘锋利。高碳钢常用于刀、钻头、阀门、模具、锉刀、锯片，以及其他用于切割的东西。

制造合金钢是为了满足特殊应用，在碳素钢中加入铬（Cr）、钴（Co）、锰（Mn）、钼（Mo）、镍（Ni）、钨（W）、钒（V）等元素，可以增强钢的某些特性，如抗拉强度、硬度、机械加工性、耐磨性和耐腐蚀性。合金钢也可以在高温下保持硬度和强度。一种最常见的合金钢就是不锈钢。表 9-1 介绍了几种工程应用中常见的合金钢。

表 9-1 常见的合金钢及其应用。

系列	主要合金元素	优点和缺点	常见应用
A2	铬，锰，钼	坚硬耐磨 能保持刀刃锋利 耐高温，不变形	金属制模具、计量表、冲头、注塑模具
1018	锰，磷，硫	强度、延展性和易加工性整体较好	轴、链齿零件，以及普通的机器零件
A36	锰，铜，磷，硫	成本低于1018系列 屈服强度略小于1018系列 太硬不易加工但易焊接	应用于要求特殊形状的结构，例如I型和H型梁
4140	锰，硅，铬，钼	高强度和高冲击韧性	活塞杆、轴、金属制模具、齿轮、手动工具、普通机器零件
303 不锈钢	铬，镍	比其他常见不锈钢有更好的机械加工性 无磁性 不可焊接	紧固件、机身、轴
304 不锈钢	铬，镍	最常用的不锈钢 可焊接 不可在盐水环境下使用	餐具、普通机器零件
316 不锈钢	铬，镍	机械加工性和焊接性与304不锈钢相似 极好的耐腐蚀性 屈服强度高于303或304不锈钢	海上应用
17-4PH 不锈钢	铬，镍	耐腐蚀，高强度 可用多种方式热处理 略有磁性	空中应用

图 9-7　金不会变得黯淡，且具有良好的导电性。这些性质使它成为电路板上电子器件触点的优质材料。

Image copyright Dic Liew, 2010. Used under license from Shutterstock.com.

有色金属

金　有色金属指不含铁的金属。在所有的有色金属中，金（Au）因其**贵金属**的地位最广为人知。贵金属比较稀缺，耐腐蚀性强，因其颜色、光泽和延展性而具有很高的价值。金是一种金黄色的重金属，在自然界中以单质的形式微量存在。金是具有化学惰性的金属，不会因为暴露在氧气中而失去光泽。这就使它成为制造钱币、珠宝和其他工艺品的极好材料。

金的导电性很好，因此被用做电路板和其他电子组件上的接触涂层（见图 9-7）。这种材料还可以高度反射红外辐射，在航天飞机零件的保护层中起到了重要的作用。实际上，宇航员的头盔护目镜上含有金盾可阻挡来自太阳的有害辐射。金也是最具有**可锻性**的金属。可锻性金属可通过锤打或其他压力设备进行塑造而不致断裂。例如，金可以锤打成极薄的金叶，作为平面媒体、雕像、建筑物的装饰性外层。一克的金块可以锤打成厚度均匀（0.000 003 3 英寸）、面积为近 6 平方英尺的金箔。

银　在元素周期表中，银跟铜还有金位于同一列。这便很好地解释了为什么这三种金属都有极好的导电性。银和金一样，也是一种贵金属，用于珠宝和货币中已有几千年。尽管自然界中也有纯银，但大多数的银都是提炼铜矿、铅矿和锌矿时的副产品。

一种叫做卤化银的化合物在感光胶片和感光纸上的使用已有一个多世纪。卤化银是银结合卤素形成的盐，卤素包括溴（Br）、氯（Cl）、碘（I）。当受到光照后，银原子就从化合物中分离出来，聚集成簇。一旦感光胶卷和感光纸通过化学方法进行处理，上面的银原子簇就会显示出影像，使裸眼能够看见。

图 9-8　（a）银可以形成你们所看到的图像。（b）黑白感光胶卷或感光纸上的图像。

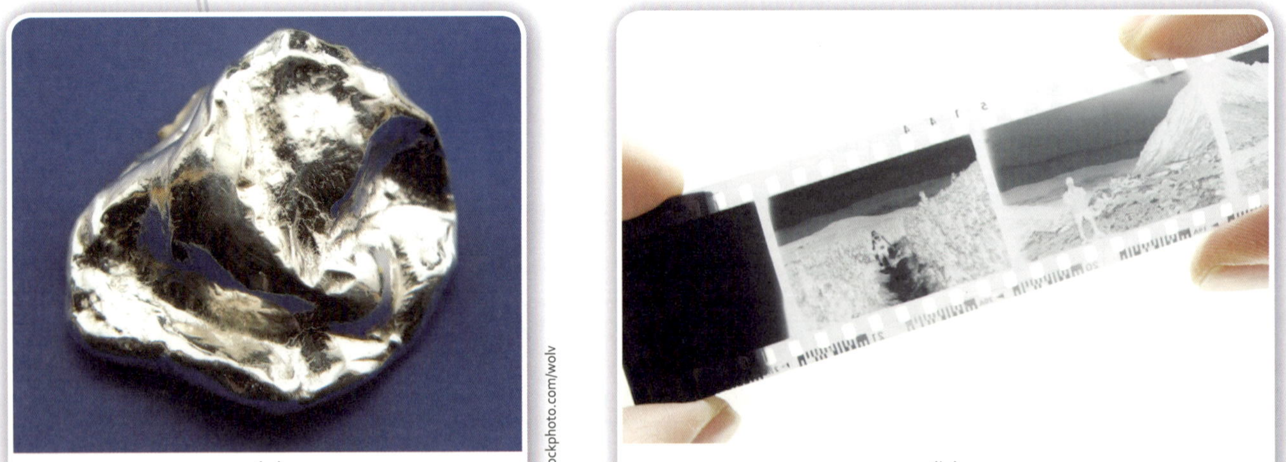

(a)　(b)

©iStockphoto.com/wolv
©iStockphoto.com/urbancow

案例研究

一种银的新式用法已经渐渐发展起来，它可能在不久的将来会影响你的个人生活。将纯银永久结合在合成纤维（如尼龙）上，制成的纺织材料称作银纤维，它可以编织在纺织布料里（见图9-9）。

包含银纤维的布料可用于毛巾、毯子、内衣，以及其他衣服，因为它利用了银的两种性质：导热性（金属中最高）和可以消除很多种产生气味的细菌。运动员和军人现在就穿着银纤维制成的袜子、短裤和其他衣服。若你的衣服洗一次可以穿很久，那就可以节省很多时间、金钱和水。

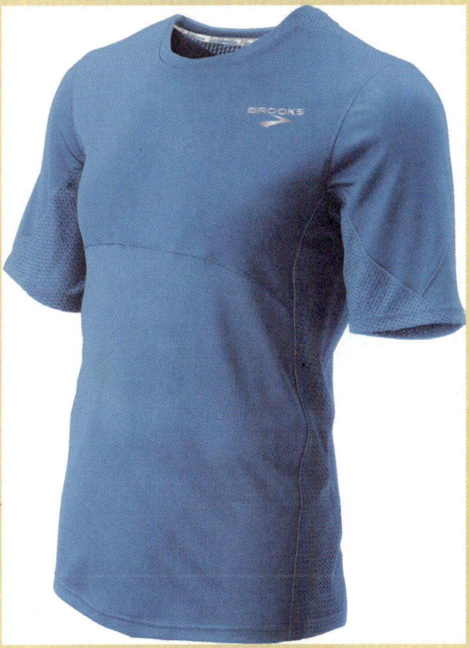

图9-9　含有银纤维的衣服利用银的抗菌性来消灭产生气味的细菌。

©Cengage Learning 2012

银在所有的金属中具有最高的光反射率，可将其涂在玻璃或其他介质上做成镜面。古希腊人和古罗马人发现银有不同寻常的能力，可以用来消灭细菌和真菌。他们跟现代人一样，受伤的时候用银来防止感染。把银用于净水器中也是利用了该性质。

铜　金之后，铜是地球上最早提取出来的有色金属之一，被锤打成各种装饰品和实用器具。早期的金属工匠发现锤打过程会使铜**硬化**，使它能够保持边缘锋利。类似于金和银，天然铜也可以以单质形式（化学纯）存在，但是也很稀缺（见图9-10）。最早的天然铜工艺品可追溯至约公元前9000年，发现于现在的伊拉克。

正如大多数的金属一样，铜主要存在于矿石中，例如孔雀石［$Cu_2CO_3(OH)_2$］。古时候的人们用烧陶瓷的经验将铜矿中的铜和其他的材料分离。考古证据显示，铜矿的冶炼始于5000年前的泰国。

现如今，铜广泛地用于导电、传热的装置（见图9-11）。铜是一种非常有韧性、易延展的金属。良好的**延性**可以使铜制成长且细的电线，而不断裂。自来水管也由铜制成，广泛地应用于商业和住宅建筑中。铜是第二好的导电材料，广泛地应用于电子工业。工业和商业设备中无数的电子线路都要依赖铜丝在电子组件中来回传送电子信号。铜也是制成合金（如青铜和黄铜）的基本金属。根据USGS报告，智利

图 9-10 （a）天然铜很稀少，是为数不多能够以单质形式存在的金属元素之一。在 7000 年前，人们开始从矿物如（b）孔雀石中提炼铜，它们比纯铜丰富得多。

(a) © i Stockphoto.com/Terryfi c3D. (b) Image copyright Jiri Vaclavek, 2010; used under license from Shutterstock.com.

(a) (b)

图 9-11 （a）铜因其延展性和导电能力而广泛地用于制造电线。（b）平底锅经常镀有铜，因为它是热的良导体。

(a) © iStockphoto.com/Fertnig. (b) Image copyright Joe Gough, 2010; used under license from Shutterstock.com.

(a) (b)

和美国的铜产量最大（USGS 资料，2009-3031）。

青铜 大约在公元 4500 年前，人们发明了一种用铜作为基本金属的有色金属合金。这种称为青铜的合金含有大约 10% 的锡（Sn）。锡石（SnO_2）是一种矿石，是金属元素锡的主要来源（见图 9-12）。最早发现锡矿的地方与最早冶炼铜矿的地方都在东南亚，这就解释了为什么最早的青铜制品也出现在那里。

从公元前 3300 年至公元前 1200 年，青铜在人类文明史上开创了一个新纪元。人们知道了青铜的性质之后，青铜工具就迅速地替代了用石头和铜制造的工具。这段历史期间，青铜盔甲代替了传统的革甲，铸造的青铜武器代替了从前用石头制作的武器。青铜表面形成了氧化层来保护里面金属免受侵蚀。青铜能够铸造出很多精致的细节。青铜

图 9-12 （a）锡石是一种矿石，是（b）锡的主要来源。当锡和铜结合，会形成（c）一种很坚硬、耐用的金属，称为青铜。

图 9-13 法国雕塑家罗丹（Auguste Rodin）于 1902 年创作的雕塑“思想者”是世界闻名的青铜雕塑。原作陈列在巴黎的罗丹博物馆，亚洲、欧洲、南北美则有大量的复制品。

器的这些特质就使它成为了一种很好的雕塑材料，即便风吹、日晒、雨淋也风采依旧（见图 9-13）。

轮船引擎的螺旋桨叶片由青铜制成，因为它可以承受海水的侵蚀（见图 9-14）。青铜的其他工程应用包括齿轮、轴承和套管，利用了它与金属之间摩擦力较低的特点。同时，青铜合金还有极好的共振特性，使其成为钟和钹的制作材料。现在，青铜这个术语就指一切不以锌和镍作为主要元素的铜合金。铝青铜就是这样一个例子。

图 9-14 青铜是一种耐腐蚀的铜合金，这使得它成为一种可被应用于海洋领域的优质材料，例如其常被用来制作轮船的螺旋桨。

©iStockphoto.com/ideeone

黄铜 黄铜是一种金色的铜合金，易于加工制造成各种器械，可被抛光处理，通常被用于装潢配件，如门把手、锁和铰链之类的五金器具。气动和液压配件也常用黄铜合金材料加工。黄铜中主要的合金元素（含量达 40%）是灰色金属锌。闪锌矿［(ZnFe)S］是一种常见的锌矿石（见图 9-15）。

图 9-15 （a）黑色晶体矿物闪锌矿包含硫化锌和铁。（b）从锌矿石中提炼出的纯锌。（c）锌和铜冶炼的黄铜合金。

(a) © iStockphoto.com/ gontar. (b) Courtesy of Benjamin Mills. (c) Image copyright Bernd Jürgens, 2010; used under license from Shutterstock.com.

因为铜与锌的金属熔点差异很大（熔点大约分别为 2000℉和 800℉），所以相比于其他铜合金，黄铜更难生产。基于此，在人类发展的历史长河中，与青铜和铜相比，黄铜所起作用并不显著。尽管最近的考古证据表明，黄铜早在公元前 1500 年已被合成出来，但是大多数古代黄铜工件出现在罗马帝国，黄铜硬币在公元前 1 世纪作为一种流通货币被引入罗马贸易中。

黄铜的颜色类似于金属金，但是随着时间的流逝会逐渐失去光泽。因为黄铜远比金便宜，所以黄铜常被用来提升实用器具的美感。类似于青铜，黄铜具有优异的共振特性，常被用于制作乐器（见图 9-16）。黄铜也有较低的金属与金属间的摩擦因数，因此，每个人的钥匙圈上通常都会有几把黄铜钥匙。

一些黄铜合金具有柔韧性，可被用来制作电线。在工业革命的早期，黄铜被广泛用于制造纺织工业急需的别针。今天，细黄铜丝（直径约 0.010 英寸）被广泛应用于电火花线切割机。低摩擦和延展性也使得黄铜成为弹药外壳的最佳材料。

图 9-16　黄铜具有共振特性，使它成为一种很好的乐器材料。

©iStockphoto.com/summersgraphicsinc.

铝　铝是地壳中最常见的、含量最丰富的一种金属元素。铝土矿是提取铝的主要原料。在 19 世纪中期，铝（纯铝）比黄金更贵，因为它很难被从矿石中提取出来。1884 年，当铝被选取作为华盛顿纪念碑的压顶石时，这种金属的价格等同于白银。

纯铝是很脆的，因此不能应用于传统的工程领域。然而，它常作为颜料和模具成分，此外也常作为诸如钢和半导体等其他材料的合金元素。铝合金中常会添加铜、锌、镁、锰、锂和硅等元素，用于改变铝的物理特性。为了改善飞机的性能，在 100 年前，铝合金因其高比强度被用于飞机部件中。

铝还应用于其他需要良好的导电、导热、耐腐蚀性能和高反射表面的情况。在太阳能反射镜上使用的镀铝聚酯薄膜就是一个例子。你家的汽车引擎材料很可能就是铝合金，厨房中的烹饪锅和平底锅也经常用铝合金制成。此外，烧烤的时候你应该也用过铝箔包裹食物（见图 9-17）。

图 9-17　常用的铝合金应用例子包括（a）内燃机引擎材料和（b）加热食品包装材料。

(a)

©iStockphoto.com/craigchislett.

(b)

©iStockphoto.com/rijayaNita.

生活中有数以百计的不同的铝合金。表 9-2 列出了一些常用的铝合金，以及它们的一些应用。

表 9-2 常见的铝合金及其应用。

系列	主要合金成分	常见的应用
2024	铜（Cu） 镁（Mg）	承受张力的飞机机翼和机身
5086	镁（Mg）	运输设备，压力容器，低温设备，塔，钻探设备，输气输油管道，兵器，装甲板以及船和游艇的船体
6061	硅（Si） 镁（Mg）	飞机配件，镜头支架，离合器，轮机配件和硬件，电气装置和连接器，装饰和五金零件，铰链销，磁件，刹车活塞，液压活塞，电器配件，阀及阀零件以及车架
6063	硅（Si） 镁（Mg）	管道，栏杆，家具，建筑型材，灌溉水管及运输工具
7075	锌（Zn）	飞机机身和机翼，攀岩装备，自行车车架

钛 钛这种金属元素早在 200 多年前就被发现了，但它在工程方面的应用却只有半个多世纪。这是因为在工业生产中，从矿石中提炼钛金属需要进行非常复杂的化学工艺且成本高昂。于是，钛合金便成为最昂贵的金属之一。例如，钛合金的价格是同样尺寸低碳钢和标准铝合金的 40 多倍。

纯钛是从金红石（TiO_2）和钛铁矿（$FeTiO_3$）中提炼出来的，然后和铝（Al）、钒（V）、钯（Pd）等元素一起铸成合金。尽管价格高昂，钛合金的应用还是越来越多，因为它有三个优良特性：抗腐蚀性强，比强度高，以及耐高温。钛是位于铂之后，化学 **惰性** 最好的金属之一。该特性使钛合金制造的医疗植入物，如人造髋关节、人造膝关节及种植牙（见图 9-18），可以避免被人体免疫系统所排斥。化工厂将不锈钢阀和其他组件换成钛合金，以降低维护成本，减少污染，得到更高收益。

图 9-18 钛合金由于它的高比强度和化学惰性而为人所知。这些特性使钛合金成为优质的人造关节的材料。

Image copyright Regien Paassen, 2010. Used under license from Shutterstock.com.

航空航天工业是钛最大的消费产业，因为它的重量跟铝一样轻，而强度堪比钢铁，这也是钛零件经常用在军用和商用飞机上的原因（见图 9-19）。铸钛零件也可用于运动设备，如高尔夫球杆头。

图 9-19　涡轮和其他飞机部件都要承受巨大的压力或高温，因此经常用钛合金来制造。

Photograph reproduced with the permission of Rolls-Royce plc, copyright Rolls-Royce plc 2009.

木材

木材的使用可以追溯到人类文明起源之初，那时的人们就开始用木棍挖掘觅食。甚至今天，灵长类动物也会用简单的木制工具从白蚁穴中抓取白蚁（白蚁含有高蛋白）。木材有许多常见的应用，包括：

- 百叶窗
- 橱柜
- 盒子
- 桶（例如红酒桶）
- 砧板
- 装饰性工艺品
- 餐具
- 门
- 电线杆
- 外挡板
- 篱笆
- 地板
- 壁炉的燃料
- 家具
- 内墙板
- 乐器
- 托盘
- 纸
- 烟熏肉
- 铁轨枕木
- 住宅框架
- 木板桥梁维修的临时支架
- 玩具

木材分为两类：软木材和硬木材。这两类木材在构造方面有着共同的特征。木材是由大量被称为纤维素（一种有机高分子）的管状细胞结合木质素组成的（见图 9-20）。树干是主要的木材来源，那里大多数的木材细胞都与树干的中心轴平行。

春夏时分，新细胞在树皮下的形成层持续生长。在这段时间内树

图 9-20 木材包含大量紧密排列的空心管状细胞，细胞主要由纤维素构成，细胞之间通过一种称为木质素的材料互相联系。

Courtesy of Dr. Roger Heady. Centre for Advanced Microscopy, The Australian National University.

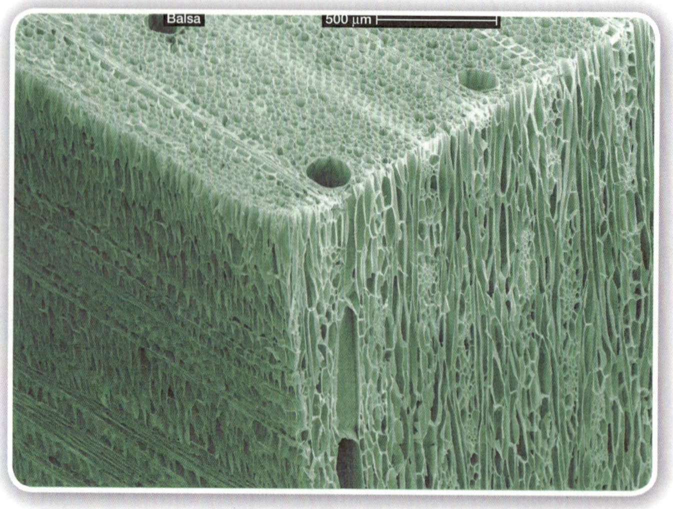

图 9-21 树干的横截面显示了年轮，边材和心材的颜色有所不同。

Adapted from MacDonald, Woodworking, 2009, Delmar Learning, a part of Cengage Learning, Inc. Reproduced with permission.

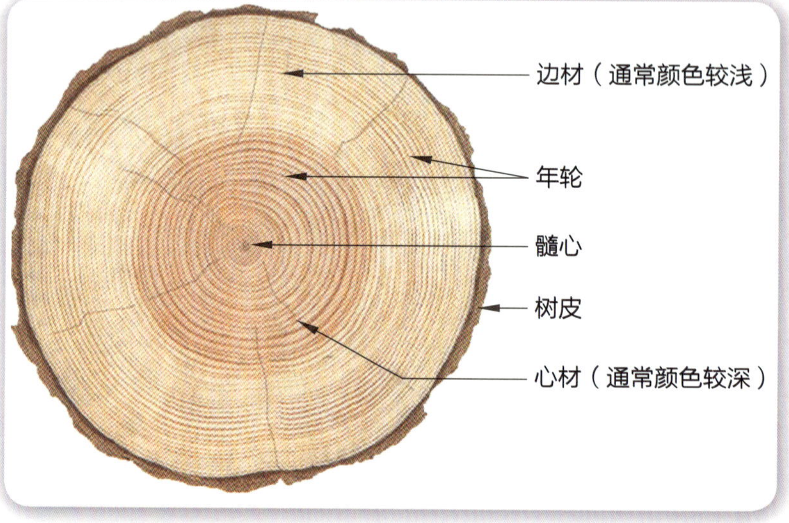

叶会积极产生树液提供营养。尽管树液中的大部分是水，但也包含了来自土壤的矿物质和营养，以及树叶所制造的糖分。春季长出浅色的薄壁细胞。夏季长出深色的厚壁细胞。这就形成了年轮，使木制品变得特别美丽（见图 9-21）。

较新的细胞在树干里传输树液，构成边材。当树慢慢成长，树干变粗，较接近树干中心（髓心）的较老的细胞停止传输树液，然后变成树的结构支柱，称为心材。因为充满了有机质，心材通常比边材颜色深。心材比边材更硬并具有更强的结构稳定性，在温度和湿度变化时，尺寸的变化较少。因此，人们在用木材时更倾向于使用心材。在利用木材前，需要让树生长好几十年以确保获得较多的心材。

软木材

软木材来自于**针叶树**，种子以球果的形式暴露在外。大多数的软木树都是常绿树，有针状叶（见图 9-22）。商用软木材最先来源于美国、加拿大和俄罗斯的森林。软木材这个术语是带有欺骗性的，因为不是所有的软木材都是软质的。实际上，一些硬木材比大多数的软木材更软。巴尔沙木这种用于造船和模型制造的硬木材，就是其中一个例子。

图 9-22 （a）大多数软木树的种子都呈球果的形式，叶子是针状的。（b）软木树制成的木材颜色都相对均匀，有明显的木纹，并含有节疤。

(a)
©iStockphoto.com/Lezh.

(b)
©iStockphoto.com/VIDOK

总的来说，软木树的树干直，比硬木树成长快，容易加工。这些特点使软木材成为了建造木材的主流。软木树比硬木树更容易从树干上长出分枝，这就是为什么软木材总是含有很多节疤的原因。节疤所在之处会成为木材的薄弱点。若存在太多的节疤，该木材就不适合作为结构材料，可以作为造纸木材。造纸木材纤维可用于制造纸张和纸板（见图 9-23）。

图 9-23 软木材最常应用于（a）建筑木材，以及（b）造纸木材，制造纸张和纸板。

(a)
©iStockphoto.com/jhorocks.

(b)
©iStockphoto.com/PapaBear

图 9-24 （a）松树，（b）云杉，（c）冷杉，（d）铁杉和（e）雪松的轮廓图。

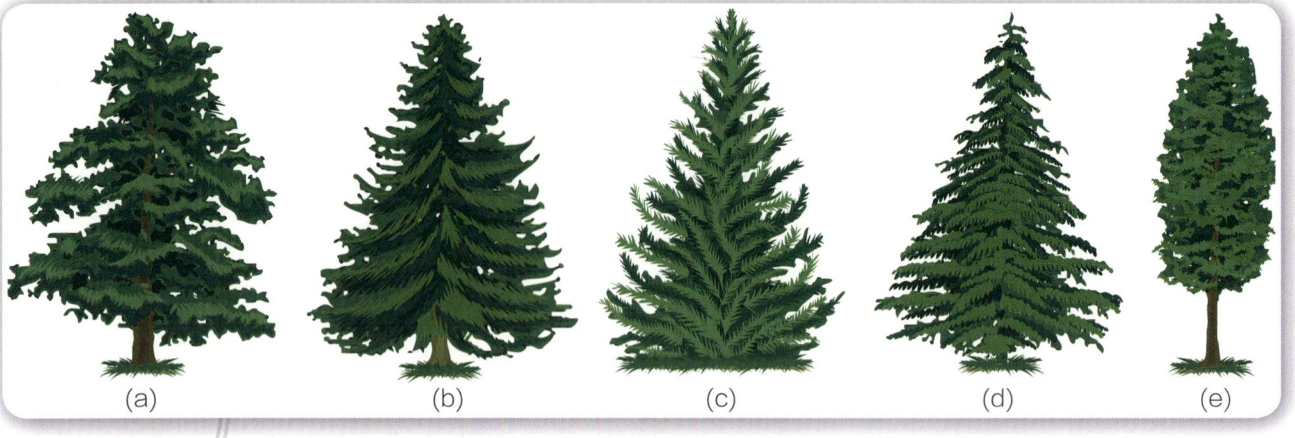

常见的美国软木材树种类包括松树、云杉、冷杉、铁杉和雪松。可通过它们的轮廓进行辨别（见图 9-24）。当树被砍伐制成木材后就很难区分种类，因为它们的颜色和纹理都很相似。但雪松除外，它的颜色（和气味）容易辨别。表 9-3 列出了这些软木的常见用途。

表 9-3 常见的软木材及其应用。

软木	常见的应用
松树	家具，地板，窗框，门，内墙板，松节油
云杉	纸浆，胶合板，板箱，乐器
冷杉	纸浆，胶合板，一般建筑材料
铁杉	纸浆，皮革，胶合板，一般建筑材料
雪松	外挡板，屋顶木瓦板，防蛀剂，储藏类家具，造船，乐器

趣味阅读

规格材由不同的软木材制成，它的标称尺寸带有欺骗性。例如，**标称尺寸**为 2 英寸 ×4 英寸的木料实际尺寸只有 1½英寸×3½英寸。在使用规格材设计物品之前，必须先了解这些差别。

树干被砍伐后就被送往工厂锯成木材。新切割的木材称为生材，会切成标称尺寸。生材的水分含量高，会降低木材的强度，且易受霉菌的侵袭而腐烂，最后变得难以加工。这就是为什么规格材需要经过干燥后再储存。

木质细胞干燥后会变得更加坚硬，牢固。一旦木材的水分含量达到 19% 或以下，它就可以加工得很平、很直，并能保持加工后的实际尺寸。一块板的实际长度应符合它的标称长度。标称尺寸为 2 英寸 ×4 英寸 ×8 英尺的松木板的实际尺寸是 1½ 英寸 ×3½ 英寸 ×8 英尺。表 9-4 为常见规格软木材的标称尺寸和实际尺寸的比较。

硬木材

硬木材来源于**落叶树**，在进化等级上比软木树更高。硬木树有着宽大的叶子，会在生长季结束的时候掉落，果实为浆果或者坚果，而不是球果。硬木树的细胞结构比软木树的更复杂，种类也更多。尽管也存在一些例外，硬木一般都比软木硬，较难加工。硬木树长着宽大的叶子，枝杈结构呈典型的树突状，与软木树的枝杈结构形成鲜明对比。

由于叶子会阻碍人们观察树的枝杈结构，因此通过硬木树叶子的形状和颜色或者树皮的颜色和纹理来鉴别硬木材会更容易些。木材的颜色和年轮形成的纹理也具有明显的特征（见图 9-25）。

表 9-4　规格软木材标称尺寸和实际尺寸的对比。

标称尺寸（英寸）	实际尺寸（英寸）
1 × 4	¾ × 3½
1 × 6	¾ × 5½
2 × 2	1½ × 1½
2 × 4	1½ × 3½
2 × 6	1½ × 5½
2 × 8	1½ × 7¼
2 × 10	1½ × 9¼
4 × 4	3½ × 3½

硬木材相比于金属和塑料等其他的刚性材料，让人感到更温暖且较便宜，易于加工、塑形。它们的**观赏价值**使其成为制作精美家具和室内地板的理想材料（见图 9-26）。许多乐器正是利用了硬木的共振特性。

图 9-25　不同品种的硬木可通过叶子的形状、颜色，以及木材的颜色、纹理来进行鉴别。例子包括（a）和（d）黑胡桃木，（b）和（e）樱桃木，以及（c）和（f）白橡木。

(a and d) © iStockphoto.com/epantha and NickS; (b and e) © iStockphoto.com/olada and NickS; (c and f) © iStockphoto.com/wampirek and image copyright David Burkholder, 2010. Used under license from Shutterstock.com.

图 9-26　硬木树的颜色繁多、美观以及机械加工性使它们成为制作家具的极好材料。图中家具由白橡木制成。

Stickley three-drawer nightstand image Courtesy of L. and J. G. Stickley, Inc. (www.stickley.com)

美国硬木树常见的种类包括硬枫木、樱桃木、白橡木、美国白蜡木、黑胡桃木和黄杨木。表 9-5 指出了这些硬木树的常见应用。

表 9-5　常见的美国硬木及它们的应用。

硬木	常见的应用
硬枫木	橱柜板，砧板，精美家具，地板，乐器
樱桃木	精美家具，橱柜板，乐器
白橡木	地板，精美家具，红酒桶，橱柜板
美国白蜡木	棒球棒，工具把手，精美家具
黑胡桃木	精美家具，乐器，保龄球
黄杨木	玩具，胶合板，船，家具和橱柜的框架

STEM

地球上每种性质稳定的化学元素的总量是固定的。这些元素通过不同的媒介进行循环，媒介成了储存所。例如，空气中的二氧化碳被夏威夷的菠萝树吸收，菠萝树利用碳原子形成菠萝汁液。当你吃菠萝的时候，你的身体将菠萝里的碳转化为有机高分子，例如新皮肤或头发。物质在不同储存所之间的循环称为地球化学循环。

3 陶瓷

陶瓷（ceramics）： 各种基于非金属、无机固体化合物的材料的总称，经过加热然后冷却制成。

陶瓷是最古老的一种工程材料，然而却是最难了解的一种材料。**陶瓷**是一系列基于固体化合物的材料。这些化合物由金属和非金属元素组成（见图 9-27），经过加热然后冷却之后制成陶瓷。陶瓷材料里常见的金属元素包括铝（Al）、镁（Mg）、铍（Be）和钛（Ti）。常见的非金属元素有硅（Si）、氧（O）、硼（B）、碳（C）和氮（N）。

总的来说，陶瓷的延展性很差但抗压性很好。也就是说它们可承受很大的压力而不出现明显变形。人们每天都会使用陶瓷物品，这是缘于它们还有其他的优越性能，例如可以隔热，所以人们常用陶瓷杯子喝咖啡和热可可。陶瓷的熔点在所有的工程材料中是最高的。此外，陶瓷具有化学惰性，可以制作人造髋关节。

传统的陶瓷物品一直都用黏土制成，黏土大多由硅和铝构成。黏土位于地表较浅层，和水混合可塑造成各种形状的泥坯（见图 9-28）。泥坯晒干以后，残余的水分在窑中烧制时去除。烧制可使坯局部融化并重新结合，便形成一种轻质且很坚硬的材料，即陶瓷。

图 9-27　元素周期表中涂色的元素代表陶瓷材料中最常见的元素。

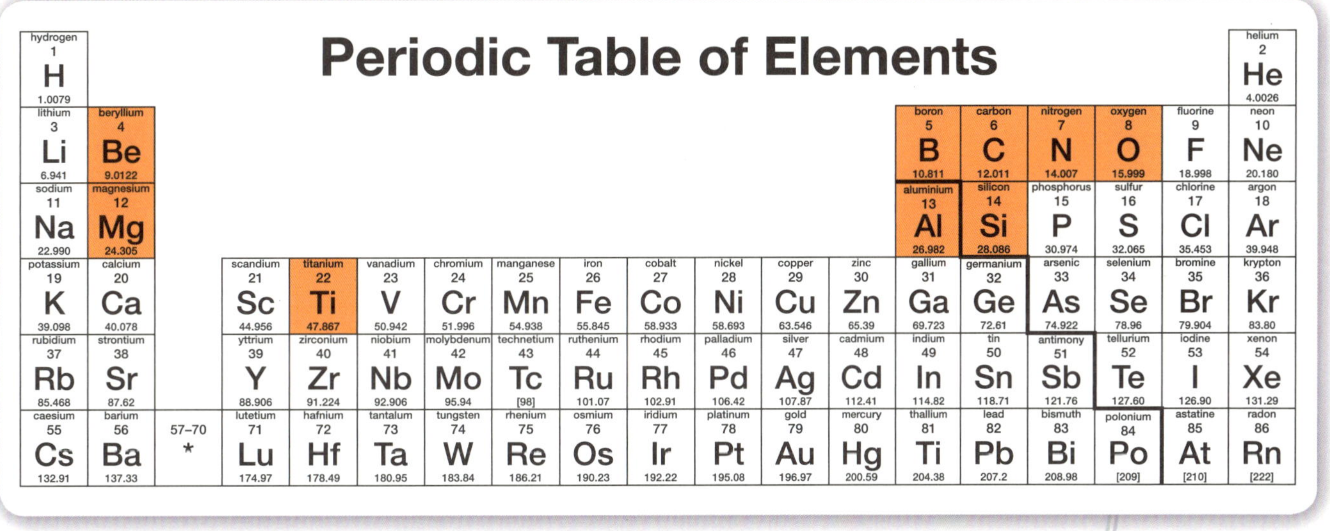

©Cengage Learning 2012

图 9-28　黏土和水混合后，可以很容易地制成各种形状的坯。图中是陶工在旋盘上制作碗坯。

©iStockphoto.com/CreativeFire.

趣味阅读

陶瓷是最早的人工制造的材料。考古发现，由黏土烧制的物品最早出现于公元前 24 000 年，发现于现在的捷克共和国境内。这种在相对较低的温度下（1800～2100℉）烧制成的黏土制品称为陶器。如今，全世界仍在沿用老祖宗的这种材料及工艺制造陶器、餐具以及装饰品。

图 9-29 火花塞的绝缘部分用白陶瓷制成。

黏土只是陶瓷制作材料中的一种。工程中还会用到其他天然的和合成的陶瓷材料。事实上，陶瓷材料有很多种，包括白陶瓷、建筑用黏土、耐火材料、玻璃、磨料以及水泥混凝土。

白陶瓷

你在家所吃的早饭或正餐基本上都装在陶瓷餐具内，这种陶瓷材料就是白陶瓷。瓷器是白陶瓷中最高级的一类。白陶瓷在公元 500—1000 年由中国人发明。白陶瓷两种常见的工程应用为浴室的瓷砖和引擎火花塞的陶瓷零件。术语陶器也可以指白陶瓷制成的器物，尽管它们的颜色不一定是白色（见图 9-29）。

建筑用黏土

砖块中的陶瓷材料必须能承受巨大的压力载荷。砖块是最常见、最古老的建筑用黏土制品（见图 9-30）。据说，在公元前 3000 年，美索不达米亚的苏美尔人发明了黏土砖。除砖块外，其他的建筑用黏土制品还包括地砖、烟道和排水瓦管。

图 9-30 砖块是建筑用黏土制品的常见例子。

耐火材料

耐火的意思就是抵抗高温。**耐火材料** 为非金属陶瓷材料，用于极端高温（高于 1000℉）场合——坩埚、焚化炉、窑炉、核反应堆以及引擎。菱镁矿（$MgCO_3$）和白云石［$CaMg(CO_3)_2$］都是耐火矿物，用作冶炼铁或其他金属的熔炉的内壁材料。耐火陶瓷被宣传最多的应用或许是航天飞机的热保护系统：34 000 片形状不同的瓷砖组成了航天飞机的外表面。这些瓷砖避免航天飞机进入大气层时产生极高温度而发生燃烧（见图 9-31）。

跟大多数陶瓷材料一样，耐火陶瓷的主要缺陷是易碎。2003 年 2 月

图 9-31 耐火陶瓷材料的耐热性使它们非常适合应用于航天飞机的外表面。

©iStockphoto.com/Thomasaurus.

航天飞机“哥伦比亚号”灾难的发生就是因为这个原因。飞船在发射时，一片绝缘材料击中了飞船左翼的前缘，使飞船的陶瓷隔热层受到了破坏。机翼损毁区域造成两星期后飞船重返地球大气层时出现灾难性的故障。耐火陶瓷在 16 世纪左右的发展引发了工业革命，其重要性毋庸置疑。

玻璃

玻璃是一种主要由二氧化硅构成的陶瓷材料，最常见的二氧化硅材料就是沙子。玻璃最早出现于约公元前 8000 年的埃及。人们烧制陶器时由于过热出现了出乎意料的光滑面。我们现在所熟悉的玻璃直到公元前 1500 年才出现。玻璃是一种化学惰性材料，广泛地用作饮料容器（商用的和家用的）。玻璃常见的工程应用包括建筑物和汽车的窗户，眼镜、显微镜和望远镜的镜片。另外还有一些人们不熟悉的工程应用，如：光纤通信线缆，房屋保温层，复合材料的强化纤维（见图 9-32）。

图 9-32 一些不那么为人熟悉的玻璃材料的应用包括（a）光纤通信线缆和（b）房屋的保温层。

©iStockphoto.com/Henrik5000
Image copyright Christina Richards, 2010. Used under license from Shutterstock.com.

磨料

若你曾经用砂纸、磨

图 9-33　归类为磨料的陶瓷材料用于制作磨具。

©iStockphoto.com/8ran

刀石或砂轮打磨过切削刀具，那么你就用过归属于磨料的陶瓷材料。这种陶瓷由氧化铝（Al_2O_3）和碳化硅（SiC）等材料组成。天然和人造的钻石也都是陶瓷材料，是用于钻具和磨具的高级磨料（见图 9-33）。磨料的另一种工程应用为制作切削刀具的刀头，以在大批量机械加工过程中代替传统高速钢刀具。

水泥混凝土

水泥，是一种干燥的粉末状物质，与水混合时可作为黏合剂。最常见的用途是作为砖块或墙体的黏合剂。水泥是混凝土的重要组成部分。现在最常用的水泥是硅酸盐水泥，由石灰（来源于石灰岩或白垩）、氧化硅（SiO_2）、氧化铝（Al_2O_3）和铁（Fe）组成。古罗马人是开发和使用水泥混凝土的先驱，这就是为什么他们的许多建筑至今仍在使用。实际上，罗马人最早发明了在水下养护的水泥。

混凝土是硅酸盐水泥、沙子、石骨料和水的混合物，可以塑造成任何形状。不同于黏土，水泥和混凝土都不需要进行烧制，而需要在氧气充足的环境中进行固结。实际上，混凝土基础墙固结 28 天后，方可在其上面建造大楼。按重量计算，混凝土是使用最多的人造材料，常用于建造桥、大坝和隧道等需要承受巨大压力载荷的地方（见图 9-34）。

图 9-34　（a）水泥是材料间的黏合剂，可把砖石黏合在一起，也是（b）混凝土的组成成分，可以浇注成不同形状。

(a) © iStockphoto.com/BirdofPrey. (b) Image copyright Christina Richards, 2010. Used under license from Shutterstock.com.

(a)

(b)

聚合物

词语聚合物和塑料经常交换使用，但它们不是同一种材料。**聚合物**是涵盖性术语，包含了所有天然存在或人工**合成**的高分子有机化合物，其链式分子由至少100个单体（或基体）的简单分子重复排列形成。聚合物意味着有很多基体。聚合物分为两类：塑料和弹性体（见图9-35）。

聚合物（polymer）： 一种天然存在或合成的高分子有机化合物，其链式分子由至少100个称作单体（或基体）的简单分子重复排列形成。

弹性体

所有的塑料都是聚合物，但不是所有的聚合物都是塑料。例如，橡皮筋就是由属于弹性体的聚合物材料制成。**弹性体**是天然或合成的聚合物，能够在室温下被拉伸到至少两倍的自身长度，在移除外力后仍可回到原本尺寸。一些弹性体可通过再加热重新塑形，还有一些一旦成形之后就不会再变。天然弹性体，如古塔波胶就是一种叫作乳胶的树胶制成的可塑材料。19世纪中期，古塔波胶被用作第一根水下电话线的绝缘层。从19世纪40年代初到20世纪30年代初，古塔波胶也被用于制作许多实用性物件，比如高尔夫球芯。

图9-35 聚合物分为两类：塑料和弹性体。

©Cengage Learning 2012

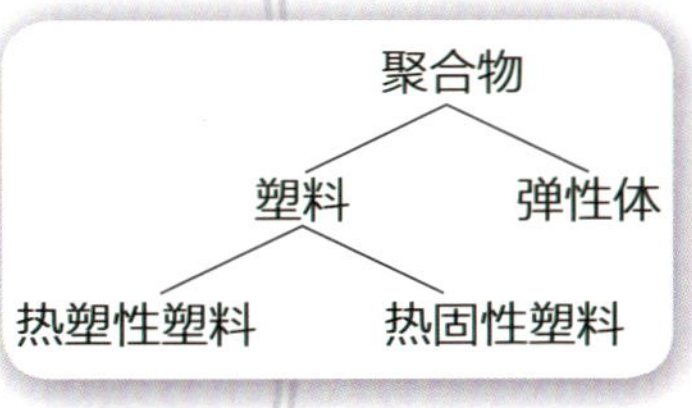

图9-36 （a）乳胶是许多品种橡胶树树汁的总称，处理后就是一种天然的弹性体材料，称作橡胶。（b）此外，某些种类的一次性安全手套也是由天然弹性体制成的。

(a)

©iStockphoto.com/Anatoli Styf.

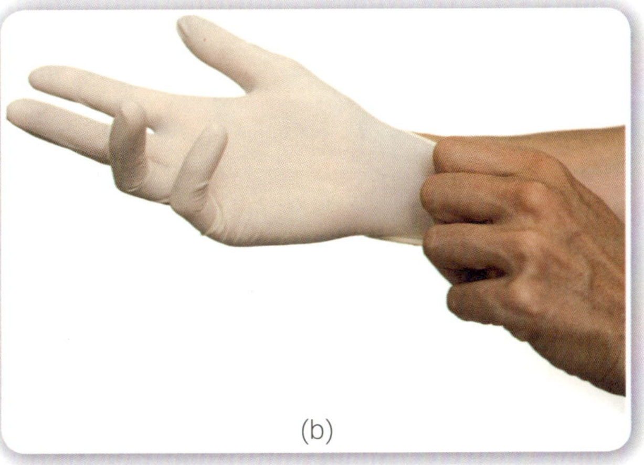
(b)

©iStockphoto.com/RapidEye.

图 9-37 （a）流量控制阀用（b）硅橡胶 O 形圈作为密封圈来防止阀门组件连接处的液体或气体漏出。

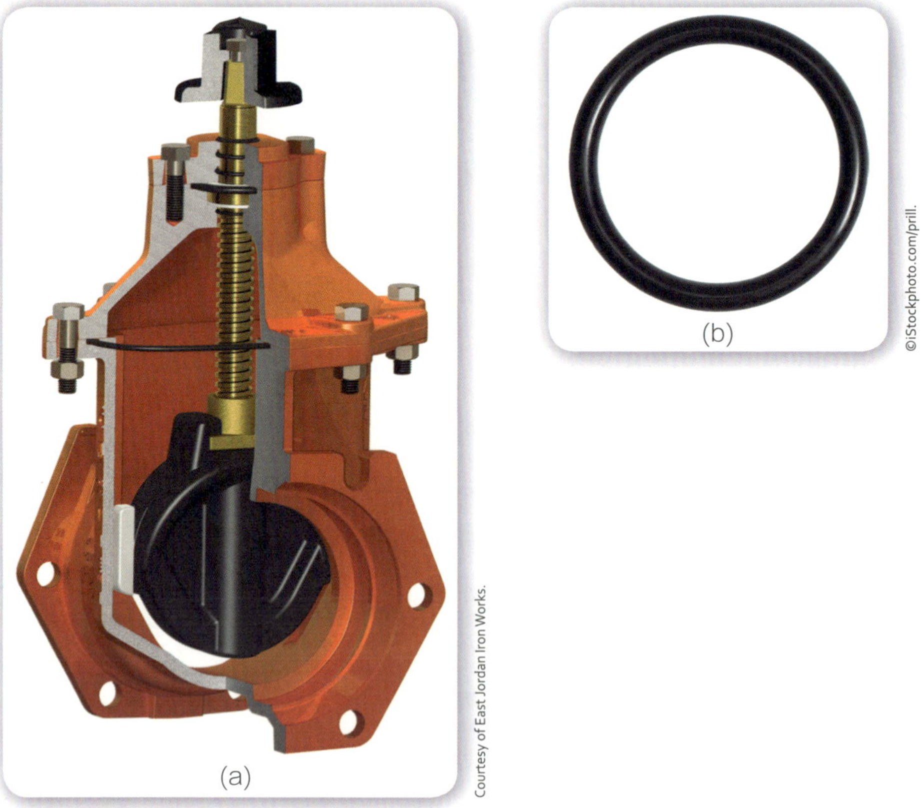

图 9-38 很久以前，提灯的外罩由天然塑料——兽角制成。

塑料（plastics）：一类聚合物材料，最终状态为固体，制造过程的一些阶段为液体，在加热或受压时可变成不同的形状。

弹性体可用于制作柔性黏合剂以及一些元件，如减震轮胎、保护性手套、电线的防水外层、结构扩张收缩的连接件、能量传输带以及可调节松紧的肩带。它们也广泛地用于密封圈、垫圈等物件（见图 9-37）。天然橡胶、硅橡胶和氯丁橡胶是归为弹性体的几种常见材料。

塑料

许多人认为塑料是一种新材料。尽管大多数合成塑料使用的历史不超过 100 年，但用于装饰和实用目的的天然塑料已经存在了好几百年，有些情况下甚至已达好几千年。天然塑料在加热时可改变形状并且冷却后可保持想要的形状。琥珀、兽角、龟甲和虫胶都是天然塑料。这种材料可用来制造勺子、饮水容器、梳子、按钮甚至是提灯的外罩（见图 9-38）。

塑料的英文 “plastic” 既是形容词也是名词。作为形容词的时候，用于形容一种材料能够塑造成各种形态。但这会有误导作用，因为混凝土和石膏虽然是刚性材料，当它们经搅拌倒入模具后也会出现塑性特征，但这些材料并不是塑料。作为名词的时候，**塑料**代表了一组聚合物材料，它们的最终状态是固体，制造过程中的某些阶段为液体，在加热和受压时可变成不同的形状。

实际上，商店里所有的商业塑料制品都是合成聚合物，这意味着它们都是人工控制下的化学过程的产物。合成塑料和原油以及天然气有点相关。原油（既石油）和天然气都是各种**碳氢化合物**（只含碳原子和氢原子的分子）的混合物。一些碳氢化合物作为主要原料，用于制造合成塑料。最简单的合成塑料为聚乙烯（PE）。如果你用过保鲜膜保存剩余的食物，那么你就用过聚乙烯（见图 9-39）。

聚乙烯由一长串共价碳原子组成，每个碳原子上连有两个氢原子。制作聚乙烯的原料是乙烯气（C_2H_4），一个作为单体的乙烯分子由两个碳原子和四个氢原子组成。当近 1000 个乙烯单体通过**聚合作用**结合在一起，就形成了固态聚乙烯**高分子**（见图 9-40）。

图 9-39 用于覆盖、保护食物的保鲜膜由聚乙烯塑料制成。

Thayer Allyson Gowdy/The Image Bank/Getty Images.

图 9-40 通过聚合过程，1000 或 1000 个以上的（a）乙烯气体分子连结在一起形成（b）固态聚乙烯高分子。

©Cengage Learning 2012

为了改变塑料的性质，化学工程师改变了组成单体的化学结构。结果之一是制造出了聚丙烯（PP）。聚丙烯纤维用于制造非常实用的登山袜，能像灯芯一样吸走皮肤上的湿气。另一种常见的塑料是聚苯乙烯（PS），它是一种坚固的热塑性塑料，非常适宜制作成一次性餐具。氢和碳不是唯一连在高分子聚合物碳主链上的元素。其他元素，比如氧（O）、氮（N）、氯（Cl）、硫（S）和氟（F）都会出现在许多塑料中。聚氯乙烯（PVC）是一种非常耐腐蚀的塑料，广泛应用于各种管道设备中（见图 9-41）。

当许多不同的单体结合成重复的化学链，就形成了类似丙烯腈－丁二烯－苯乙烯（ABS）这样的塑料。ABS 是一种刚性的易塑形的热塑性材料，在许多工程产品和消费品中大量应用，包括小孩子的乐高积木（见图 9-42）。一些塑料可以一次又一次地进行重塑，而另一些则不能被重塑，始终保留最初的形态。这种性质将所有的塑料分为两类：热塑性塑料和热固性塑料。

图 9-41　对聚合物单体的化学组成进行微小改变会导致塑料出现不同的性质。例子包括（a）聚丙烯，（b）聚苯乙烯以及（c）聚氯乙烯。

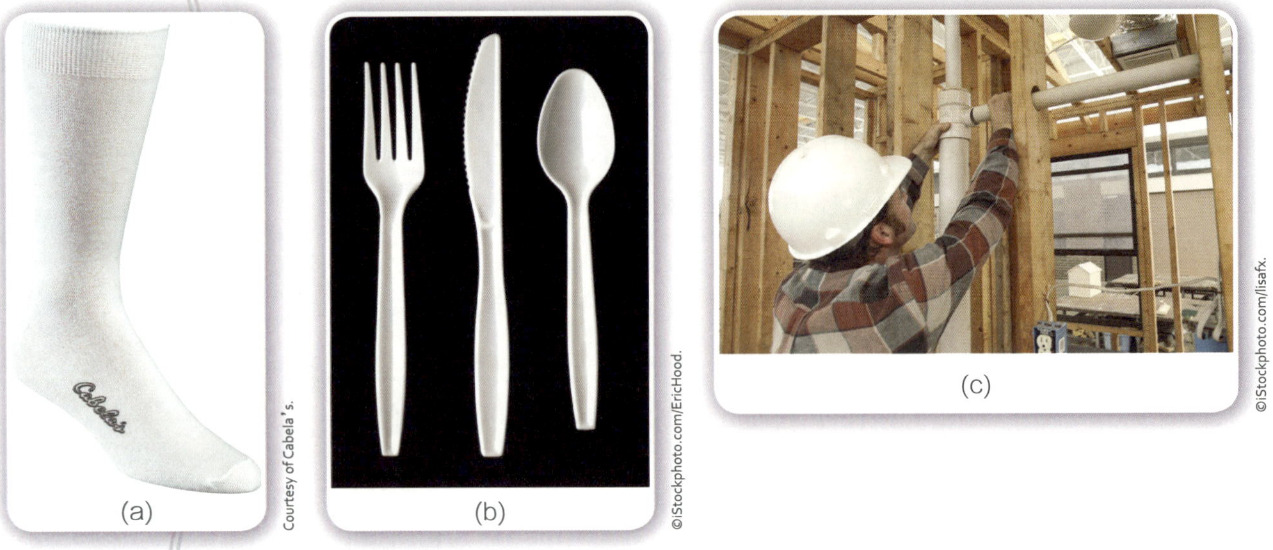

热塑性塑料　如果塑料可以再加热，再塑形，那么它就属于热塑性塑料。前面讨论的 PE、PS、PVC 和 ABS 都是热塑性塑料。其他你可能见过或用过的热塑性塑料包括聚甲醛（也称为缩醛）、尼龙、聚酯和聚四氟乙烯（也就是人们常说的特富龙）。

热塑性塑料是一种由不相连的聚合物链组成的塑料，这些聚合物链在加热时能互相滑过，在冷却时能回到刚性状态。这个概念类似于一碗冷的但是煮过的意大利面。每一根意大利面代表着一条聚合物链，长度有限且各不相连。重新加热时，面条变软，可以重塑成各种形态。加热重塑的特性使热塑性塑料非常适合回收利用。塑料工业为了回收做出了巨大的努力，他们在塑料制品上印上标准的回收符号，便于消费者回收塑料。表 9-6 列出了常见的可回收热塑性塑料，以及它们的优缺点、应用和相关的回收符号。

多数热塑性商品，如电脑显示器的框架或手机的塑料壳，都是由经过不同热塑过程处理的小塑料球制成的。这些过程会在第 11 章“制造工艺和产品生命周期”中进行阐述。类似于金属，热塑性塑料的销售规格有片状的板材，也有棒状、条状和管状等挤压结构型材，可加工、焊接或通过机械紧固件结合在一起，制成成品零件。常见的挤压形状有圆形、正方形、长方形和六边形（见图 9-43）。

图 9-42　乐高积木由丙烯腈－丁二烯－苯乙烯（ABS）塑料制成，ABS 由三种不同的单体重复链接组成。

表 9-6 可回收热塑性塑料的优缺点及其应用。

热塑性塑料	优缺点	应用实例	回收标识
聚对苯二甲酸乙二醇酯（PETE）	坚硬，成本低，可用所有的热塑方法处理，热导率低，不耐溶	地毯的合成纤维，食物和碳酸饮料容器	1 PETE
高密度聚乙烯（HDPE）	坚硬，耐撞击，耐化学腐蚀，耐磨，适合于接触食物，热稳定性差，易燃	牛奶瓶，洗涤剂瓶，食品袋，垃圾箱，水管	2 HDPE
聚氯乙烯（PVC）	兼有刚性和弹性，可用所有的热塑方法处理，不易燃，便宜，可抵抗自然天气条件，在某些溶剂中会溶解	刚性：房子的护墙板，磁卡，木框窗的保护层，管道和水管装置 弹性：衣服，装饰品，软管，屋顶防水层，工具手柄涂层，电缆绝缘层	3 PVC
低密度聚乙烯（LDPE）	可用所有的热塑方法处理，可焊接，可加工，有弹性且坚硬，在含氯溶剂中会溶解	弹性可压缩的容器，塑料袋，食物储存袋，软管，六罐装饮料的环状套子，纸和玩具的保护性涂层	4 LDPE
聚丙烯（PP）	可用所有热塑方法处理，有弹性，可承受极端温度，能制成纤维，摩擦因数小，适合于接触食物，有天然吸湿特性，在紫外线辐射下会降解，易燃，难以黏合	室外地毯和汽车地毯的纤维，浮在水上的绳子，吸汗的衣物纤维（如“安德玛”），带铰链的容器，电线的绝缘层，食物容器，一次性瓶子	5 PP
聚苯乙烯（PS）	便宜，结实，坚硬，透明，抗湿，易燃，在某些溶剂中会溶解，易碎，热稳定性差	塑料模型装配工具，热泡沫保温材料，塑料餐具，气泡包装，塑料透镜，刷毛	6 PS

图 9-43 热塑性材料销售时的形式有（a）用于制造塑料产品的颗粒和（b）用于加工的挤压结构型材。

(a) © iStockphoto.com/Luso; (b) image copyright Jim Barber, 2010; used under license from Shutterstock.com.

(a) (b)

轮到你了

热塑性塑料的回收工作已经实施了一段时间，但许多人还是不能分辨所有可回收的塑料制品的分类。通过这个活动，你可以教别人分辨哪些塑料制品是应该回收的。你需要七块 30 英寸 ×40 英寸的泡沫塑料板（也可以用七块相同尺寸的回收纸板代替），七个塑料袋，一个大垃圾袋，一支黑色的马克笔，一个热熔胶枪，几支热熔胶，一部数码相机，一台电脑和一台打印机。

第一步：从家里收集两个星期内即将扔掉或者回收使用的一次性塑料制品，把它们分开放在垃圾袋中。确保每一项物品在装入垃圾袋前已冲洗干净，以避免吸引昆虫或产生臭味。

第二步：用黑色马克笔在六个袋子上画上不同的回收标识。这些袋子将用于存放按照材料组成划分的回收物品。第七个袋子用于存放未标识或未知的塑料。在两星期收集时间结束后，把每样物品根据表 9-6 中的回收标识做对应的分类，回收标识通常直接印在塑料制品上，但不是所有的塑料制品都有可识别的标识。把所有未标识或未知的塑料材料放入第七个袋子。

第三步：在两星期的收集期，查询网络来辨别成分不明的塑料物品，并将它们放入正确的袋子。拍照记下通过网络仍不能鉴别的物品。找一位塑料或材料工程师，把照片通过邮件发给他，礼貌地寻求他的帮助。

第四步：用广告纸板标记每一种可回收的热塑性塑料，在每一块板的上方画上回收标识。标识的面积不应小于 4 平方英寸。在每一块板上加上标题，写出表 9-6 所示的塑料的名称和缩写。第七块广告板写“未知塑料”。

第五步：用热熔胶枪和热熔胶棒把回收的塑料物品固定在各自对应的宣传板上。成分不明的物品就固定在第七块板上。

第六步：为每块展板拍照并打印照片，编写一个消费者指南来帮助人们辨识各种可回收的消费品。把这个指南与家人和朋友分享，鼓励大家进行回收利用。

热固性塑料 前面提到，**热固性塑料**（也称为热固树脂）指一旦成形就固定不变形的塑料。因此它们不能进行重塑，这严重限制了它们的回收。尽管这看起来可能是一个缺点，但热固性塑料相对于热塑性塑料有自己的优势，它们可以经受更高的温度，更加坚固，且不容易被酸和溶剂进行化学分解。一些最常用的热固性塑料包括环氧树脂、聚酯树脂和聚氨酯。

热固性塑料由两种不同物质反应而成。这两种物质叫作树脂和固化剂，它们以一定的比例结合在一起产生化学反应。**树脂**是一种类胶的固体或半固体黏性物质，含有高分子聚合物，在固化剂催化下会形成交联结构。**固化剂**是一种**催化剂**，可使树脂中的高分子聚合物互相交联起来（见图 9-44）。该过程称作**固化**。当固化过程结束后，材料会保持固定的固体形态。

聚合物是否交联是化学上区分热固性塑料和热塑性塑料的标准。再回到意大利面的比喻，想象下每根意大利面彼此都紧紧连在一起形成一块巨大的意大利面。理论上来说，热固性塑料就是一个巨大的聚合物分子。因此，它的分子质量非常高，以至于材料熔化的温度超过了其本身的热降解温度。这意味着热固性材料在到达熔点之前就会燃烧。

图 9-44　热固性塑料的聚合物高分子发生交联，使其不易变形。

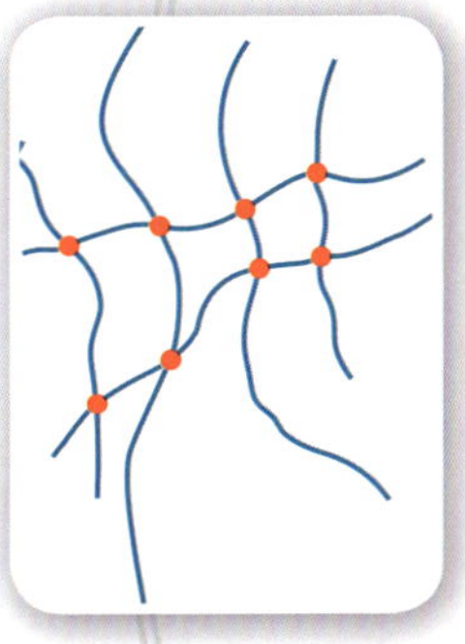

在所有的热固性塑料中，环氧树脂是普通消费者最广泛应用的材料，因为它可以作为黏合剂（见图 9-45）和保护性涂层。许多热固性塑料需要控制温度，因为需要较高的温度来促进聚合和交联。然而，大多数五金店里出售的环氧树脂黏合剂都是在室温下进行固化的。

图 9-45　商用的环氧树脂黏合剂经常装在双管注射器中进行售卖，使使用者能按正确的比例混合树脂和固化剂。不同的环氧树脂可用来黏合各种各样的材料。

尽管环氧树脂很贵，但它们有极好的黏合性使它们可以黏合各种相似和不相似的材料。例如，环氧树脂可以把铜制的垫片和细丝粘合到印刷电路板上的塑料基底上。环氧树脂材料售卖时会装在两段式的注射器中，分别含有等量的树脂和固化剂用来混合。固化以后，环氧树脂会形成不可熔化、不能溶解的材料。环氧树脂可以快速固化，也可以慢速固化，但慢速固化的环氧树脂更加坚固。环氧树脂可作为混凝土表面、楼房和桥梁钢结构的保护性涂层。该涂层可以防止氧化和腐蚀，增加耐磨性，并使表面更容易上漆和清洗。环氧树脂也广泛地用作复合材料的基体材料，这将在本章的后面进行介绍。

安全提醒：
在使用环氧树脂时，必须戴橡胶手套。如果皮肤或操作台表面不小心粘上环氧树脂，可以在环氧树脂固化之前用醋作为溶剂进行清除。

环氧树脂表现出良好的耐化学性，且具有较高的比强度。它们还能有效抵抗重复的加载卸载引起的 **材料疲劳** 。然而，它们在紫外线辐射下容易降解，且它们的热降解极限要低于其他的热固性材料。环氧树脂通常比其他热固性塑料更贵。同时，组成树脂和固化剂的化学成分有保质期，必须在购买之后的一定时间段内使用。

不饱和聚酯是一种常见的热固性树脂，不要将其与那些用于抗皱衣物的热塑性聚酯纤维搞混。不饱和树脂与过氧化甲乙酮（MEKP）等催化剂混合后会变硬，可用于铸造、封装、车身修复工作、填补木缝以及作为黏合剂。

聚酯树脂最广泛的应用就是黏合聚氨酯泡沫或增强体，比如玻璃纤维、芳纶纤维和碳纤维，形成一种复合材料，可用于制造船体、汽车车身、飞机机身面板、高尔夫球车、洗浴装置、水疗浴缸、直升机桨叶、风力涡轮机转子叶片、家具，甚至是舞台上和电影中的布景（如图 9-46）。聚酯树脂被用作外部材料得益于其防水和抵御天气变化的特性。

图 9-46　聚酯树脂最广泛的应用是作为纤维增强复合材料的基体。这些材料被用在（a）船体和（b）风力涡轮机转子叶片的制造上。

聚酯树脂经常和色素一起使用，并且可以始终保持鲜亮的颜色。它比环氧树脂便宜，有很高的强度，可以很好地抵抗化学品的腐蚀，耐磨损，相比其他塑料对紫外线还有较好的抵抗性。为了防止聚酯树脂铸件与模具粘在一起，必须使用脱模剂。然而，有一点必须注意，相比其他热固性材料，聚酯树脂的耐久性更差，也更易碎。

聚氨酯（PU）是最通用也是使用最广泛的热固性塑料。它被制作成很多种产品，例如保护涂层、弹性体、刚性塑料、黏合剂、泡沫和纤维。聚氨酯保护涂层作为结实坚固耐磨损的密封层保护木材免于受潮和遭受损伤。如果你家里有硬木地板或木质的家具，它们很有可能涂着一层聚氨酯。

聚氨酯还被用作防水的黏合剂来连接木材与其他不同材质的材料。印刷电路板上的敏感电子元件也常常用硬聚氨酯覆盖以防止由于灰尘或潮湿而引起的短路。这种材料还被用于生产购物车的轮子（图 9-47）和叉车等设备的轮胎。

图 9-47　购物车上的硬塑料轮就是由聚氨酯制成的。

©istockphoto.com/ermingut

泡沫状聚氨酯可以以不同密度使用。最柔韧的泡沫用于家具垫子、床垫和汽车座椅。半刚性的泡沫用于办公椅的扶手垫。高密度的聚氨酯泡沫可以像木材一样加工并且具有优秀的尺寸稳定性。设计师和建筑师用这种材料搭建他们构思的实体模型。它还被用于制作木雕和建筑模型。低密度刚性泡沫作为隔热材料被用在冰箱、冷库甚至建筑物中（见图 9-48）。

图 9-48　喷射泡沫绝缘层由聚氨酯构成。

Courtesy of DEMILEC (USA) LLC.

聚氨酯泡沫暴露在光线下会褪色，长时间暴露在紫外线下会劣化。商业发泡剂常被用于填补住宅结构的缝隙和裂痕，也常被用作喷射绝缘层。这些材料易燃有毒，应当按照制造商的指示谨慎使用。

趣味阅读

问题：滑板的轮子和氨纶纤维有什么共同点？

答：它们都是由聚氨酯塑料做成的。

5 复合材料

复合材料（composite material）： 复合材料由两种或多种完全不同的材料组成。这些材料通过分层或混合的方式进行组合，从而增强材料的某些性能。

基体（matrix）： 一种连续相的黏合剂，包围在增强体外面使增强体位置固定。

把复合材料放到最后介绍，是因为复合材料是由所有其他材料混合而成的。**复合材料**由两种或多种完全不同的材料组成，这些材料通过分层或混合的方式增强材料的某些性能。例如，胶合板是由多层薄木材片用高强度的热固性塑料黏合剂黏合在一起得到的复合材料。这种复合材料比相同几何尺寸的单一木板材料有着更大的比强度。

自 20 世纪 40 年代中期以来，很多现代的船体都是由复合材料制成的，这些船体在热固性塑料中加入了纤维布材料。这些复合材料中，纤维材料如玻璃纤维或芳纶纤维作为**增强体**，热固性塑料如环氧树脂或聚酯树脂作为**基体**。复合材料的最终性质由基体和增强体的相互作用决定。

基体的选择取决于材料对环境的适应性，包括热学性质、化学性质、电学性质或它们的组合。基体决定了产品外观。它是最先承受荷载的部分，并要将荷载传递至增强体。增强体一般是以纤维、晶须或颗粒的形式加入到复合材料中。它比基体承载能力更强，作用是承担并分散荷载。因此，复合材料可以使用在传统材料不能胜任的极端环境中。

尽管历史表明复合材料并非新鲜的概念，但是现代的复合材料仍然是所有材料种类中最新的。生活在大约 1000 年前的蒙古人擅长利用天然材料制作复合弓，他们创造的弓可以与自那之后的所有弓匹敌。这些弓由木材、动物肌腱和动物的角构成，并用天然的鱼胶或其他动物胶质加以黏合。装配完成后，再由蒸汽处理，弯折成型，穿入丝线并控制缓慢干燥。这些弓可以让训练精良的蒙古弓箭手在 1000 英尺以外射中目标（见图 9-49）。

图 9-49 蒙古反曲弓是一种由复合材料制成的物品。

现代的复合材料由于具有传统材料难以匹敌的特性，正在航空、汽车和高端运动产业中取代传统材料。例如，B2 轰炸机表面的碳纤维复合材料比传统的航空铝材料更轻更强。这种材料还有传统的航空铝材没有的功能：吸收雷达的能量。结合飞机的几何形状，这种复合材料能够使飞机的雷达有效反射截面只有一只小鸟的大小。

现代复合材料大多轻质，能够塑造成复杂的三维形状，同时表现出很高的强度和刚度。航空产业是复合材料的最大消费体，因为其对强度、重量、柔韧度、温度和耐化学性等性质有极高要求，以至于传统材料不适合或不可能被选用。由于消费者要求汽车更省油、更易于维护，所以复合材料在汽车产业中的应用也与日俱增。

图 9-50 碳纤维复合表面材料结合 B2 轰炸机的几何形状，能够使飞机的雷达有效反射截面只有一只小鸟的大小。

复合材料也不是没有缺点。一般而言，复合材料生产时的材料成本和制造难度都比传统材料高；经常使用不可回收的材料，因此会带来环境问题；对复合材料制成的元件进行缺陷检测更困难，因为材料之间是非同质的。另外，由于复合材料的组分复杂，制作方法多种多样，所以对于设计工程师来说，关于复合材料的现成数据比传统材料的要少得多。

现代复合材料被分为数类，包括聚合物基复合材料（PMCs），金属基复合材料（MMCs），陶瓷基复合材料（CMCs）和碳－碳复合材料（CCCs）。相比传统材料，根据基体不同，每一类复合材料都有自己独特的优势。表 9-7 列出了这些优势并且分别给出了应用实例。

表 9-7 现代复合材料的种类，优势和应用。

复合材料	相比传统材料的优势	应用
聚合物基复合材料（PMCs）	有较高的抗拉强度、较大的抗弯刚度，可以根据要求的性质使用热塑性塑料或热固性塑料	飞机和汽车车身面板，船体，高尔夫球杆杆身，鱼竿，洗浴装置，水疗浴缸，电线杆，直升机桨叶和风力涡轮机转子叶片
金属基复合材料（MMCs）	有较低的热膨胀系数、较高的强度和刚度，对振动有较大的阻尼	活塞，活塞环，连杆，切割工具，轴承，制动系统中的金属元件，网球拍，高尔夫球杆杆头和杆身
陶瓷基复合材料（CMCs）	耐高温，耐磨性好，脆性较低韧性较强，较高的磨损耐久性，较高的尺寸稳定性，较长的使用寿命	燃气涡轮叶片，暴露于热废气下的飞机表面，防热罩，前锥体，火箭的喷射头，传感器罩，金属切割工具，军队坦克和士兵护甲的芯层
碳－碳复合材料（CCCs）	超高的隔热性，高温下的尺寸稳定性，可以抵抗热冲击	火箭头锥，火箭引擎的喷管喉部，防火屏障，热气输送管，高温引擎中的排气系统元件，制动片

总 结

本章主要介绍了以下内容：

- 常见的工程材料包括金属、木材、陶瓷、塑料和复合材料。
- 工程师认为，金属是在室温下通常能保持坚硬，有光泽，并且有着很好的导热、导电性能的固体材料。根据是否含铁，金属被分为两类，分别是黑色金属和有色金属。钢铁是一种常见的黑色金属，其合金中包含不等量的微量碳。常见的有工程应用的有色金属包括金、银、铜、青铜、黄铜、铝和钛。这些金属表现出不同的特性，包括导电性、导热性、摩擦因数、共振特征、比强度、熔点和耐腐蚀性。
- 木材根据取材树木的不同可以分为两类：软木材和硬木材。软木材取自常绿树，这些树木的种子包裹于球果中并且叶子为针状叶。硬木树的叶子为阔叶，在生长季节结束后，树叶会脱落。硬木材强度更高，木纹颜色和纹理也更多样。
- 陶瓷是一大类材料，它由含有金属和非金属元素的固体化合物通过加热和随后冷却而制得。陶瓷材料很硬且易碎，有着很高的熔点，表现出优良的尺寸稳定性，在隔绝极端温度方面性能优异。这些材料被分为以下几类：白陶瓷、建筑用黏土、耐火材料、玻璃、磨料，以及水泥和混凝土。
- 聚合物是高分子量的有机化合物，其链式分子由单体重复排列而成。天然的聚合物由树液或其他有机原料制成。合成的聚合物衍生自石油化学产品。聚合物大致可被分为两大类：塑料和弹性体。弹性体材料在室温下能够被拉伸至至少两倍长，在卸载后仍可回到原本尺寸。塑料是固态的聚合物材料，但是在加工时为液体，其在热和压力的作用下定型。塑料可分为两类：热固性塑料和热塑性塑料。热塑性塑料可以在初次聚合作用后重新融化和塑形。热固性塑料由树脂和固化剂以合适的比例混合后得到。热固性塑料因为制作过程会发生化学反应，所以不能被重新融化和塑形。
- 复合材料由两种或多种完全不同的材料组成，这些材料通过分层或混合的方式来利用并增强特定的材料性能。现代复合材料由增强体包裹在基体中构成。增强体有玻璃纤维、芳纶纤维和碳纤维等。基体决定了产品的外形，暴露于工作环境下，并且能把作用的荷载传递给增强体。

课后作业

1. 常见的用于提炼铁、铜、锡、锌、铝和钛的金属矿石有哪些？
2. 有色金属与黑色金属的区别是什么？
3. 解释铁是怎么熔化的。
4. 找出铸铁的一个应用实例。
5. 解释钢铁是怎样制成的。
6. 金属元素与合金的区别是什么？
7. 三种碳素钢分别是什么，它们分别制成了哪些产品？
8. 给出合金钢的一个例子，并且说明其应用在何处。
9. 哪种钢合金会被应用在结构上？
10. 指出金的两个工程应用。
11. 指出银的两个工程应用。
12. 是什么性质让铜成为了工程应用的好材料？
13. 指出铜的两个工程应用。
14. 青铜和黄铜的区别是什么？
15. 描述使青铜成为工程应用优良材料的两个性质。
16. 指出黄铜的一个工程应用。
17. 铝通常和哪类元素组成合金？
18. 指出铝合金的两个工程应用。
19. 指出钛合金的三个工程应用。
20. 硬木材和软木材的区别是什么？
21. 指出软木材的三个品种和硬木材的三个品种。
22. 树是如何长大的？
23. 树木的心材和边材的区别是什么？
24. 给出软木材的两个工程应用。
25. 硬木材有什么用途？
26. 什么是陶瓷材料？
27. 常见的用于制作陶瓷材料的金属和非金属元素有哪些？
28. 指出陶瓷材料从属的不同类别，并且分别列出一个应用实例。
29. 什么是聚合物？
30. 弹性体和塑料的区别是什么？
31. 弹性体有哪些用处？
32. 聚乙烯是怎样形成的？
33. 热塑性塑料和热固性塑料的区别是什么？
34. 指出三种热塑性塑料及其各自的用途。
35. 指出三种热固性塑料及其各自的用途。
36. 什么是复合材料，为什么需要使用复合材料？
37. 基体和增强体的区别是什么？
38. 指出历史上复合材料应用的一个实例。
39. 指出现代复合材料的四种类别，并分别给出每种类别的一个工程应用实例。

补充作业

酪蛋白：利用常见的原料制作天然塑料胶水

你有没有想过塑料是怎样制作出来的？制作现代塑料的过程很复杂而且常用到危险的化学试剂。然而，在本实验里，你将用普通厨房中常见的原料和方法制作一种天然塑料。这个实验利用热和醋将脱脂牛奶中一种叫酪蛋白的天然材料聚合成塑料。将酪蛋白风干，研磨成粉后，与小苏打和水混合制成胶水。这种胶水可以用于黏合木材或纸。

为了完成这个实验，你需要一个平底锅，一把大勺子，一个烤盘，一个敞口玻璃瓶或塑料容器，一根棒冰棍或者一小段不用的木棍，纸巾，研钵和碾槌，一个滤网，两杯新鲜的脱脂牛奶，4 汤匙白醋，1/2 茶匙小苏打，一支烹饪温度计，一个三明治大小的可密封的储存袋以及厨灶和水槽。

第 1 步：把脱脂牛奶倒入平底锅。将平底锅放置在厨灶上并且将加热元件调至中等火力。将牛奶加热大约 5 到 7 分钟，偶尔搅拌。如果牛奶的温度超过 140℉，化学反应将无法进行。用烹饪温度计来监测温度。不要让牛奶沸腾。

第 2 步：当牛奶被加热后，加入醋并持续搅拌。在此期间，你将发现牛奶被分离成澄清的液体和块状的物质。这些成块的物质是由一种叫做酪蛋白的牛奶蛋白质组成的。牛奶和醋中的醋酸发生化学反应之后，就会产生酪蛋白沉淀。

第 3 步：当酪蛋白完全从液体中分离出来以后，将平底锅中的东西倒入滤网中。待酪蛋白冷却一些后，用你的手挤压滤网中的酪蛋白，使其排出尽可能多的液体。冲洗平底锅并盛入冷自来水。将酪蛋白放回平底锅中。在水浴中搅拌并揉捏酪蛋白约 1 分钟。重复过滤和冲洗的过程约 5 次。这是为了尽可能多地除去醋。将酪蛋白放置在纸巾上并且挤压出尽可能多的水。

第 4 步：将烤箱设置为 170℉，用你的手将酪蛋白分成小块，并铺在烤盘上。一旦烤箱差不多到达了设定温度，将烤盘放在烤箱中，让酪蛋白干燥约两小时。

第 5 步：将烤盘从烤炉中移出。酪蛋白应该已经风干成了黄色的小晶体。将一小部分酪蛋白晶体放在研钵中并用碾槌将它们研磨成粉末。将粉末状的酪蛋白置于可密封的储存袋中。重复这个过程直到所有的酪蛋白晶体都已经被研磨成粉末。你应该得到了大约 4 茶匙的粉末。将酪蛋白粉末与 1/2 茶匙的小苏打（碳酸氢钠）混合，并且将粉末放置在可密封的储存袋中保存，直到你准备好将它作为胶水用于黏合木材或纸。

第 6 步：当你准备好制作酪蛋白胶水时，将混合粉末倒入敞口的玻璃瓶或塑料容器内。向其中加入等量的热自来水，并用棒冰棍或者小段不用的木棍持续搅拌数分钟。在混合物中加入少量的热水稀释混合物至合适的稠度。将胶水涂在木材或纸的表面并且将黏合的部分不受干扰地放置约 24 小时等待黏合完成。

第10章 材料性能

头脑准备

在学习本章的概念时，请思考下面的问题：

1. 常见的外力有哪四种？它们分别是如何产生的？
2. 应力和应变之间有什么区别？它们和材料的弹性模量之间又有什么关系？
3. 工程师在设计结构构件时，为什么会关注材料的应力-应变曲线中的弹性区域？
4. 在工程材料的应力-应变曲线中，如何确定比例极限、屈服极限、强度极限和破坏极限？
5. 工程师为什么要在设计过程中加入安全系数？他们如何用安全系数确定合适的应力？
6. 什么是剪应力？它是如何产生的？
7. 什么是力学性质？材料有哪些类型的力学性质？
8. 针对材料的破坏性试验有哪几种？这些试验结果能够反映什么？

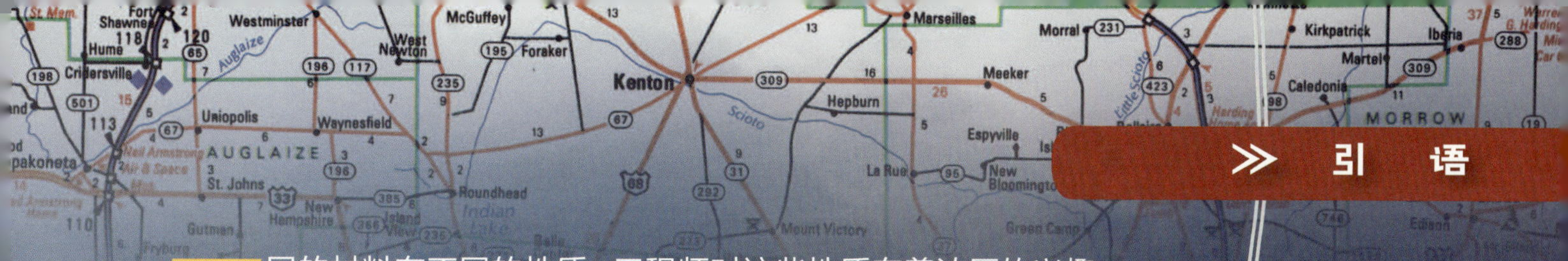

》 引语

不同的材料有不同的性质，工程师对这些性质有着浓厚的兴趣。本章内容关注材料的物理性质。**物理性质**指的是材料不需要经过化学变化就能表现出来的性质。

在大学阶段，工程专业的学生都会学习到应用物理方面的内容，其中有一门是变形体力学。所有的固体在受到诸如拉力和压力的外力时，都会产生不同程度的变形。**变形**是指在力、热或其他物理现象的作用下，物体所产生的在尺寸上的变化。伴随着变形，物体往往会产生应力，应力和负载一般呈正相关的关系。在工程上，材料的应力 - 应变曲线表现了荷载作用下材料的应力和应变（单位变形的大小）之间的关系。工程师根据这种曲线判断应该使用哪种材料，计算材料可以承受多大的荷载极限而不会受到永久性破坏。

工程上的应力 - 应变曲线是如何产生的？答案要到各种各样的破坏性试验中去寻找了。本章将重点介绍拉伸试验、压缩试验、剪切试验、扭转试验、弯曲试验、硬度试验和冲击试验等常见的破坏性试验。

物理性质（physical property）： 材料不需要经过化学变化就能表现出来的性质。

变形（deformation）： 在力、热或其他物理现象作用下，物体所产生的在尺寸上的变化。

变形体力学

工程师们设计各种各样的结构和构件，目的是让它们发挥特定的功能。比如说，楼房可以遮风挡雨，为工业生产、商业消费和居住生活提供安全的场所。楼房如果不能承受本身的自重加上安置物品的重量，以及风雪施加的外力等，那么实现它的功能就无从谈起。再比如，桥梁的第一功能是连接两个地点，如果它连本身的重量都难以承担，何来的实现功能？

一栋楼房需要多粗的柱子，如何确定？一栋楼房的梁要采用钢材而不是玻璃，为什么？电梯可承受的最大荷载怎么确定？汽车的最大有效载重怎么确定？这些问题的答案都可以从**变形体力学**（又称为材料力学）中找到。变形体力学研究的主要内容是外力作用和物体变形之间的关系。

外力的类型

正如第 3 章的介绍，力可分为拉力和压力两种。重力是我们一直受到的一种力，时时刻刻把我们向地心的方向拉。你的体重和重力之间有一定关系。如果你站在月球上，由于那里的重力加速度只有地球

1

上的六分之一，所以你的体重在那儿也只有地球上的六分之一。当外力作用在物体上时，我们就可以称它为**荷载**。工程设计上，物体需要承受一定的荷载，比如拉力、压力、剪力、扭力等。当两个力沿着相反的方向向外拉拽一个物体时，就会产生**拉力**，拉力会让物体出现拉伸变形（如图 10-1 所示）。

图 10-1 对于大多数材料而言，拉伸会导致物体长度增加、横截面减小。

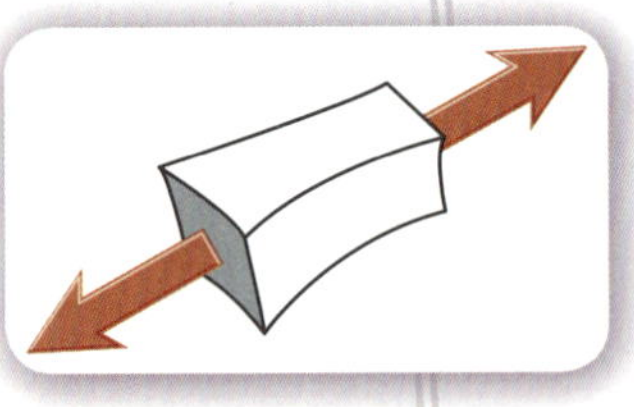

©Cengage Learning 2012

当你步入一台电梯时，你的重量连同电梯的重量会在电梯的缆绳上产生一个拉力（如图 10-2 所示），这会导致缆绳出现拉伸变形，尽管这样的变形小到肉眼无法看到。

图 10-2 （a）电梯的自重、乘客的重量和绳索受到的牵引力会传递到（b）电梯的每根缆绳上。

Kelvin Murray/Stone/Getty Images.
©Cengage Learning 2012

当两个力沿着相对方向挤压物体时，物体就会被**压缩**（如图 10-3 所示）。比如，地面砖石与混凝土一直处于受压状态，这是由上方房屋向下的荷载和下方地基土向上的支承力产生的。再比如，当你坐在椅子上时，你的体重就是一种压力，通过椅子的四条腿传递到地面上。你可以想象一下，飞机在降落时，通过起落架传递到机场跑道上的压力会有多大。

图 10-3 压力会导致物体长度减小、截面周长增加。

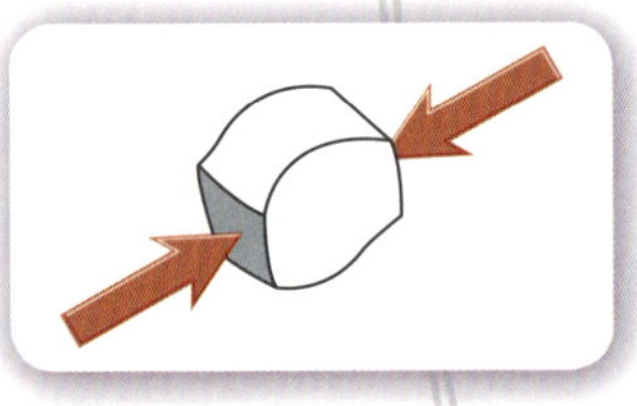

©Cengage Learning 2012

如果两个错开一定距离的力沿相反的方向撕扯物体，试图使物体沿着与力的方向平行的平面一分为二，就会产生**剪力**。剪力在生活中很常见，当你在用剪刀裁剪纸张时，就对纸张施加了剪力（如图 10-4）。

图 10-4 当两个错开一定距离但方向相反的平行力作用于同一物体上时，就会产生剪力。

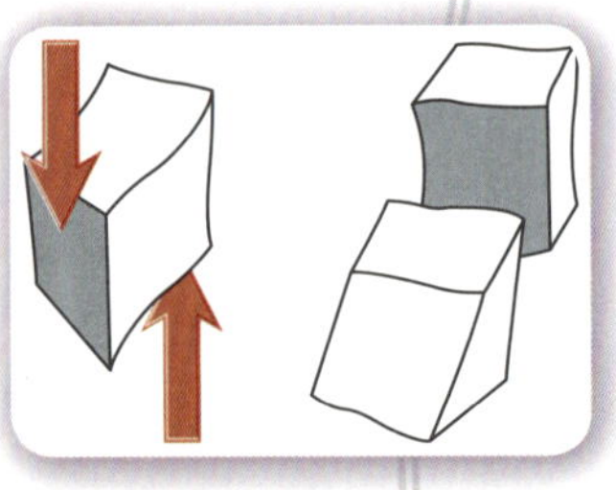

©Cengage Learning 2012

工程师在实际的工程设计中会充分考虑剪力的作用，比如在机械设备中安装剪力保护装置，以保护机械、防止设备损坏。比如说，工业生产中有很多机械设备是通过电动机轴驱动运转的，一旦机械设备的运动被卡了，很有可能会导致电动机损坏，造成巨大的损失。为了避免这种情况出现，工程师设计了剪断销，利用剪断销将两传动轴连接起来，如果机械设备的运动被卡，产生的较大剪力会将剪断销切断，从而保证电动机继续运转而不受损。吹雪机的螺旋转轴上就有这样的剪断销（如图 10-5 所示）。

图 10-5 （a）吹雪机叶片连接着转轴，转轴再通过（b）剪断销与主驱动轴相连。如果吹雪机叶片被异物卡住，产生的较大剪力会让剪断销断裂，从而达到保护电机的目的。

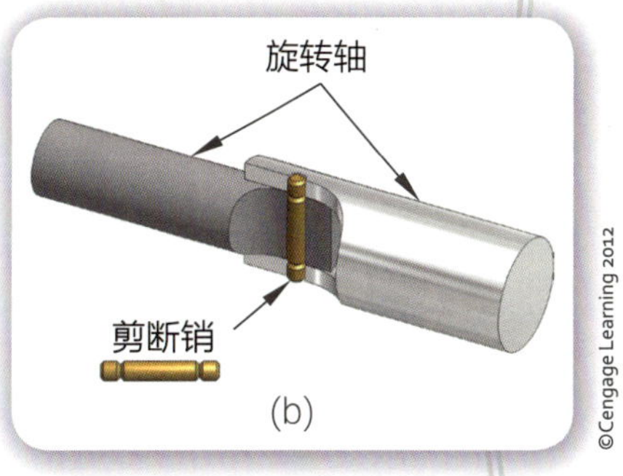

请回忆一下第 4 章中介绍的转矩概念。当两个相隔一定距离的力、沿着相反的方向作用在一个物体上时，就会产生 **扭转** ，导致物体以自身的轴为中心，产生扭曲变形（如图 10-6 所示）。齿轮传动和链传动中的转轴，如汽车驱动轴，要承受一定的扭转荷载。常见的麻花钻由可以承受巨大扭转荷载的材料制成。

图 10-6 当两个相隔一定距离的力、沿着相反的方向作用在一个物体上时，就会产生扭转。

当你拧紧螺钉或螺栓时，你就在它们身上施加了扭转荷载。如果荷载太大，这些连接件就会被损坏；如果荷载太小，机械运行时产生的振动可能会导致这些连接件松动。汽车发动机装配对连接件要求很高，工程师会仔细计算每个连接件需要施加的合适扭矩，而技师也会用扭力扳手拧紧连接件，以确保每一个连接件的扭矩达到设计要求。图 10-7 展示了一个梁式扭力扳手，是套筒扳手的一种。扳手的梁由一种弹性金属制成，当对紧固连接件施加扭矩时，梁会弯曲。施加的扭矩大小会反映在条形指针所指的刻度上。扭力扳手的刻度一般分为两种单位：英尺·磅、牛·米。

图 10-7 梁式扭力扳手是套筒扳手的一种类型，可以让使用者在施加扭矩的同时知道所施加扭矩的大小。

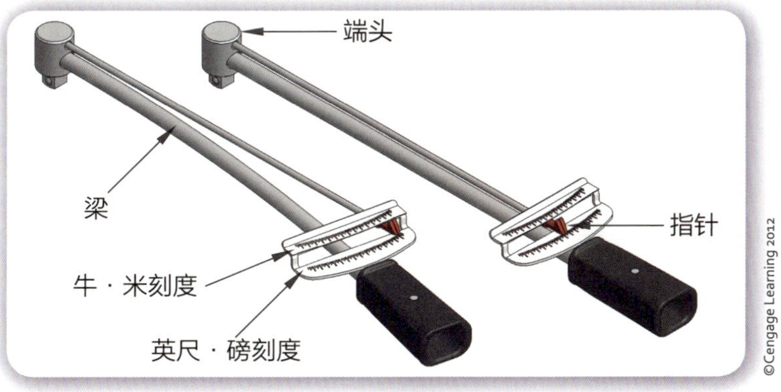

应力

应力是物体在外力引起变形时作出的抵抗行为，这些外力包括拉力、压力、剪力和扭力等。在同一个结构单元中可能会同时出现几种不同的应力，所以在分析和计算时，分清应力的种类是非常重要的。在构件横截面积一定，且受到**法向力**（比如说，在细长的结构构件中沿着中心轴作用的外力）作用的情况下，就会产生均布应力，如图 10-8 所示。

应力（stress）：
物体在外力引起变形时作出的抵抗行为。

图 10-8　为了避免房屋的一根柱子承受太大的荷载，土木工程师往往会设置很多的柱子去承受房屋上部楼层和屋顶的重量。

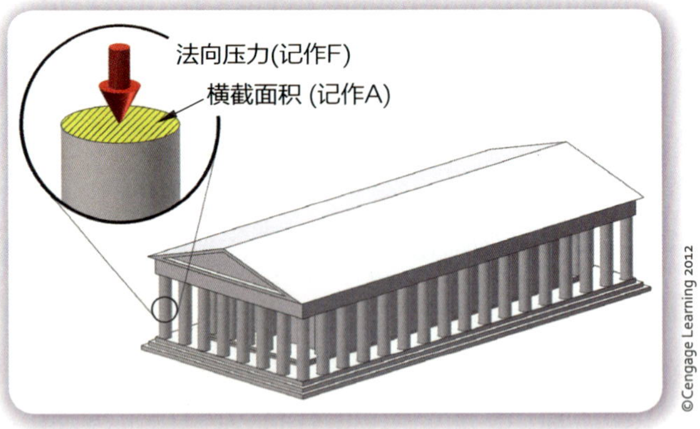

在计算上，定义**均布轴向应力**（记作 s）为构件横截面单位面积（记作 A）上的法向力（记作 F），如式 10-1。在国际单位制中，应力的单位是帕斯卡（简称帕，记作 Pa）。由于帕斯卡是很小的单位，所以，另外两种单位：兆帕斯卡（简称兆帕，MPa）和吉帕斯卡（简称吉帕，GPa），常用在结构构件承受很大外力的情况中。而在美国通行的美制单位中，应力的单位是磅 / 英寸 ^{2}（lb/in^2 或 psi），另外一种常用的单位是千磅 / 英寸 ^{2}（记作 ksi），它也适用于结构构件承受很大外力的情况。

$$\text{均布轴向应力}=\frac{\text{法向力}}{\text{横截面积}} \tag{10-1}$$

$$s=\frac{F}{A}$$

让我们回到电梯缆绳的例子。为了让缆绳能够承受其内部产生的应力，工程师会仔细研究确定缆绳采用什么材质以及多少直径。如果缆绳太细，在较大荷载下它们有可能被拉断，因为缆绳中的应力超过了它们的承载能力；如果缆绳太粗，它们就有可能妨碍电梯的上升和下降，因为在滑轮附近不容易弯曲、造成很大的阻力。

尽管应力和压强的单位相同，但是千万别把这两者的概念混淆了。压强代表的是外力，这个力作用在物体的表面，比如航海时作用在船帆上的风力。而应力代表的是内力，是物体对于外力作用的一种反应。

例题

问题： 直径 1.5 英寸的空心圆管吊着 30 磅重的电风扇（如图 10-9 所示），空心圆管的壁厚为 0.1 英寸，求圆管的应力。

a. 求圆管的横截面积

$$A=\frac{\pi(d_{外径}^2-d_{内径}^2)}{4}=\frac{\pi[(1.5\ \text{in})^2-(1.3\ \text{in})^2]}{4}=\frac{\pi\times 0.56\ \text{in}^2}{4}=0.44\ \text{in}^2$$

b. 求圆管的应力（不考虑圆管连接天花板和风扇的螺纹部分，忽略圆管的自重）

$$s=\frac{F}{A}=\frac{30\ \text{lb}}{0.44\ \text{in}^2}=68.18\ \text{lb/in}^2$$

图 10-9　吊扇空心挂杆。

(a)

Photo courtesy of Craftmade International, Inc.

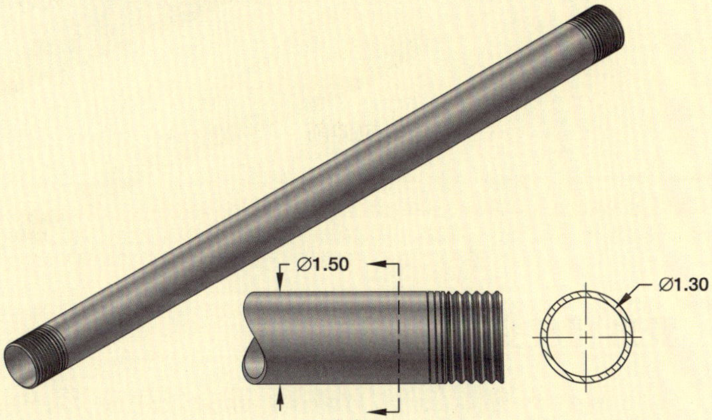

(b)

©Cengage Learning 2012

当物体内部出现了很大的应力时，其结果要么是物体产生永久性形变，要么是物体发生断裂。一个 10 岁的孩子都清楚地知道，如果想在树枝上荡秋千，你就需要一条很粗的绳子，而不是平时所用的牙线。一个孩子轻而易举就能把一根牙线拉断，而把一根直径很粗的绳子拉断可就没那么容易了（如图 10-10 所示）。所以，用粗一点的绳子荡秋千就可以保证你的安全。为什么会这样呢？

给定一个大小不变的外力，如果结构构件的横截面积增大，那么应力就会减小。也就是说，力被分散作用在较大的面积上，单位面积受到的力就较小，因此应力会减小（如图 10-11 所示）。

图 10-10　为什么不可以用（a）常见的棉线（b）挂在树枝上荡秋千？

(a) Image copyright Dmitry Melnikov, 2010; used under license from Shutt erstock.com. (b) Stockbyte/GettyImages.

图 10-11　物体内的应力随着横截面积的减小而增大。图中蓝色和红色分别代表应力最小和最大的区域。

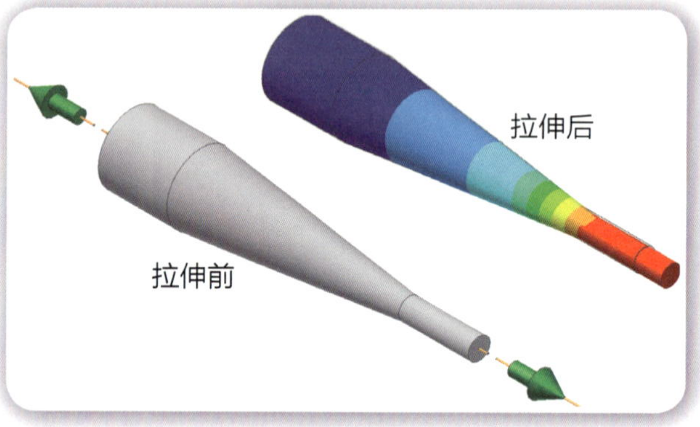

©Cengage Learning 2012

变形和应变

所有的物体在外力作用下都会发生变形，尽管在有些时候变形小到肉眼无法辨识。如果一根 10 英寸长的短棒（初始长度，记作 L_o）受到拉力的作用，被拉长到 11 英寸（最终长度，记作 L_f），那么它在长度上的变化量（记作 δ）就等于 1 英寸，如图 10-12 所示。当物体被拉伸的时候，将它的长度变化记为正值；当物体被压缩的时候，将它的长度变化记为负值。

图 10-12　受到法向拉力的结构构件长度会改变。

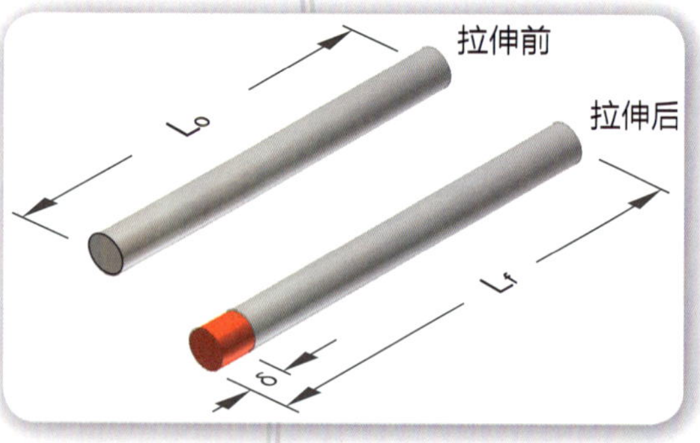

©Cengage Learning 2012

长度上的变化量 = 最终长度 − 初始长度　　（10-2）

$$\delta = L_f - L_o$$

研究物体在受拉伸或受挤压时的力学性质，就是研究外力增加时，物体内部的应力增量以及相应的应变增量。**应变**（记作 e）也被称作单位变形，是物体相对于最初的单位尺寸所发生的改变。物体会产生不同类型的应变，这取决于物体所受外力的类型。拉力和压力会让物体产生轴向应变。在计算时，轴向应变被定义为长度变化值与长度初始值之间的比值，如式10-3所示。在公制单位中，应变的单位为mm/m，而在美制单位中，应变的单位为in/in。

应变（strain）： 也称为单位长度的变化量，是物体相对于最初的单位尺寸所发生的改变。

$$\text{轴向应变} = \frac{\text{长度变化量}}{\text{初始长度}} \tag{10-3}$$

$$e = \frac{\delta}{L_o}$$

回到之前那个10英寸短棒的例子，如果长度的总变化为1英寸，那么轴向应变就等于0.1 in/in，即10%，如图10-13所示。这意味着每英寸的初始长度都会伸长0.1英寸，也就是伸长10%。

应变的数值可以非常小，特别是对于金属而言。工程上通常用科学计数法或百分数的形式表示应变。例如，建筑结构上使用的钢材产生每一个单位应力，会产生约 33×10^{-9} in/in 的应变。换句话说，如果有一根圆柱形建筑钢材，直径为1英寸、长度为10英寸，当它承受100磅的法向拉力时，它的长度被拉伸0.000 042英寸。

图 10-13 轴向应变是结构构件单位长度的变形量。

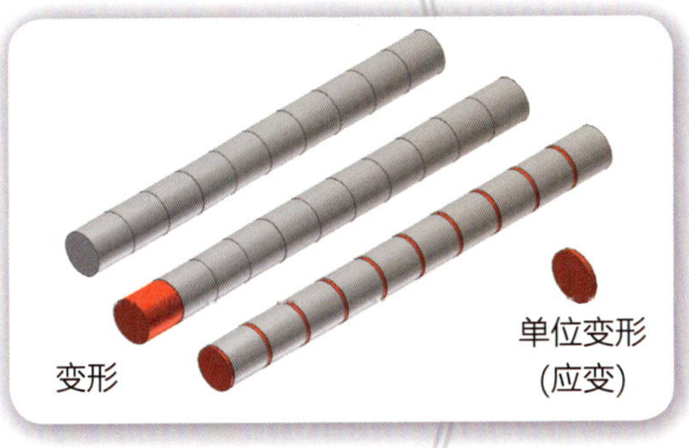

工程应力 - 应变曲线

材料工程师会对材料样品进行标准化的测试，以确定它们在不同大小的外力作用下会产生多大的变形。这些试验的结果通常用**力 - 位移曲线**描述，表示力（纵轴）和变形（横轴）之间的关系，如图10-14（a）所示。具体的内容会在本章中进行更详细的介绍。如果对工程上的每一个结构构件都进行这样的试验，绘制它们的力 - 位移曲线，这显然是一件费力不讨好、又贵又花时间的事情。因此，工程师会进行标准化的试验，即对标准尺寸的材料样品进行试验，再通过一系列的标准换算就可以使得试验结果能够适用于任何尺寸的构件。根据试验试件的初始长度和横截面面积，力和变形就可以分别被换算成应力和应变。当将试验结果用图表的形式呈现时，**工程应力 - 应变曲线**就会形成，如图10-14（b）所示。之所以在最前面冠以“工程”二字，是因为这与真正的应力 - 应变曲线之间还是有所差别。真正的应力 - 应变曲线要考虑到试验过程中构件横截面积随着外力的施加而发生的变化。而工程应力 - 应变曲线则假设试验的全过程中构件横截面积保持不变，直到其发生断裂破坏。

工程应力 - 应变曲线（engineering stress-strain diagram）： 展示某种材料的应力（纵轴）和应变（横轴）之间关系的曲线，假定材料的横截面积保持不变。

尽管同一种材料的工程应力 - 应变曲线与力 - 位移曲线形状相

图 10-14　如果考虑张力试件的横截面积和初始长度，那么可以将（a）力 – 位移曲线转换成（b）工程应力 – 应变曲线。可以看到它们的形状是相同的。

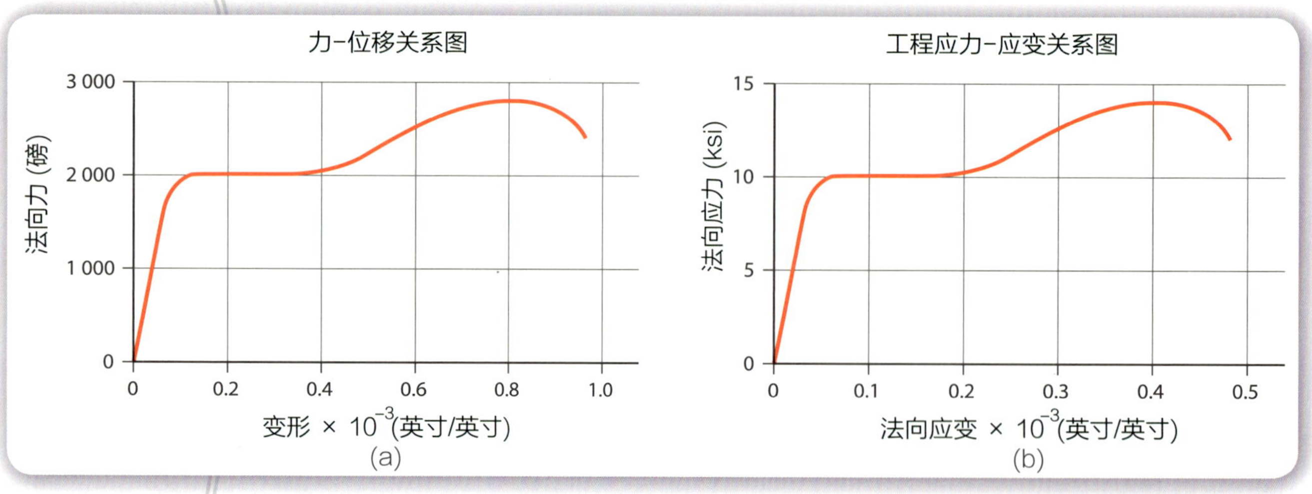

©Cengage Learning 2012

同，但应力和应变的值与被测试件的初始尺寸没有关系，而力和位移的值却并非如此。因此，两个材料相同、尺寸不同（如横截面积和长度不同）的试件会产生形状相同的力 – 位移曲线，但不同曲线上对应点的力和位移的数值却是不相同的。当把力 – 位移曲线转换成应力 – 应变曲线后，这些曲线的形状和数值才会都相同（理论上来说）。因此，设计师会根据应力 – 应变曲线判断结构构件中应该采用什么样的材料。不同的材料具有不同的应力 – 应变曲线，很多在形状上都是截然不同的。接下来的部分以均布张力作用下结构钢材的应力 – 应变曲线为例，介绍有关工程应力 – 应变曲线的几个重要知识点。

4

弹性变形　当一种材料受到拉力作用时，它内部的法向应力和法向应变会增加。在加载过程的最初阶段，材料会出现弹性变形。物体在荷载作用下产生尺寸或形状上的变形，当荷载卸除后，物体会回弹到初始的尺寸，这样的变形就是**弹性变形**。当你拉伸一条橡皮筋的时候，它就出现了弹性变形（如图 10-15 所示）。对于出现弹性变形的材料而言，不管荷载作用了多少时间，当它被卸除的时候，材料一定会回到它最初始的尺寸。事实上，所有要承受临时荷载的机械构件和结构

图 10-15　大多数材料受到外力作用时，都会像橡皮筋一样发生变形。如果外力足够小，当外力卸除后，材料会恢复到最初的尺寸。

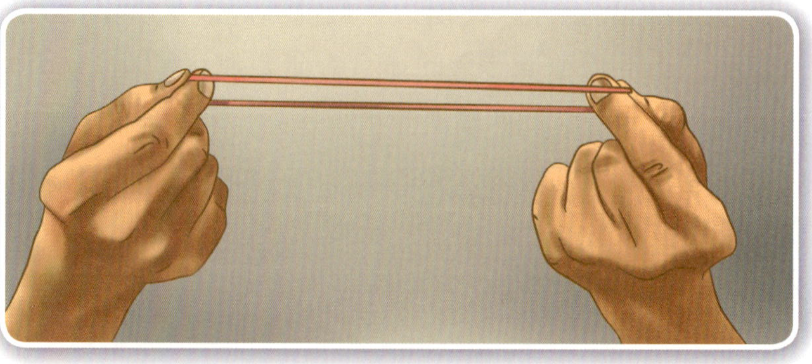

©Cengage Learning 2012

构件在设计时都利用了弹性变形这一力学性质。

对于大多数类似于金属和塑料的工程材料而言，应力和应变之比在受力刚开始时是一个常数，在应力－应变曲线上，表现为从原点开始沿直线一直延伸到一个点，这个点被称为**比例极限**。超过这个点之后，应力和应变将不再保持正比例关系，但材料依然有一定的弹性，直到另一个点，这个点被称为屈服极限。相应的，屈服极限以内的区域被称为**弹性区域**（如图 10-16 所示）。

图 10-16 很多金属和塑料材料会保持应力和应变之间的正比例关系直到比例极限。材料还会发生弹性变形，直到达到屈服极限。应力－应变曲线的这个区域被称为弹性区域。

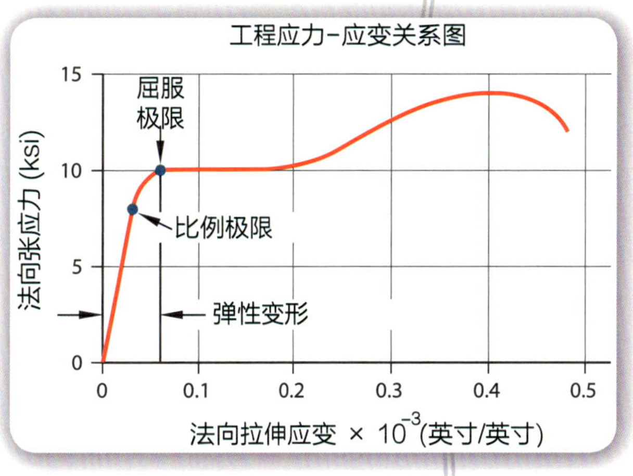

©Cengage Learning 2012

在工程应力－应变曲线的弹性区域内，曲线的斜率被称为**弹性模量**（记作 E），也被称为**杨氏模量**，用以纪念英国著名科学家托马斯·杨（Thomas Young，1773—1829），他最早引入了弹性模量的概念并为它命名。弹性模量可以用应力的增量除以应变的相应增量求得（如式 10-4 所示）。

国际标准单位中，弹性模量的单位是 MPa 或 GPa；在美制单位中，其单位是 psi 或 ksi。

$$\text{弹性模量} = \frac{\text{应力的增量}}{\text{应变的增量} } \quad (10\text{-}4)$$

$$E = \frac{\Delta s}{\Delta e}$$

趣味阅读

胡克（Robert Hooke，1635—1703）是英国一位著名的科学家，曾任职于英国皇家学会超过 40 年。他开展了一系列有关材料（包括金属、木材、骨骼甚至肌腱）弹性性质的实验，通过这些实验，他发现了弹性定律，并于 1678 年发表。今天，我们称之为**胡克定律**（如式 10-5 所示）。这个定律表示了材料在受拉状态下，应力和应变在比例极限之内的线性关系。

$$\text{轴向应力} = \text{弹性模量} \times \text{轴向应变} \quad (10\text{-}5)$$

$$s = Ee$$

历史对于胡克是很残酷的。在他死后的两个世纪内，传记作者把他描述成一个嫉妒他人、没有主见、性格乖戾、喜怒无常的人。不幸的是，没有一张关于他的画像留传至今。传说，当时的英国皇家学会会长牛顿没有保护好胡克的唯一一张肖像画。事实上，胡克和牛顿因为一些知识产权纠纷而交恶，其中包括到底是谁第一个发现万有引力的平方反比关系和光的波动性。

利用原点和比例极限之间的应力和应变增量，可以方便地计算出材料的弹性模量（如图 10-17 所示）。

图 10-17　计算弹性模量最简单的方法是将比例极限对应的应力（s_{pl}）除以对应的应变（e_{pl}）。

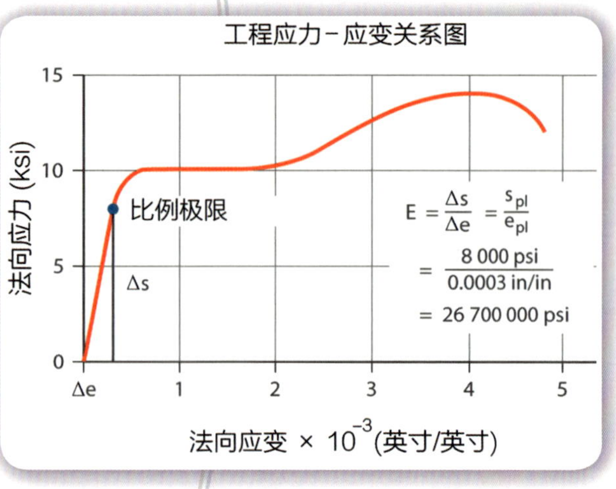

表 10-1　常见合金材料的近似弹性模量（E）。

材料	弹性模量（psi）
110 铜	17 500 000
660 青铜	14 500 000
360 黄铜	14 100 000
6061 铝	10 000 000
7075 铝	10 400 000
1018 钢	29 700 000
4140 铬钼钢	29 700 000
A36 结构钢	29 000 000
303 不锈钢	28 000 000

对于铝、铜、钢这样的材料，弹性模量数值通常高达数千万 psi。表 10-1 记录了一些工程常用金属材料的弹性模量数值。

工程应力－应变曲线中，超过**屈服极限**（s_y）后，材料将会出现永久性变形。如果你尝试弯折一枚回形针直到它变形，那么这枚回形针内部就出现了足以让它屈服的应力。当你再试着把它恢复到最初的形状时，你会发现这办不到。当一种材料受到高于屈服极限的荷载时，它将会出现永久的变形，当荷载卸除后，这种永久的变形无法恢复（如图 10-18 所示）。

有明显屈服极限的材料是很少的。对于大多数材料而言，从弹性到塑性的过程是渐变的。例如，铝合金的工程应力－应变曲线上就没有明显的屈服极限（如图 10-19 所示）。因此确定一个标准的数学方法以确定屈服极限是非常必要的，这种方法叫做**支距法**，它可以近似地确

图 10-18　当一种材料承受的应力大于它的屈服极限时，它将会出现永久的变形。图中拉伸试验后的试件会比它的初始状态更长，在荷载卸除之后也是如此。

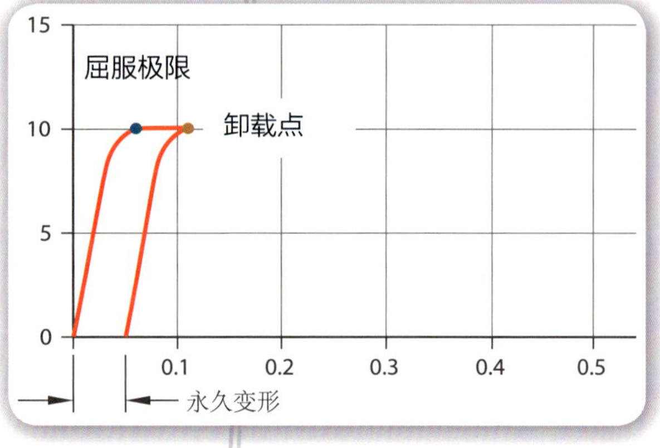

图 10-19　应力－应变曲线上的比例极限、强度极限和破坏极限通常都可以比较容易地确定。标准的 0.2% 支距法可以用来确定没有明显屈服极限点的材料（比如铝合金）的屈服极限。

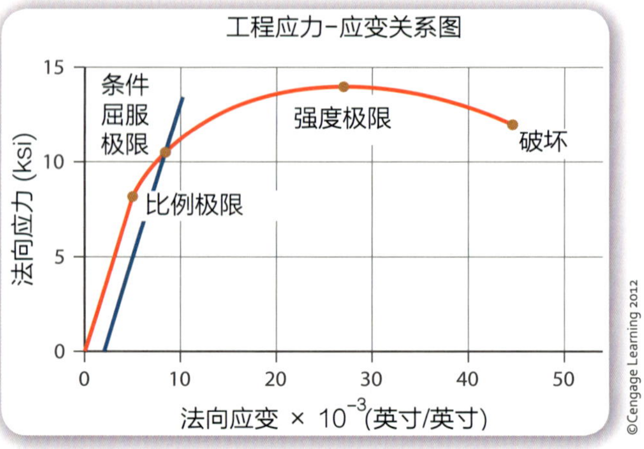

定应力－应变曲线上的屈服极限。具体做法是：在 x 轴上找到 0.2% 的应变点，作一条与从原点到比例极限点的直线的平行的线，这条线与应力－应变曲线的交点就是近似的屈服极限，又被称为 **条件屈服极限** 。

对于那些设计机械和结构构件的工程师来说，屈服极限是非常重要的，因为它相当于一种临界值。工程师知道，所有的材料承受荷载时，都会改变形状。如果能够预测结构构件在其使用期内将要承受的最大荷载，同时确定该构件所用材料的屈服极限，那么工程师就可以确保该构件会像弹簧一样发挥作用——加载时变形，卸载后恢复到初始的形状。表 10-2 记录了几种常见工程材料的屈服极限。

表 10-2 几种常见工程材料的屈服极限。

材料	屈服极限（psi）
5 级钛合金（Ti-6Al-4V）	128 000
4140 铬钼钢	60 500
A36 结构钢	36 000
6061 铝	35 000
缩醛	9000
高密度聚乙烯（HDPE）	4300
超高分子量聚乙烯（UHMW）	3000

安全系数和容许应力 设想一下，现在你有一项工作，把位于室外大型木料堆场中的木材搬到车库中，且要将木材整齐排放。假设你在不受伤的前提下能够举起的最大重量是 50 磅，这个重量就是你的体力极限。为了保证个人安全，你可能会决定每次搬动的最大重量是 25 磅，这个重量就是你的容许力量。由于你仅发挥极限力量的一半，你肯定不会受到任何的伤害，不会体力不支。工程师在设计桥梁、房屋、机械等结构时，都会做与上述情景相似的事情。

工程师在设计构件时，如果想要它卸荷后能够回到初始的尺寸，那么这个构件的 **极限应力** 就是它所用材料的屈服极限。工程师又会据此确定构件在弹性区域内的 **容许应力** ，确保它在出现故障等过载作用下不会损坏。材料的极限应力和容许应力的比值就是 **安全系数** ，记作 n（如式 10-6 所示）。

$$n=\frac{\text{极限应力}}{\text{容许应力}} \tag{10-6}$$

如果飞机上的部件发生了损坏，那么后果就是灾难性的，比农舍里的构件损坏要严重得多。因此，材料的安全系数要根据它的应用情况设定不同的数值。有些安全系数由 **法规** 确定，是根据法律强制执行的标准。在许多情况下，安全系数确定的依据是多年的工程实践和经验。

如果材料和安全系数都能确定，那么利用式 10-7 就可以确定它的容许应力。再利用构件的尺寸，便可以计算出它的最大容许荷载。

$$容许应力=\frac{屈服极限}{安全系数} \tag{10-7}$$

$$s_a=\frac{s_y}{n}$$

机械系统也遵循“木桶原理”，最弱的一个构件决定了这个系统最大可承受的荷载。这是工程师在设计时确定最大重量限制的原因。下次你乘电梯时，可以找一找电梯的铭牌，上面写着电梯的最大载重量。你也可以找找汽车车门侧柱上的一张标签，上面标明了汽车的额定最大载重量（GVWR），如图 10-20 所示。这两种最大重量限制都是经过工程师计算所得，保证系统在工作状态下，所有的构件都不会超过它们的屈服极限。

图 10-20 （a）美国职业安全与健康管理局（OSHA）认证的电梯最大载重铭牌；（b）车辆最大载重量（GVWR）标签示例，这张标签标明了汽车在满载状态下的最大容许载重量（包括汽油、乘客、货物以及拖曳的车辆）。

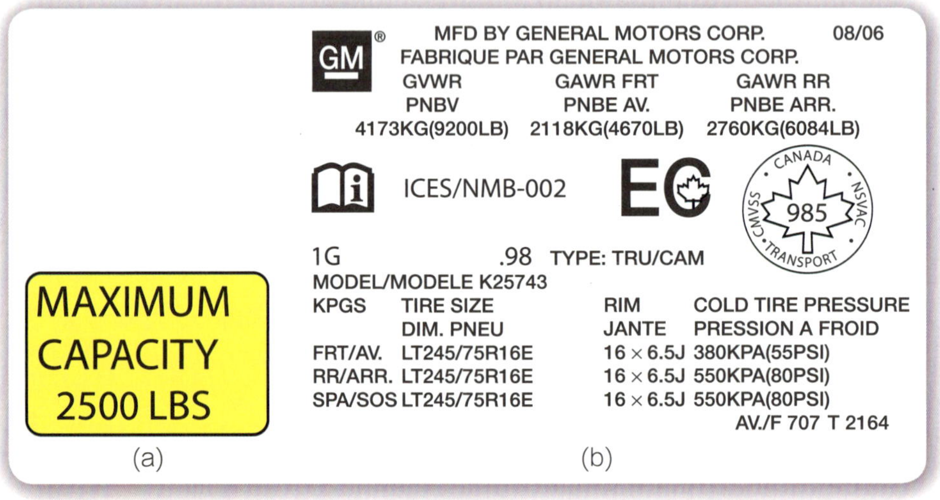

例题

一根直径 0.505 in 的结构构件在机械系统中承受拉力作用。该构件所用材料的屈服极限为 10 000 psi。为了确保这根构件在工作状态下不会失效，设定它的安全系数为 2。根据这些信息进行解答。

第一步： 这根构件的容许应力是多少？

$$s_a=\frac{s_y}{n}$$

$$=\frac{10\,000\text{ psi}}{2}$$

$$=5000\text{ psi}$$

（接下页）

例题（接上页）

第二步：这根构件的横截面积是多少？

$$A=\frac{\pi d^2}{4}$$

$$=\frac{\pi\times(0.505\text{ in})^2}{4}$$

$$=\frac{\pi\times 0.255\text{ in}^2}{4}$$

$$=\frac{0.801\text{ in}^2}{4}$$

$$=0.2\text{ in}^2$$

第三步：这根构件的最大容许荷载是多少？

$$s_a=\frac{F_{max}}{A}\Rightarrow F_{max}=s_a\times A$$

$$F_{max}=\frac{5000\text{ lb}}{\text{in}^2}\times 0.2\text{ in}^2=1000\text{ lb}$$

塑性变形 在屈服极限之后、**破坏**极限之前，材料会出现**塑性变形**。这意味着这个阶段出现的任何尺寸上的变形都是永久性变形，哪怕荷载卸除之后，变形也无法恢复。有些设计要求材料出现永久的变形，因为这样可以让它们出现设计师想要的形状，例如将导线管弯曲制成电线外包绝缘套，将不锈钢板压制成厨房洗涤槽，将金属板压制成车身面板等，这些都是对材料施加荷载，使其内部应力超过屈服极限，从而塑造出需要的形状。塑性变形的特点是应变增量较大，而对应的应力增量则相对较小（如图 10-21 所示）。当塑性变形发生时，材料往往都变得更硬。

5

图 10-21　在屈服极限之后、破坏极限之前，材料会出现塑性变形。

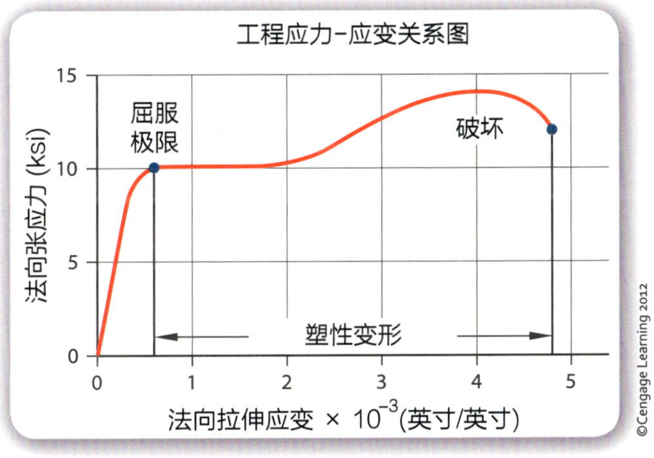

图 10-22　工程应力－应变曲线上从强度极限到破坏极限之间的区域被称为颈缩区，在这个区域内，进行拉伸试验的样品将会出现横截面积的明显缩小。

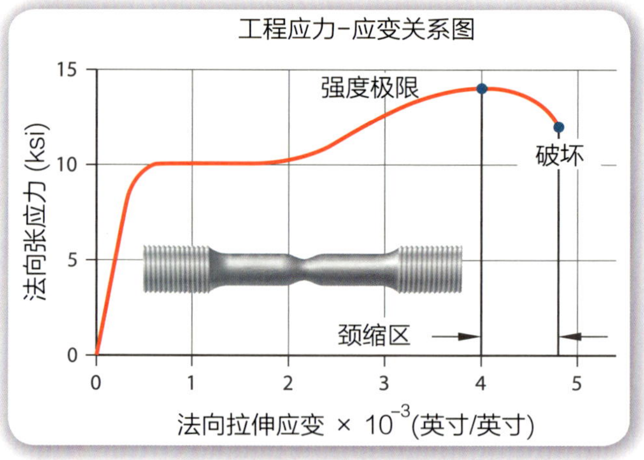

最终，材料会达到**强度极限**（s_u），也就是材料在不发生破坏的情况下能够承受的最大应力。超过这个点之后，材料会出现**颈缩**现象，即材料最终断裂处的横截面会明显缩小。在工程应力－应变曲线上，从强度极限到破坏极限之间的区域被称为**颈缩区**（如图 10-22 所示）。

断面收缩率与伸长率　利用拉伸试验中拉断试件的直径变化和长度变化可以计算断面收缩率和伸长率。这两个指标反映了材料脆性或延性的强弱。**断面收缩率**衡量拉伸试验试件在断裂面处横截面积的缩减（如图 10-23 所示）。

图 10-23　拉伸试验的试件在断裂面会出现面积的缩减，初始的横截面如（a）、断口横截面如（b）。

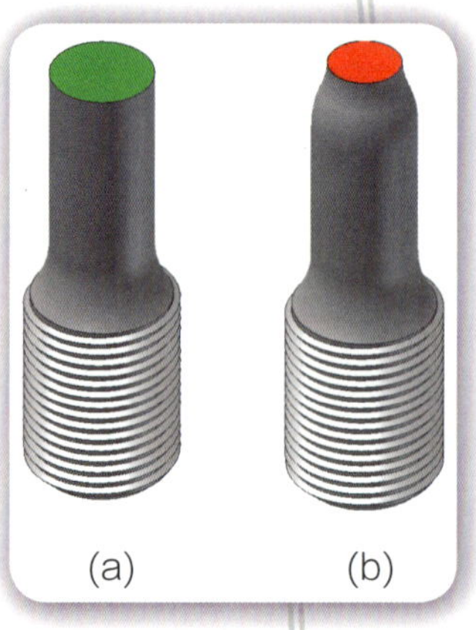

计算断面收缩率时，将横截面积从原始状态到拉断状态的变化量除以初始横截面积再乘以 100% 即可（如式 10-8 所示）。

$$\text{断面收缩率}=\frac{\text{初始面积}-\text{最终面积}}{\text{初始面积}}\times 100\% \qquad (10\text{-}8)$$

$$=\frac{A_o-A_f}{A_o}\times 100\%$$

伸长率衡量拉伸试验试件在最终拉断后的长度增加量（如图 10-24 所示）。在试验开始前，在试件上标记两个点，作为标准的距离测量点。将试件拉断后把断裂的两部分接合，测量两个基准点之间的距离，以此计算试件的伸长率。

图 10-24　利用基准点的初始间距和最终间距计算试件的伸长率。

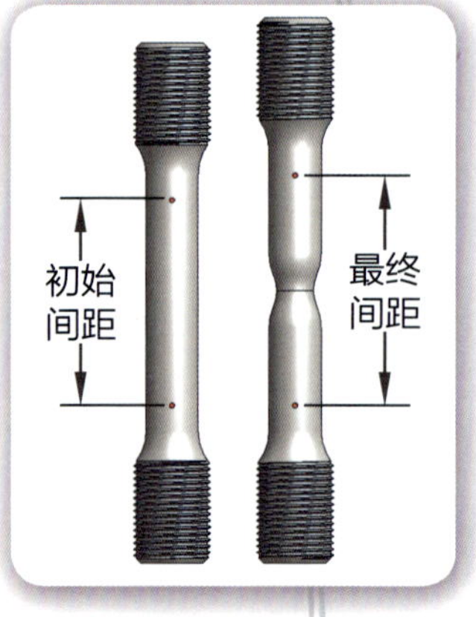

计算伸长率时，将始末两状态的基准点间距增量除以基准点初始间距再乘以 100% 的系数即可（如式 10-9 所示）。

$$\text{伸长率}=\frac{\text{基准点最终间距}-\text{基准点初始间距}}{\text{基准点初始间距}}\times 100\% \qquad (10\text{-}9)$$

$$=\frac{L_f-L_o}{L_o}\times 100\%$$

例题

现有一根拉伸试验的试件，它的材料是一种未知的铝合金。试件的初始长度（L_o）是 1 in，初始直径（d_o）是 0.125 in。将试件进行拉伸试验直到拉断为止，它在破坏面的最终直径（d_f）为 0.07 英寸。试验得到的力－位移曲线如图 10-25 所示。该试件所用材料的力学性质如下：

- ▶ 弹性模量 $E = 10\ 000\ 000$ psi
- ▶ 0.2% 屈服极限 $s_y = 40$ ksi
- ▶ 强度极限 $s_u = 45$ ksi

图 10-25　铝合金试件拉伸试验得到的力－位移曲线，反映了（a）条件屈服极限、（b）极限荷载、（c）破坏点。

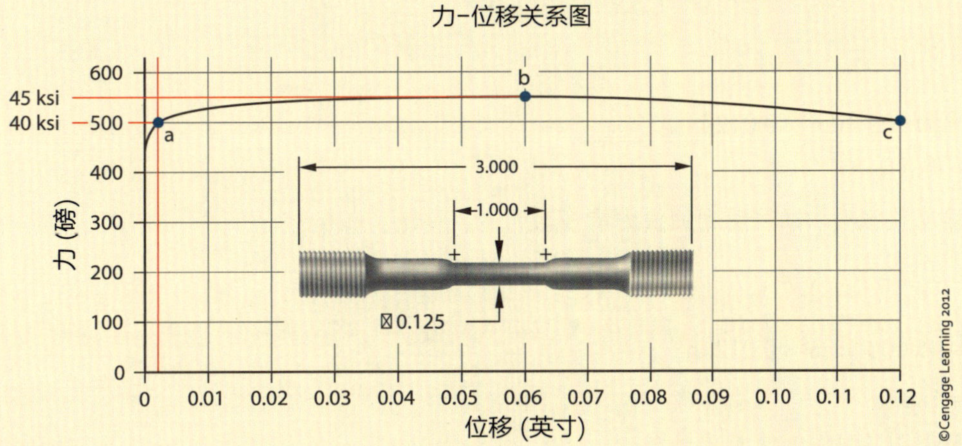

按照以下步骤求解：

a. 试件的初始横截面积（A_o）是多少？

$$A_o = \frac{\pi d_o^2}{4}$$

$$= \frac{\pi \times (0.125\ \text{in})^2}{4}$$

$$= \frac{\pi \times 0.0156\ \text{in}^2}{4}$$

$$= \frac{0.049\ \text{in}^2}{4}$$

$$= 0.012\ \text{in}^2$$

b. 试件的断口横截面积（A_f）是多少？

$$A_f = \frac{\pi d_f^2}{4}$$

$$= \frac{\pi \times (0.07\ \text{in})^2}{4}$$

$$= \frac{\pi \times 0.0049\ \text{in}^2}{4}$$

$$= \frac{0.0154\ \text{in}^2}{4}$$

$$= 0.004\ \text{in}^2$$

（接下页）

例题（接上页）

c. 试件的断面收缩率是多少？

$$断面收缩率=\frac{A_o-A_f}{A_o}\times 100\%$$

$$=\frac{0.012\ \text{in}^2-0.004\ \text{in}^2}{0.012\ \text{in}^2}\times 100\%$$

$$=\frac{0.008\ \text{in}^2}{0.012\ \text{in}^2}\times 100\%$$

$$=0.67\times 100\%$$

$$=67\%$$

d. 在 0.2% 屈服极限点时，试件受到的拉力有多大？

$$s_y=\frac{F_y}{A_o}\Rightarrow F_y=s_y\times A_o$$

$$F_y=40\ 000\ \text{lb/in}^2\times 0.012\ \text{in}^2$$

$$=480\ \text{lb}$$

e. 在强度极限时，试件受到的拉力有多大？

$$s_u=\frac{F_u}{A_o}\Rightarrow F_u=s_uA_o$$

$$F_u=45\ 000\ \text{lb/in}^2\times 0.012\ \text{in}^2$$

$$=540\ \text{lb}$$

f. 在断裂时，试件的伸长率是多少？

$$伸长率=\frac{L_f-L_o}{L_o}\times 100\%$$

$$=\frac{1.12\ \text{in}-1.00\ \text{in}}{1.00\ \text{in}}\times 100\%$$

$$=\frac{0.12\ \text{in}}{1.00\ \text{in}}\times 100\%$$

$$=0.12\times 100\%$$

$$=12\%$$

图 10-26　图中的两个螺栓是结构中的连接件，承受着剪力。剪力出现的原因在于，水平的试件有向下的趋势，而竖直的试件保持不动。如果传递到螺栓横截面上的剪力过大，那么螺栓就有可能出现永久的塑性变形甚至损坏。

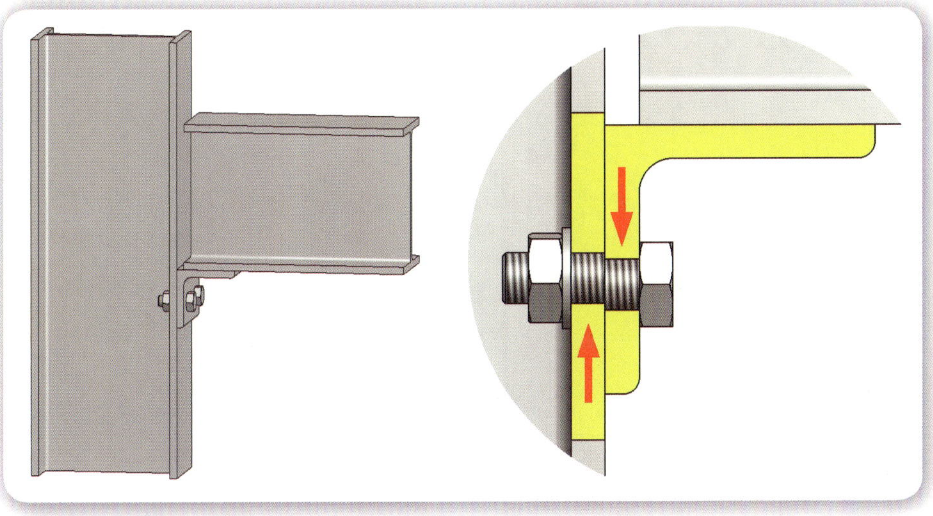

©Cengage Learning 2012

剪应力

焊接、螺栓、铆钉是机械、桥梁和框架结构房屋中的连接件。这些连接件会承受**剪力**（记作 V），对应的应力为**剪应力**（记作 τ）。在选用连接件时，必须考虑到它们要能够承受剪应力，且不会出现永久的塑性变形（如图 10-26 所示）。

和法向应力一样，剪应力是物体内部抵抗外部荷载所产生的反应。它反映了单位剪切面（A_s）上承受剪力的大小（如式 10-10 所示）。它的单位和法向应力一样。在单螺栓连接的情况下，剪力通过剪切面传递。因此，剪切面就是螺栓在受剪切处的横截面。

$$\text{剪应力}=\frac{\text{剪力}}{\text{剪切面积}} \qquad (10\text{-}10)$$

$$\tau=\frac{V}{A_s}$$

图 10-27 中的螺栓连接件有两个剪切面，剪切面是螺栓受剪处横截面积的两倍。一般来说，金属能够承受的剪应力大小是其能承受的拉应力大小的一半，因此机械系统中需要较大的剪切面来保证连接处不出现故障。为了达到这个目的，工程师们在设计中要增大螺栓的横截面，或增加螺栓的数量，使得剪切面变得更大。如果剪力的大小保持不变，而剪切面积增大，那么剪切面受到的平均剪应力就会减小。

图 10-27　图中的连接螺栓有两个剪切面。

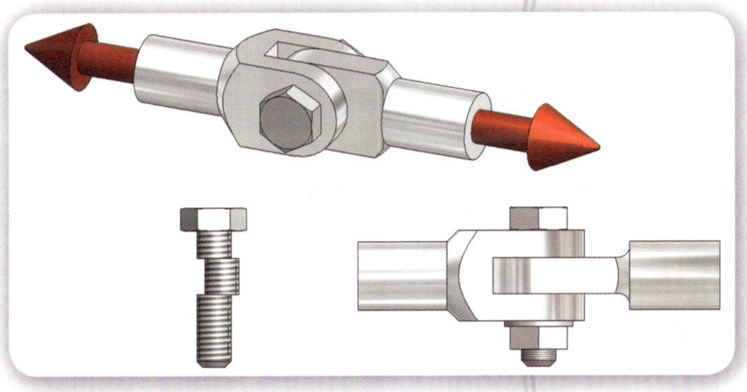

©Cengage Learning 2012

7 材料的力学性质

工程师在设计结构时会寻找符合特定力学性质的材料。**力学性质**是材料在承受外力时表现出来的一些性质。这些性质包括但不限于：

- 脆性
- 延性
- 弹性
- 硬度
- 展性
- 强度
- 韧性

力学性质（mechanical property）： 材料在承受外力时表现出来的一些性质，包括延性、弹性、硬度、展性、强度、韧性等。

强度

强度是材料抵抗外力能力的一个总称。像岩石和钢铁这样的材料有很高的强度，这是它们被广泛应用在建筑工程中的原因。工程应力－应变曲线上的各个点也常常被称作强度，例如屈服强度和极限强度。然而，这样的叫法从严格意义上来说是不正确的，因为强度的概念是直接和力而非应力相关的。在力－位移曲线上用强度，在应力－应变曲线上用应力比较合适。

延性

如同之前几章所提到的，**延性**指的是材料在保证不发生破坏的前提下，受到拉力时发生塑性变形的能力。最常见的一个例子就是将材料拉成一根又细又长的线。在第 9 章中，你已经学到过像铜和黄铜这样的延性很好的材料经常被用来制作成电线，用于电力设施。在电力设施和结构工程中，低碳钢和铝也常常被拉成长线，用于电力设施和结构工程。像橡胶这样具有高弹性的材料却不是延性材料，因为它们承受荷载时发生的明显变形往往不是永久的塑性变形。

图 10-28 像玻璃这样的脆性材料在屈服极限之后很快就发生破坏，不会出现塑性流动、应变硬化或颈缩的现象。像铝和低碳钢这样的延性材料在破坏前会经历很明显的永久塑性变形。

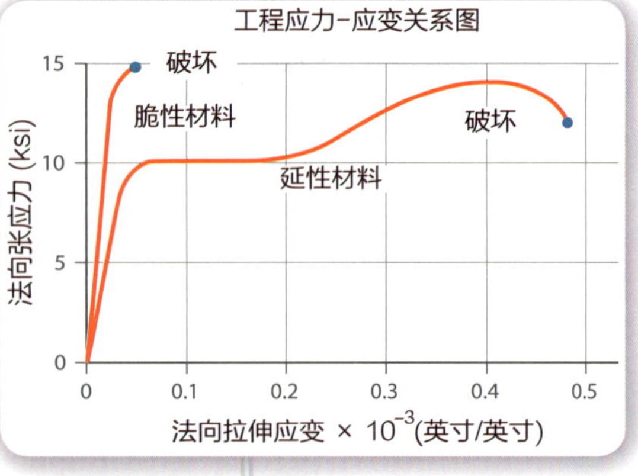

©Cengage Learning 2012

脆性

像灰铸铁、混凝土和玻璃之类的材料没有很好的塑性特性。这样的材料被称为脆性材料，因为它们在屈服极限之后很快就会发生破坏。因此，**脆性**是导致材料在相对较低的应变值时就发生破坏的一种力学性质。灰铸铁、混凝土和玻璃等脆性材料在应力－应变曲线上屈服极限之后，很快就发生破坏（如图 10-28 所示）。

展性

展性是一种在概念上类似于延性的力学性质。展性材料可以抵抗外加的压缩力并且产生永久塑性变形而不发生破坏。因此，**展性**是一种可以抵抗压力并且发生塑性变形而不破坏的力学性质。最常见的例子是将材料冲压成一块薄板。黄金、铜和铝是天然的展性材料。但需要注意的是，并不是所有的展性材料都具有很好的延性，例如，铅是一种展性金属，但没有延性。

弹性

说起弹性这一力学性质，像天然橡胶、合成橡胶和硅树脂这样的材料是最好的例子。在外力作用下，所有材料或多或少都会发生变形。如果荷载足够小，那么荷载卸除之后材料就会回弹到初始的形状。因此，**弹性**是一种让材料在卸荷之后回弹到初始状态的力学性质。试想，每当车辆经过大桥时，大桥上的钢材和混凝土因为拉力、压力、剪力等产生较小的变形。换句话说，大桥发生了形变。一旦车辆驶离，桥体的材料由于弹性会回弹到原来的尺寸。

图 10-29 工程应力 – 应变曲线上从原点到屈服极限之间的面积被称为回弹模量。工程师可以通过这个物理量知道材料在不出现塑性变形的情况下可以吸收多少能量。

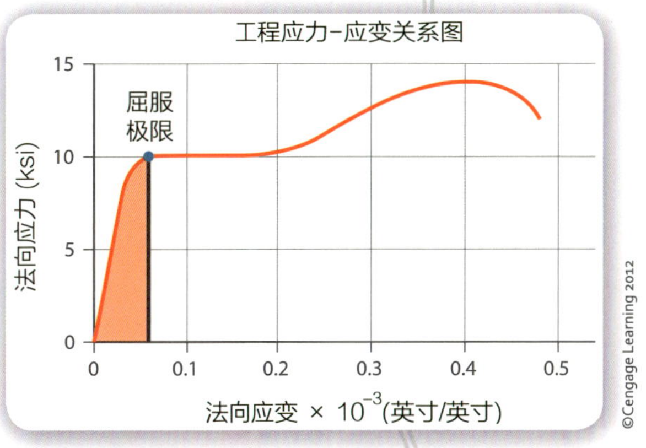

有较大屈服应力和较小弹性模量的材料都具有类似橡皮筋的弹性。在工程应力 – 应变曲线上，材料的弹性大小由一个叫做回弹模量的物理量表示。回弹模量是工程应力 – 应变曲线上原点和屈服极限之间的曲线和横轴组成的面积（如图 10-29 所示）。

回弹模量（记作 U_R）指单位体积的材料在不发生塑性变形时可吸收的应变能量。回弹模量的单位一般是 MPa 或 psi，计算公式如式 10-11 所示。

$$回弹模量 = \frac{1}{2}(屈服极限 \times 屈服应变) \quad (10\text{-}11)$$

$$U_R = \frac{1}{2}(s_y e_y)$$

图 10-30 石油钻井的钻石钻头可以在非常坚硬的地质材料中钻孔。

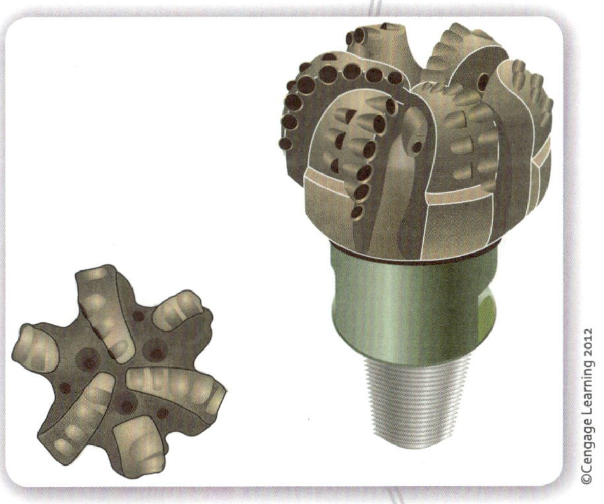

硬度

硬度是材料耐刺、耐刮、耐磨的力学性质。它往往用于描述金属、陶瓷，另外它也是在某些合成材料的设计中需要利用的性质。材料的硬度越高，往往脆性越大，例如玻璃。

钻石是我们已知的硬度最高的天然矿物材料。

钻石的硬度很高，以至于它可以刮坏几乎所有其他材料，这是它们被用在钻头上的原因。钻石钻头经常被用于矿石开采和岩心取样（如图10-30所示）。

韧性

韧性是材料通过塑性形变吸收能量的能力。这个力学性质可以被认为是强度和延性的结合。锤子的锤头必须由韧性强的材料制作，否则它在和其他坚硬材料碰撞时，就会粉身碎骨。由工程应力－应变曲线和坐标横轴之间的面积可知，一种材料在碰撞时大致会发生什么样的现象，当然从精确度来说，这样的判断方法无法和碰撞试验相比。前面所说的面积就是**韧性模量**（记作 U_T），也就是单位体积的材料在不被破坏的情况下可以吸收的能量（如图10-31所示）。

图 10-31 韧性模量可以让工程师知道一种材料的韧性大致如何。韧性模量的值等于工程应力－应变曲线和横轴所围成的面积。脆性材料的韧性低于延性材料。

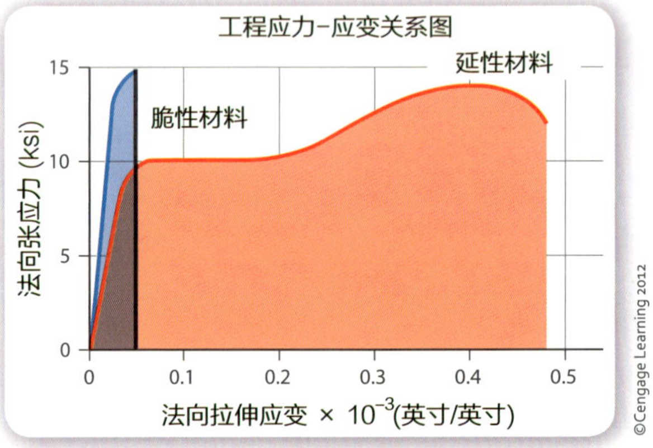

一般来说，韧性模量大的材料在承受突然的碰撞时，不容易发生破坏。韧性模量的单位和回弹模量的相同，通常都是 MPa 或 psi。由于工程应力－应变曲线的种类很多，韧性模量通常可以用数学上的近似方法求得。对于延性材料而言，公式如式10-12所示。

$$韧性模量 \approx \left[\frac{(屈服极限+强度极限)}{2}\right](破坏应变) \qquad (10\text{-}12)$$

$$U_T \approx \left[\frac{(s_y+s_u)}{2}\right](e_f)$$

对于脆性金属而言，实际应用中一般假设它们的工程应力－应变曲线为抛物线的一半。因此，计算脆性金属韧性模量的公式如式10-13所示。

$$韧性模量 \approx \frac{2}{3}(强度极限 \times 破坏应变) \qquad (10\text{-}13)$$

$$U_T \approx \frac{2}{3}(s_u e_f)$$

工程师档案

通往未来的大桥

帕吉特，土木与环境工程，帕吉特研究小组

大自然母亲时不时地会在她的土地上造成一些严重破坏，这时，杰米·帕吉特（Jamie Padgett）就会带着她的智慧挺身而出。杰米是莱斯大学土木与环境工程系的一名助理教授，在研究生毕业之后直接进入了学术领域，她对此选择从未后悔过。“我喜欢在我的领域做一些研究。”她说。成长在佛罗里达的她最喜欢的研究领域，就是诸如飓风、地震等极端条件对基础设施（尤其是桥梁）的影响。

“我研究了桥梁在过去是如何抵抗各种极端条件的，我尝试着去预测它们在未来会是什么样子。”帕吉特说道。她利用计算机模拟和仿真实验去测试新的材料和设计。“我的目标是确认建筑结构在各种条件下会面对的风险并且将其最小化，从飓风到日常的使用磨损。”

工作内容

作为一名大学教师，帕吉特的工作是授课和指导学生。她同时领导着帕吉特研究小组进行相关的研究工作，这个小组给她的学生提供了很多很有意义的研究机会，帮助他们完成自己的学业、达到相关学位的要求。然而对于帕吉特而言，作为工程师最有意义的经历之一是一项外勤任务——作为一支特殊的调查小组的成员深入卡特里娜飓风的灾区。

“当时我们被美国土木工程师协会派到卡特里娜飓风灾区里所有桥梁破坏的现场，”她说，“我们沿着亚拉巴马州、密西西比州和路易斯安那州一直调查，沿途经过每一个点都会和当地的工程师和交通部门的官员交流。对于我来说，那更像是一次打击和警醒，目击了飓风造成的那么多破坏，让我感受到它的破坏能力真的很强。”

职业启蒙

成长在佛罗里达州的帕吉特从小就非常熟悉飓风。事实上，她的家乡经常被飓风肆虐，让帕吉特在潜移默化之中选择了工程师的职业生涯。“保护人们的想法一直都有，”她说，“因为我们一直生活在飓风的威胁下。”

帕吉特做出这个职业生涯选择的另一个因素是她的家庭一直在从事建筑总承包的工作。“我们家什么都造，从商业办公楼，到工业厂房库房，再到医疗设施，”她说，“最迷人的事情就是看着一张图纸变成一栋建筑的过程。周末，我父亲就会带着我们到工程的现场去看看。”

教育经历

帕吉特在离家不远的佛罗里达大学完成了大学本科的学业，获得了她的学士学位。也是在那里，她参与了她的第一个研究项目。“当时我是本科生研究小组的一员，研究任务是建造一些塔楼，在飓风来临的时候收集有关风的各种数据，”她说，“我们其实就是追赶飓风的人。”

给学生的建议

从学生成长为老师，帕吉特认为需要不断强调努力学习的必要性。“要尽你所能，”她说，“学习你能学习的一切，特别是在自然科学和数学领域。另外也要在课堂以外寻找机会。出去找找暑期的实习工作，即使你没有从事具体的技术工作，只要在那些专业人士的旁边，你总能学习到东西、吸收到正能量。”

材料试验

如果你钟爱烹饪，那么你应该知道，一顿美餐是由新鲜的食材根据特定配方烹制而成的，同时你还需要全神贯注地控制烹调时间、火候等。在相同的条件下按照相同的配方，你可以做出几乎同样的饭菜。工程材料的大批量制造也是如此。当一名土木工程师以结构钢材为材料设计一幢摩天大楼时，他会非常信任钢材制造商的生产水平，因为他要假设每根钢材构件都是按照相同的标准制造，而且有相同的性能。在复杂的建筑设计中，钢梁必须能承受巨大的荷载及可预测的形变（如图 10-32 所示）。这也是为什么材料需要被反复试验、反复分析，以确保其在出厂前都能达到一定的技术参数和质量标准。

工程师应能利用已有的材料设计各种构件，还应负责设计性能更出色的新材料。例如，在 20 世纪 30 年代中期，日本工程师设计了至今依然很常用的航空铝合金 7075。这种材料最早被用在第二次世界大战期间日本海军的零式战斗机上。在这个案例中，日本工程师利用了一种力学性能出色（例如质量轻）的材料，并将其改进使其抗拉性能更高。

材料需要经过各种各样的标准化试验，借助试验的数据来分析材料是否达到了技术标准。正如你在第 7 章中所学的，**标准**是由权威机构制订或者普遍认同的一种参考文件，作为比较和核查的技术基础。在遇到新材料时，权威机构需要做试验以确认这些新材料的性能，同时制订工程上可用的技术标准。一旦材料加工为成品，相关机构就要对它们进行试验，确保它们不存在缺陷，并且是按照相关标准加工的。对于已经在使用中的物体而言，通常需要对它们的构件进行定期检测，以

图 10-32　在摩天大楼的结构框架中，所有需要承担巨大荷载的钢结构构件必须都具备统一的材料性质。

Lester Lefkowitz/Photographer's Choice/Getty image.

确定构件是否需要进行维修或加固。在美国，美国材料和试验学会（简称 ASTM）负责标准化材料试验方法的制订、发布和更新。

很多公司为了确保在市场中的竞争力，都会在新材料的研究与开发中投入不菲的资金。新材料研发基于已有的知识展开，很多时候可以得到全新的知识。工程师利用这些知识去改进已有的技术，或者找到新技术的应用点。例如，19 世纪 70 年代末期，爱迪生在白炽灯泡的研发过程中，很重要的成果就是利用竹子制作了耐高温的碳纤维丝。20 世纪 50 年代，美国联合碳化物公司利用聚合物纤维生产了高强度碳纤维之后，这项技术得到了大规模的应用。今天，碳纤维增强塑料在一些备受关注的工程项目中正逐步代替传统的材料，比如铝合金。例如，波音 787 梦想客机大规模应用了复合材料（大部分是碳纤维增强塑料），这些材料占了客机总重的约 50%，起到了减轻机身重量、维持机身强度、提高燃油效率的作用。

与厨师相类似，材料生产商在生产材料时也会依据特定的配方和步骤。生产商会开展各类破坏性试验，以确定材料性能符合技术标准的规定。**破坏性试验**要求对试件施加荷载，直到破坏试件，同时收集数据以分析它的力学性质。破坏性试验有很多种类，最常见的试验包括测量变形、硬度、撞击强度和疲劳性能。试验中的荷载被分为静载和动载两类。静载指的是荷载逐级提高直至破坏试件，这类试验可以消除振动等效应的影响。拉力试验、压力试验、剪力试验和扭转试验等通常都是施加静载。动载指的是突然施加巨大的荷载或者重复很多次施加荷载。

8

破坏性试验（destructive testing）： 对被测试件施加荷载直到破坏试件，同时收集数据以分析材料的力学性质。

拉伸试验

木材、陶瓷、塑料和金属材料经常需要进行一种常见的破坏性应力试验——拉伸试验，用来测量材料的拉伸强度。拉伸试验试件——有时候被称为“狗骨头”——根据 ASTM 制定的标准尺寸制作（如图 10-33

图 10-33 “狗骨头”拉伸试验试件的标准外形，其上有距离标记。

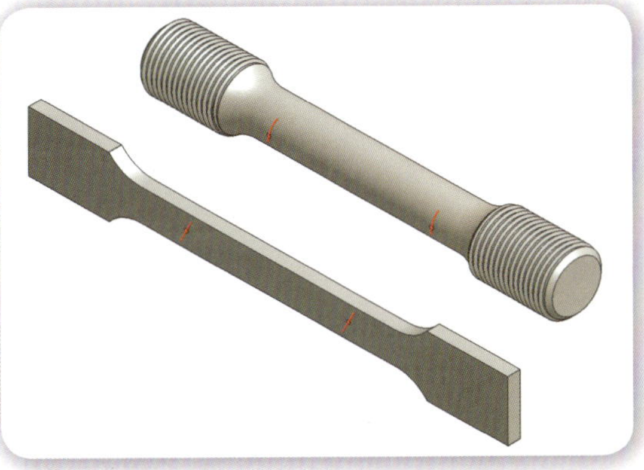

©Cengage Learning 2012

图 10-34 扁平的拉伸试验试件两端通过锥形夹头与仪器连接，拉力越大，夹头夹得越紧。

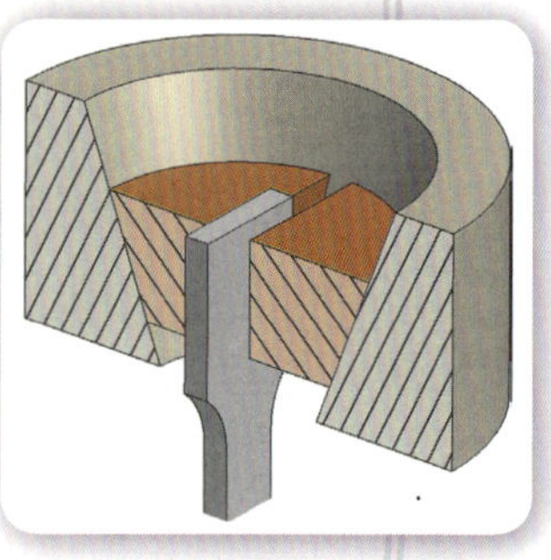
©Cengage Learning 2012

所示）。这些试件在它的标距长度范围中是一根 **等截面杆**，即一根笔直的杆，横截面处处相同。根据 ASTM 的规定，**标距长度** 由两个相隔一定距离的小标记确定。标记之间的距离是被测试件的初始长度。这些标记对于确定试件损坏之前所延伸的长度非常重要。

拉伸试验试件的两端较大，这样便于被测试仪器夹紧，也可以防止破坏在端部发生，因为在标距长度中应力更加集中。由于破坏常常会出现在横截面发生突变的地方，所以在从试件端部到中部标距长度区的过渡区域，横截面会平缓变化。圆柱形的被测试件端部一般有螺纹，这可以让试件和试验仪器之间实现机械紧固。端部没有螺纹的试件和测试仪器之间一般通过锥形夹头连接，拉力越大，夹头夹得越紧（如图 10-34 所示）。

被测试件装有一根伸长计，整个试件被放入 **万能拉伸试验机** 中进行测试。这是一种多用途的仪器，可以进行几种不同的破坏性应力试验。在拉伸试验中，万能试验机给试件施加的是轴向拉力（如图 10-35）。**伸长计** 原本是一种机械测量仪器，但是现在被制作成一种机电传感器，可以持续测量试件在试验过程中的轴向变形，并且将这些信息反馈到计算机中。万能试验机也经常用在压缩试验和弯曲试验中，这在本章的后续内容中会具体介绍。在拉伸试验试件被拉断之前，计算机会持续记录施加在试件上的荷载和试件的伸长变形值，将它们分别转化为应力和应变值，并且以应力－应变曲线的形式绘制出来。如同稍早之前讨论过的一样，应力－应变曲线将被用来分析材料的弹性模量、屈服极限、强度极限和破坏极限等力学性质。

动载拉伸试验主要用来确定材料在疲劳破损之前能够承受多少次加载和卸载。**疲劳** 是材料在重复加载和卸载下的力学性质退化。经历动载的材料在应力集中点处会出现微观的裂纹，随着循环次数的增加，裂纹不断发展，直到材料彻底破损。

图 10-35 拉伸试验试件配有（a）伸长计，在（b）拉伸试验机中进行测试。

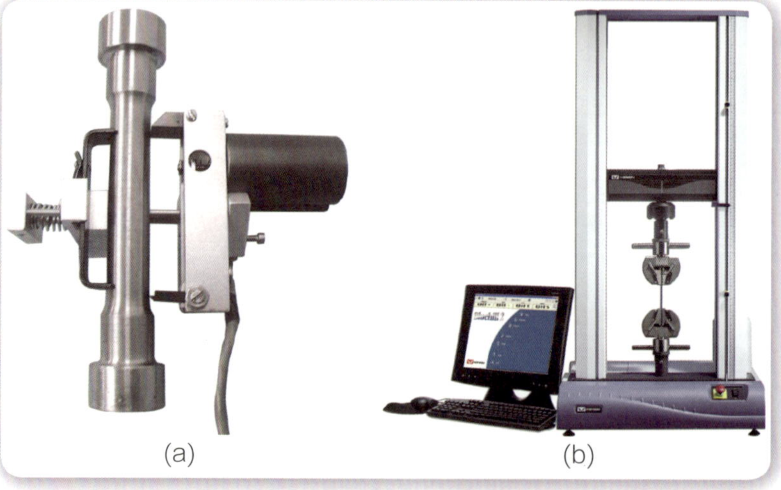

Photos courtesy of Instron.

趣味阅读

1988 年 4 月 28 日，一架波音 737 客机在飞往夏威夷州火奴鲁鲁市的途中发生了一起严重的工程事故。客机飞行在 24 000 英尺的高空中时，头等舱的顶部机身被气流撕裂（如图 10-36 所示）。这导致了机舱内部的爆发性减压，造成一名空乘人员死亡。阿罗哈航空公司 243 次航班的这起事故原因便是金属疲劳。

在 10 000 英尺以上的高空，气压和含氧量都很低，因此飞机在起飞过程中，机舱内部都会逐渐增压，给乘客和机组人员提供一个安全而舒适的环境。这会导致飞机的金属外壳被拉伸，像充气的气球外壁一般。而在降落的过程中，机舱又会逐步减压。在阿罗哈航空公司 243 次航班的案例中，这架飞机在其 19 年的服役期中已经经历了 89 000 多次增压和减压的循环。调查人员确定，89 000 多次的循环动荷载作用在飞机的铝合金外壳上，加上海洋蒸发的腐蚀性盐雾的侵蚀，导致飞机在铝合金面板的连接处出现了细小的裂纹。这些裂纹不断扩展，形成大的裂纹，最终造成了材料的破损。

这样的事故被当做案例来提醒工程师，同时促成了技术规范和标准的改进，以防这类事故再次发生。现在，飞机生产商规定了增压减压循环次数的限制，以保证飞行安全。同时在飞机的常规检查中，工程师引入了一些非破坏性的测试方法，用来检测那些无法被肉眼看到的细小裂纹。

图 10-36　阿罗哈航空公司 243 次航班降落时的模样。可以看到一大块机身由于金属疲劳被撕裂。

Bruce Asator/Time and Life Fictures/Getty Images.

由铝和铜等延性材料制作而成的拉伸试验试件会出现明显的颈缩现象和“杯锥状”破损模式（如图 10-37 所示）。由脆性材料制作而成的试件颈缩现象不明显，其破坏面更平缓。

图 10-37　延性材料制作的拉伸试验试件，表现出（a）杯状断裂面和（b）锥状断裂面。

(a) DoITPoMs, University of Cambridge (www.doitpoms.ac.uk/tlplib/mechanical-testing/); (b) DoITPoMs, University of Cambridge (www.doitpoms.ac.uk/tlplib/mechanical-testing/).

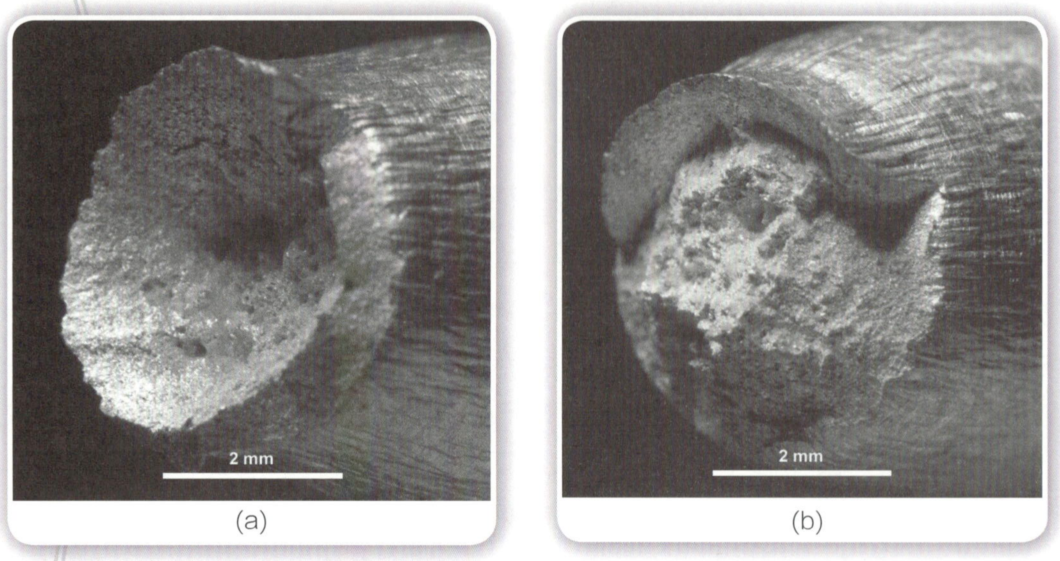

压缩试验

有些材料（比如说混凝土）能够承受的压力远大于拉力。混凝土被广泛应用在房屋和桥梁的基础中。压缩试验也在万能试验机中进行。压缩试验的试件通常被做成长径比 2∶1 的圆柱形。例如，标准的混凝土压缩试验试件的直径为 6 英寸，长度为 12 英寸，同时需要养护 28 天。

压缩试验的试件一般都装有一个或多个伸长计，用来测量试验过程中试件长度或直径的变化（如图 10-38 所示）。当试件受压时，力和变形就会分别被换算成应力和应变，以应力－应变曲线的形式绘制出来。得

图 10-38　（a）压缩试验试件，例如图中的混凝土圆柱，装有一个或多个伸长计，安置在万能试验机中进行试验。（b）试件发生破坏时，往往都是四分五裂。

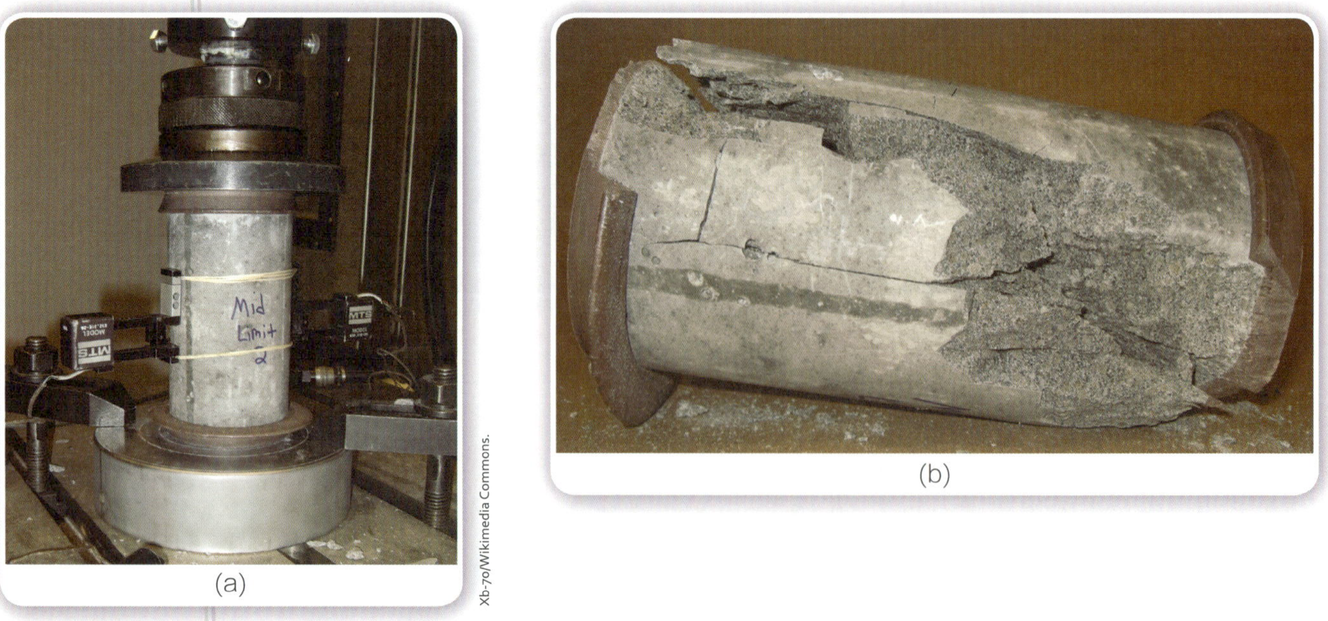

Xb-70/Wikimedia Commons.

Xb-70/Wikimedia Commons.

到的曲线形状与拉伸试验得到的类似，其中有一个明显的线性区，从原点延伸到比例极限。对于诸如混凝土这样的脆性材料，破坏往往发生在屈服点附近。如果你以后有机会去现场看混凝土的压缩试验，一定要保持距离，因为它很有可能发生爆裂。

混凝土是目前最常进行压缩试验的材料，当然这种破坏性试验也用于测试其他很多材料。金属材料的圆柱形压缩试验试件一般被做成直径 $\frac{3}{8}$ 英寸、长度 $1\frac{1}{8}$ 英寸的尺寸。在压缩试验中，延性材料在屈服极限以前表现出来的性质和拉伸试验中类似——应力和应变的关系是线性的。超过屈服极限以后，两种试验获得的应力－应变曲线的形状是不同的。在试件的顶端和底端，由于试件和万能试验机接触而产生的摩擦力，限制了试件侧向的膨胀，而在试件的中部，由于没有摩擦力的限制，试件就会向外膨胀，形成鼓的形状（如图 10-39 所示）。如果材料被压扁得太厉害，那么它会开始抵抗进一步的轴向应变，造成应力－应变曲线向上弯折直到最终破损。

图 10-39 （a）用延性材料制作而成的压缩试验试件加载到屈服点后会变成鼓的形状。（b）压缩试验的应力－应变曲线在超过屈服点后，其形状和拉伸试验获得的曲线形状截然不同。

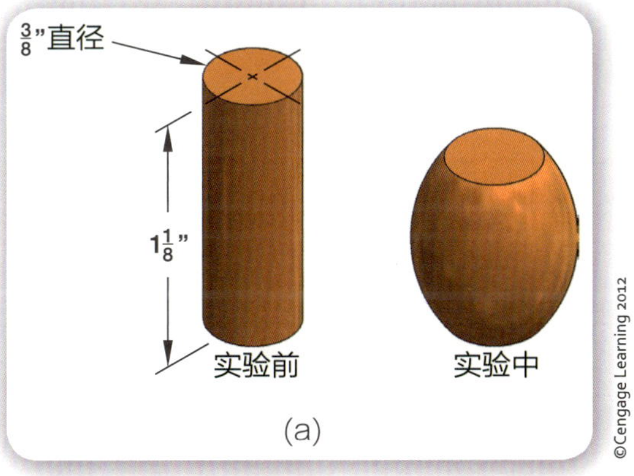

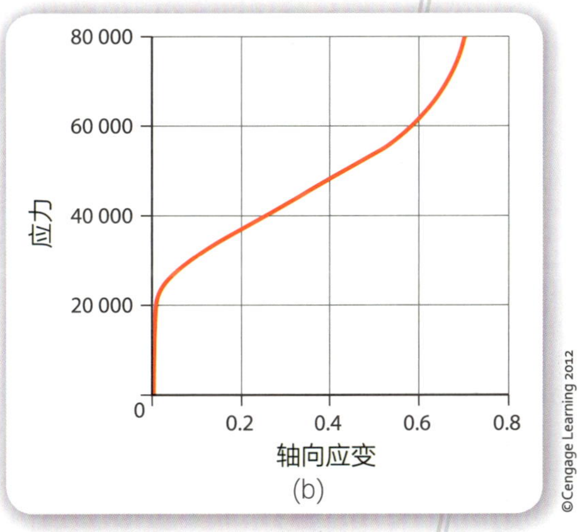

剪切试验

承受直剪力的紧固件或其他圆柱形的构件，都要通过一套特殊设计的夹具在万能试验机上进行双剪试验。试件直径通常为 $\frac{3}{16}$ 英寸或者更大。这类剪切试验结果的准确程度取决于以下几个方面：制作夹具所用材料的硬度、试件和夹具之间的紧固程度、进行剪切的夹具边缘的锋利程度。薄片和薄板材料常常被切割成带沟槽的片状试件，进行单剪试验，其试验装置与平面拉伸试验装置相同（如图 10-40 所示）。

图 10-40 （a）圆柱形的试验试件经常通过一个特制的夹具进行双剪试验。（b）薄片和片状的材料经常进行单剪试验，方法与拉伸试验大致相同。

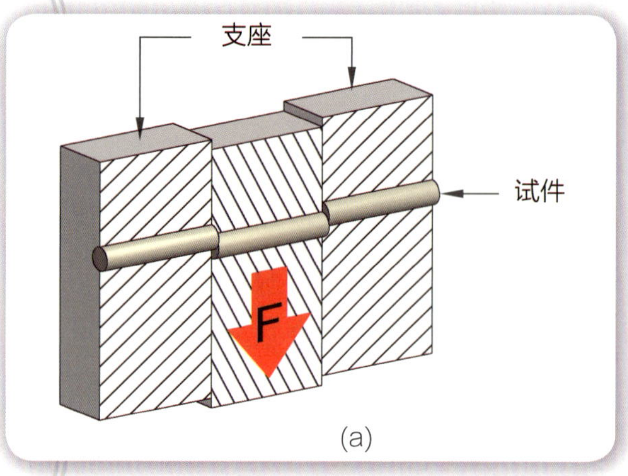

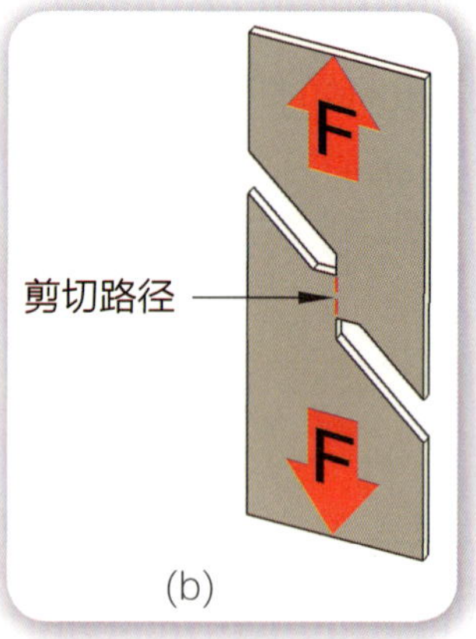

扭转试验

本章的前面部分已讲到过，有一些工程器件（比如驱动轴、紧固件和麻花钻）会承受扭矩并因此产生剪应力。制作这些器件的材料都会经历一种破坏性试验——扭转试验。工程师可以通过扭转试验得知材料在剪切条件下的弹性模量、屈服极限、强度极限、破坏极限以及其他一些力学性质。扭转试验的试件形状多为等截面实心圆柱体或空心圆柱体。试件的两端夹在扭转试验机上，然后试件一端固定，另一端由扭转试验机施加扭矩（如图 10-41 所示）。

图 10-41 （a）扭转试验机对一根圆柱形试验试件施加纯扭矩，试件一端固定，另一端受到扭矩。（b）试验结果包括角位移（图中红色部分）、从圆柱中心到外表面逐渐增大的剪应力。

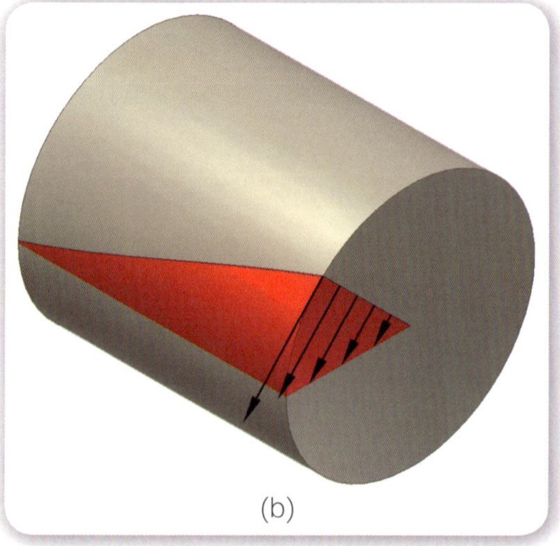

试件内部的剪应力，从中心轴线到外表面逐渐增大，在中心轴线处为 0，在外表面处达到最大。在试验过程中，计算机会记录扭矩（记作 T，单位为英寸·磅）和角位移的数值，并且将它们绘制在图中（如图 10-42 所示）。再根据试验试件的初始尺寸，将这些数值分别转化为应力和应变，并且绘制在工程剪应力－剪应变曲线上。

式 10-14 可以用来计算扭矩－角位移曲线上任何一点所对应的实心圆柱形试验试件外表面的最大剪应力。

$$\tau_{\text{外表面最大剪应力}} = \frac{16T}{\pi d^3} \quad (10\text{-}14)$$

图 10-42　从扭转试验开始直到试件被破坏的全过程中，计算机记录下扭矩和角位移，并且绘制在扭矩－角位移关系图上。

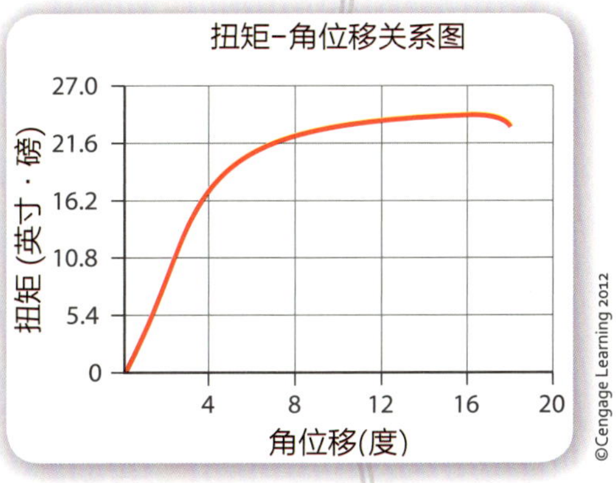

弯曲试验

工程师发现有些结构构件，比如住宅中的木地板搁栅、大型建筑中常见的工字截面梁，在荷载作用下会发生弯曲。**弯曲**是梁构件经常会发生的一种变形，即一侧被拉伸、另一侧被压缩。如果你之前玩过跳水，那么站在跳板上时，你就在体验弯曲的概念。弯曲试验主要用来评估材料在弯曲状态下承受复杂应力条件的能力，以及材料最终的破坏形式。在弯曲试验中，以梁的**中性面**为界，一侧被拉伸，另一侧被压缩。所谓中性面，是结构构件中穿过构件中心的一个假想面，在这个面上没有应力产生（如图 10-43 所示）。弯曲试验通常在万能试验机中进行。试验试件的形状有很多，具体需要根据实际应用情况制作，但是试件的长宽比要在 6 到 12 之间，否则构件会发生屈曲或者直剪。

图 10-43　在跨度中点荷载的梁会发生弯曲。在梁和中性面上部受压、在中性面下部受拉。

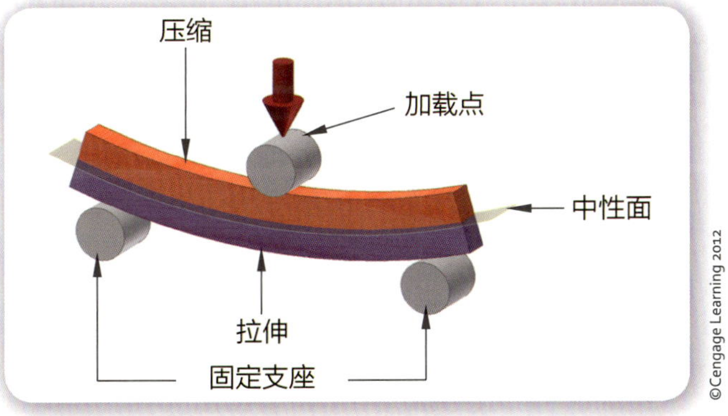

形心和截面惯性矩　对于工程师而言，梁横截面形状的选择非常重要，因为不同形状的截面会有截然不同的稳定性和刚度。截面形状的中心称为**形心**。长方形梁截面的形心位于截面底（b）的中点和截面高（h）的中点的交界处。**形心轴**是一条穿过形心的假想轴线，且一般与笛卡儿坐标系的三条主轴之一（x 轴，y 轴或 z 轴）相重合，至于具体是哪一条主轴，需要具体考虑结构构件在三维空间中的方向。因此，形心轴又被标记为 x–x、y–y 或 z–z（如图 10-44 所示）。就像二维的横截面在三维空间中拖曳就是一根梁，二维的形心轴在三维空间中拖曳就是中性面。

图 10-44　由构件截面的形心沿着形心轴拖曳，可以确定中性面。

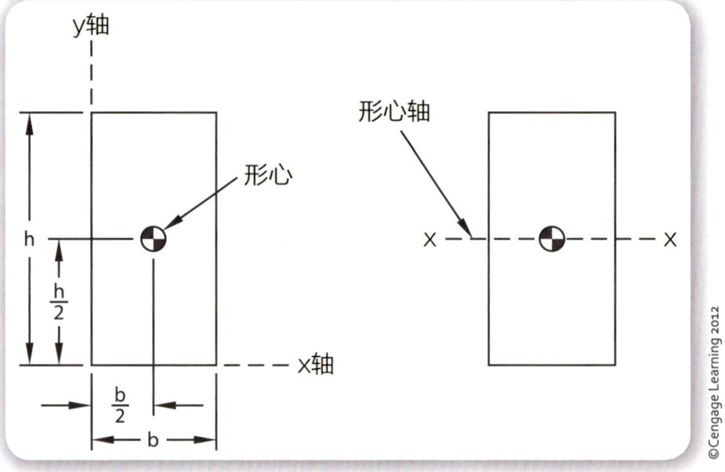

有些截面的形状比其他形状刚度更大，这一点你可能很难理解，下面我们就来具体解释一下。工程师可以通过计算截面的截面惯性矩，确定该截面的刚度大小。**截面惯性矩**（记作 I_{xx}）是结构构件横截面的一种几何性质，其单位为长度单位的四次方（in^4）。截面惯性矩反映了截面面积相对于形心轴的分布情况，也体现了截面抵抗沿中性面转动能力的强弱。如果截面的大部分面积分布在离形心轴较远的位置，那么这个截面就会有较大的刚度，也就是说，它有较强的抵抗沿中性面转动的能力。如果截面的面积大部分集中在形心轴附近，那么它的刚度就比较小。这也是为什么木地板的搁栅在放置时都要长边与地面垂直而非平躺的原因。式 10-15 是计算正方形或长方形截面惯性矩（I_{xx}）的公式，其中 b 为截面的底，h 为截面的高。

$$I_{xx}=\frac{bh^3}{12} \qquad (10\text{-}15)$$

计算挠度　挠度是结构构件垂直于中性面方向的线位移。对于在跨度中点受到点荷载的梁而言，要计算它的最大挠度必须知道以下几个变量：

- 梁所用材料的弹性模量（E）
- 梁的跨度（L）
- 点荷载的大小（F）
- 截面的面积惯性矩（I_{xx}）

式 10-16 是计算最大挠度的公式。在已知最大挠度时，通过代数处理也可以计算材料（比如木材）的弹性模量。木材作为一种天然材料，它的弹性模量差异很大，取决于树木生长的环境和切割的方法。

$$\Delta_{max}=\frac{FL^3}{48EI_{xx}} \qquad (10\text{-}16)$$

式 10-17 是计算构件弯曲应力的公式，其单位为磅 / 英寸 ^{2}。

$$S_{弯曲} = \frac{3FL}{2bh^2} \tag{10-17}$$

材料的破坏性试验中用到了很多数学原理。例如，破坏性试验的试件都是按照标准的几何尺寸设计的，这样可以让不同材料之间的对比更加准确。又比如，试验中数据的量取与收集也有一定的标准。这些数据都有一定的单位，并且可以在不同的单位制之间来回转换。标准的数据呈现方式，像工程应力－应变曲线，被用于展示材料破坏性测试的结果。随着试验次数的增多，工程师们可以建立合适的数学模型，将材料性质公式化，以此预测材料在工作条件下会如何响应。

硬度试验

工业生产中有很多工具，比如齿轮、轴承和切割器，必须由坚硬的材料制作。为了找到合适硬度的材料，工程上经常会进行一些硬度试验。大部分这类试验的原理为：在恒定的静荷载作用下，将特制形状的工具压入试块中，最后测量压痕的尺寸。最常见的硬度试验有三种，布氏硬度试验、洛氏硬度试验和维氏硬度试验。由于本部分的目的在于介绍硬度试验的总体的概念而非硬度试验的具体细节，所以我们在这里就重点关注布氏硬度试验。该试验用一种特殊的机器在试件中压出光滑的凹面（如图 10-45 所示）。

图 10-45 （a）布氏硬度计将特制的球体压入试块中，这些球体由淬硬钢或硬质合金制成。（b）试验完成后测量凹痕的尺寸，以此计算材料的硬度。

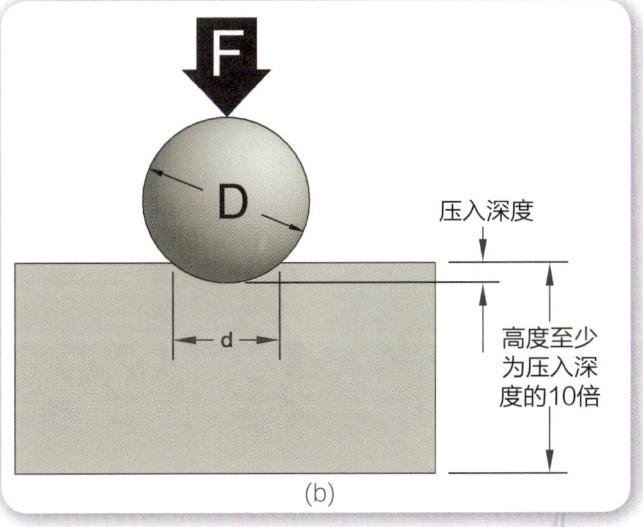

如图 10-47 所示，布氏硬度试验中最常用的压头球体直径为 10 毫米，制作材料为淬硬钢或硬质合金。试件的尺寸没有具体的标准规定，但是实践中形成了一套约定俗成的规则，即试件的厚度是压头压入深度的 10 倍。如果试件太薄，那么就会导致不准确的试验结果。球体与试件接触后，布氏硬度计就开始在球体上施加静压力（F）。对于硬质金属试件，施加的压力大小相当于 3000 千克（6614 磅）；对于软质金属试件，施加的压力大小相当于 1500 千克（3307 磅）；对于软材料试件，施加的压力大小相当于 500 千克（1102 磅）。对于铁制材料，球体满载压入的时间为 30 秒；对于较软的材料，球体满载压入的时间为 60 秒。当压入完成后，移走球体，用光学方法测量压痕的尺寸，再用式 10-18 计算布氏硬度（HB）。尽管布氏硬度的直接单位是千克 / 毫米 ^{2}，但实践中标准的做法是将硬度处理成无单位的数值，在这些数值的后面加上具体采用的试验方法（HBW 或 HBS）。

$$\mathrm{HB}=\frac{2F}{\pi D(D-\sqrt{D^2-d^2})} \tag{10-18}$$

由于不同的试验中压入工具的尺寸和材料、施加的压力大小等千差万别，所以实践中经常在布氏硬度数值的后面加上试验的条件。例如，95HBW10/500 的含义为：布氏硬度是 95 千克 / 毫米 ^{2}，试验采用了直径 10 毫米硬质合金球体，试验的压入荷载相当于 500 千克。如果采用的球体由淬硬钢制成，那么在布氏硬度后的标记为 HBS。

例题

现对 6061 铝合金进行布氏硬度试验，采用直径 10 毫米的硬质合金球体，施加相当于 500 千克重的静荷载 60 秒。在铝合金试块上的压痕直径为 2.57 毫米。试问该材料的布氏硬度是多少（精确到整数）？

$$\begin{aligned}\mathrm{HB}&=\frac{2F}{\pi D(D-\sqrt{D^2-d^2})}\\&=\frac{2\times 500\ \mathrm{kg}}{(\pi\times 10\ \mathrm{mm})\times(10\ \mathrm{mm}-\sqrt{(10\ \mathrm{mm})^2-(2.57\ \mathrm{mm})^2}}\\&=\frac{1000\ \mathrm{kg}}{31.4\ \mathrm{mm}(10\ \mathrm{mm}-\sqrt{93.395\ \mathrm{mm}^2})}\\&=\frac{1000\ \mathrm{kg}}{31.4\ \mathrm{mm}\times 0.336\ \mathrm{mm}}\\&=\frac{1000\ \mathrm{kg}}{10.55\ \mathrm{mm}^2}\\&=95\ \mathrm{HBW}10/500\end{aligned}$$

式中 $F=500$ 千克，$D=10$ 毫米，$d=2.57$ 毫米。

韧性和冲击强度试验

韧性是材料在发生破坏之前吸收能量的能力。这项力学性质对于那些防护突然撞击的装备至关重要，比如护栏、安全挡板、防弹衣等。在那些需要最终塑造成型的材料，比如车体面板中，这项性质同样很重要。在生产车体面板时，必须要让应力在其塑性区域内，这样才能在不造成破坏的情况下生产出最终需要的形状。这也是为什么车体面板多用低碳钢。相对来说，高碳钢的延性更弱、脆性更强。

冲击强度试验会涉及动荷载，它们用来衡量材料的韧性。冲击强度不以应力来衡量，这一点和拉伸试验、压缩试验、剪切试验和扭转试验不同。夏比冲击试验是测量材料冲击强度的常用试验，以法国科学家夏比（Geoges Charpy）命名。该试验利用摆锤撞断试件，测量材料的冲击强度。实践中还有几种其他的撞击试验，这里不作介绍。

摆锤撞击带缺口的试件使之破坏（如图 10-46 所示）。试件上的 V 形缺口可以让应力在撞击时在此集中，以此控制破坏在缺口处发生。有一些材料在测试时不开 V 形口，因为它们对这样的形状变化比较敏感，不适合这样的形状，例如 PVC。夏比撞击试验对于试件有一定的要求：试件的长度为 55 毫米、截面边长为 10 毫米，45 度角的 V 形口开在试件的中心、深 2 毫米，无支承的受力区跨度为 40 毫米。

图 10-46 （a）夏比冲击试验是一项破坏性试验，利用摆锤的撞击使试件发生破坏。（b）试件两端均有支承。需要注意的是，撞击点在 V 形开口的背面。

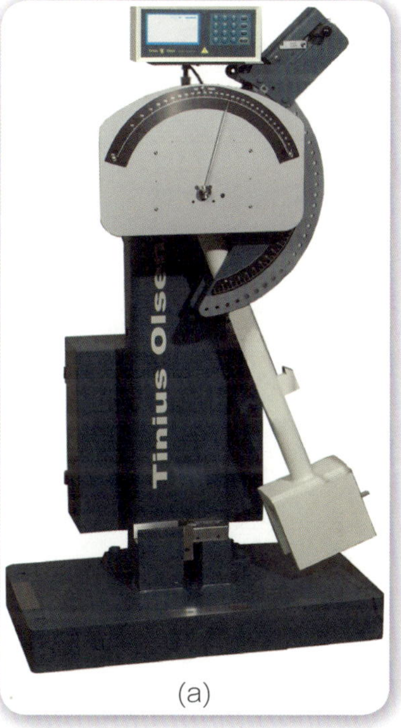

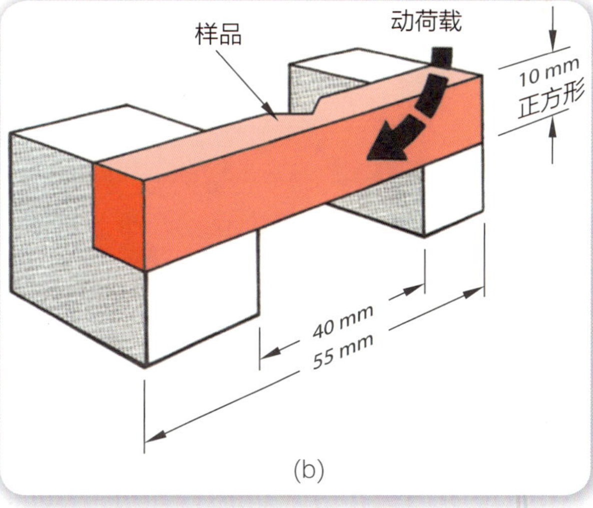

摆锤初始的角度（记作 α）可以用夏比冲击试验机顶部的角度尺读

取。当摆锤释放时，它获得了冲击力，并朝试件摆过去。在试验中，它在撞击时的标准速度是 17.5 英尺 / 秒。摆锤的动能在撞击时传递到试件中，使得试件发生断裂，而摆锤剩余的能量让它继续运动。摆锤继续运动到另一侧的最高点且速度为 0 时对应的角度（记作 β），通过试验机上的一个标记记录。摆锤的动能（E）是以下几个变量的函数：

- 摆锤的重量（W）
- 摆锤从转动轴点到重物重心的距离（r）
- 摆锤初始的角度和最大摆动角度

摆锤破坏试件所需的动能计算公式如式 10-19 所示。计算结果的单位是牛·米或英尺·磅，该数值反映了材料吸收能量能力的强弱。

$$E_{\text{夏比}} = Wr(\cos\beta - \cos\alpha) \tag{10-19}$$

总　结

本章主要介绍了以下内容：

- 外部施加的力经常被称为荷载。工程师设计的工程构件需要承受各种类型的荷载，比如拉力、压力、剪力和扭力。两个沿着同一条直线朝相反方向拉伸物体的力，使得物体被拉伸。两个沿着同一直线朝相对方向挤压物体的力，使得物体被压缩。两个相互错开一定距离，作用方向相反且作用在同一物体上的力被称为直剪力，使得物体沿着与剪切力平行的面被劈开。两个相距一定距离的力，以相反的方向作用在同一物体上，使得物体沿着一根轴线发生扭转，这就是扭力，扭转是一种转动效应。
- 应力是物体内部形成的，抵抗由外荷载引起的尺寸变形的一种响应。从数学的角度讲，应力是物体单位面积上所受的力的大小。尽管应力和压强的概念很类似，但是千万不能将二者混淆。物体在外荷载作用下会发生变形，也就是尺寸上发生变化。应变是物体单位尺寸上的变形大小。
- 当把材料的应力（在横截面积相等的前提下）作为纵轴，把材料的应变作为横轴，就得到了材料的工程应力－应变图。工程上的很多材料在从工程应力－应变图的原点到比例极限之间，应力和应变都呈线性关系。这段直线的斜率又被称为杨氏模量或弹性模量。计算弹性模量最简单的方法是将应力从原点到比例极限的增量除以相应的应变增量。
- 工程应力－应变图上的第一个区域被称为弹性区域，即从原点到屈服极限的区域。在这两个点之间，材料发生的变形都是可恢复的。换句话说，如果外荷载在材料中引起的应力不大于屈服极限，那么在外荷载卸除后，材料又会回到初始的尺寸。
- 材料在工程应力－应变图上的屈服极限到破坏极限之间会产生塑性变形。换句话说，如果外荷载在材料中引起的应力高于屈服极限，那么材料就会出现一定程度的永久变形。最终，材料会达到强度极限，也就是材料在不破坏的前提下所能承受的最大应力。这个点在工程应力－应变图中很好辨认，是曲线的最高点。在这个点和破坏点之间的区域被称为颈缩区。在这个区域内，材料在拉力作用下会出现横截面积显著减小的现象。
- 工程师在设计中会用到安全系数，以避免结构因为偶发的超载而发生破坏。安全系数是材料的极限应力（往往是屈服极限）与容许应力的比值。

总 结

（接上页）

- 剪应力是材料内部产生的抵抗外部剪力的响应。剪应力是单位剪切面上所受的剪力。对于像螺栓这样的紧固件而言，当它们连接的两个或多个面上有力的作用时，它们就会受到剪力，如果这样的力很大，那么它们有可能会沿着这些面被“剪断”，断面与连接件的轴线相垂直。这被称为“直剪”。
- 力学性质是材料在承受外加荷载时所表现出来的力学特征。这些特征包括延性、弹性、硬度、脆性、展性、强度和韧性。强度是材料承受外荷载的能力。延性材料可以承受巨大的塑性变形且不破损。像铝、铜和钢这类经常被用来制作导线的材料都是延性金属。脆性是材料在较低应变条件下发生破坏的性质，常见的脆性材料有玻璃和陶瓷。展性是材料承受压力，产生永久变形，并且被冲压成平板的能力。弹性是材料在承受荷载时变形，在荷载卸除后恢复到初始尺寸的性质。硬度是材料抵抗磨损和表面贯入的能力。
- 破坏性试验指的是对试件施加荷载直至其发生破坏的试验，试验过程中收集数据，分析其力学性质。破坏性试验按荷载的形式分，主要有静载试验和动载试验；按荷载的类型分，主要有拉伸试验、压缩试验、剪切试验、扭转试验、弯曲试验、硬度试验、冲击强度试验等。

课后作业

1. 什么是变形体力学？
2. 什么是外荷载？
3. 试举出拉力的一个例子。
4. 试举出压力的一个例子。
5. 试举出直剪力的一个例子。
6. 试举出扭转的一个例子。
7. 扭力扳手如何将一个连接紧固件拧紧，并且达到一定的荷载要求？
8. 什么是均布应力？
9. 什么是法向力？
10. 应力和压强之间有什么区别？
11. 结构构件的应力和其横截面面积之间有什么关系？
12. 变形和应变之间有什么区别？
13. 工程师在进行不同材料的比较时，为什么更倾向于使用工程应力－应变图而不是力－位移图？
14. 弹性变形和塑性变形之间有什么不同？
15. 在工程应力－应变图上，什么是比例极限？

课后作业

（接上页）

16. 什么是材料的弹性模量？
17. 材料的屈服极限有什么意义？
18. 对于像铝这种屈服点不容易辨认的材料来说，如何确定它们的屈服极限？
19. 什么是安全系数？工程师为什么要用安全系数？
20. 试举一个机械系统的例子，要求工程师对其中的构件用到容许应力的概念。
21. 拉伸试验试件的颈缩现象是什么？
22. 在工程应力－应变图上，哪个区域是颈缩区？
23. 断面收缩率和伸长率之间有什么区别？这两个值分别反映了材料的什么性质？
24. 法向应力和剪应力之间有什么不同？
25. 在力学构件中，举出两个受到直剪应力的例子。
26. 说出所有材料都会呈现的七种力学性质。
27. 强度和应力之间有什么区别？
28. 延性和展性之间有什么区别？
29. 脆性材料和延性材料之间有什么不同？
30. 韧性材料的构成是什么？
31. 材料的回弹模量和韧性模量之间有什么区别？
32. 举出一个应用高硬度材料的例子。
33. 什么是标准？
34. 拉伸试验和压缩试验的试验仪器是什么？
35. 什么是伸长计？
36. 静载拉伸试验和动载拉伸试验之间有什么区别？
37. 什么是疲劳？
38. 延性材料的破坏形态是怎么样的？
39. 在试验中如何让材料受到剪力？
40. 受到扭转的物体，哪个部位的剪应力最大？
41. 什么是中性面？
42. 什么是形心？
43. 什么是面积惯性矩？它的作用是什么？
44. 说出布氏硬度试验的过程。
45. 为什么工程师会对夏比撞击试验的结果感兴趣？

补充作业

问题陈述：现有一家超轻型飞机制造商，为了降低生产的飞机的重量，该公司考虑将大部分钢制连接件替换成塑料连接件。为了证实这个想法是否可行，工程师需要对各种塑料进行剪切试验，收集数据，分析它们的力学性质。

设计要求：设计并制作一台能够固定直径 0.25 英寸的塑料圆棒进行破坏性直剪试验的仪器，用于收集材料的抗剪强度数据。这台仪器必须由铝制成，并且要能够与市场上的材料测试系统，比如 Structural Stress Analyzer 1000 对接。

第 11 章
制造工艺和产品生命周期

头脑准备

在学习本章的概念时，请思考下面的问题：

1. 原材料是如何变成最终成品的？
2. 金属铸造是如何进行的？
3. 金属成型的方法主要有哪些？
4. 金属锻造是如何进行的？
5. 挤压金属零件是如何生产的？
6. 哪些制造工艺被归类为金属冷成型？
7. 塑料是如何加工的？
8. 哪些工艺适合制造带小孔的构件？
9. 什么是产品的生命周期？

引语

你不妨想想每天都会用到哪些产品。有些产品可能是由单一的材料制作的，另一些可能由多种材料制作而成。对于一些材料，我们可以直接使用，比如砂、石、煤炭等。而对于另一些材料，我们则需要对它们进行加工，比如铝合金、塑料和钢材。**材料加工**是将原材料转化为成品的过程。

材料加工（materials processing）: 将原材料转化为成品的过程。

对于那些可以直接使用的材料，我们也需要进行一些初加工。举个例子，对于石材，我们需要切割或者压碎；对于木材，我们需要将其切割变成规格材，同时需要对它们进行干燥处理。对于像塑料这样的材料，初加工的过程就要复杂一些。塑料是由石油工业的副产品精制而成。将初加工得到的材料转化为成品的过程被称为二次加工，例如将初加工得到的塑料板加工成手机后盖。

理解材料加工的知识，再结合之前学过的与材料有关的知识，你就会明白工程师在实践中是如何筛选具有出色性能的材料，如何以一种经济的方法将它们加工为成品的。例如，大块的轧制钢对于普通的消费者而言可能并没有什么用，但如果利用冲床将轧制钢进一步加工成勺子、叉子和刀，那么消费者肯定就会去购买它们。

金属加工

金属铸造

铸造是最古老的材料加工方法之一，它能够以较低的成本完成复杂构件的加工。铸造加工而成的产品只需要稍微进行一些表面处理，就能变为成品。铸造的主要步骤有，将熔融金属注入模具中，静待金属凝固，最后移除模具。铸造的工艺经常用于金属和高分子聚合物中，有时一些氧化物玻璃也会用到铸造工艺。**铸造车间**是铸造的生产场地。

铸造（casting）: 一种制造金属零件的方法。将熔融金属注入一对砂模中，待金属冷却凝固后，将零件从模具中取出。

砂模铸造法 砂模铸造是将金属加工成所需要形状的最古老和最常用的方法之一（如图 11-1 所示）。该工艺可以铸造小到耳环、大到几千磅重物体的金属。砂模铸造的核心是将熔融金属注入一对中空的砂模中。熔融金属充满了模具中的空腔，接触砂后快速冷却，形成空腔的形状。熔融金属由于在砂中冷却，因而其表面在脱模后会显得比较粗糙，若要求金属表面光滑，那么就需要对其进行表面处理。

图 11-1　轴架是木材采运业中常用的一种装备，图中为用砂模铸造而成的轴架。

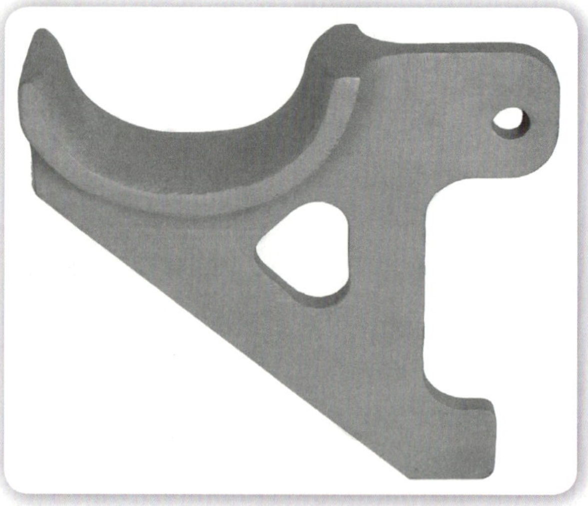
Courtesy of Kubota Metal Corporation.

图 11-2　砂模铸造所用对合模具包含可分离的上下模块。

Courtesy of CustomPartNet, Inc.

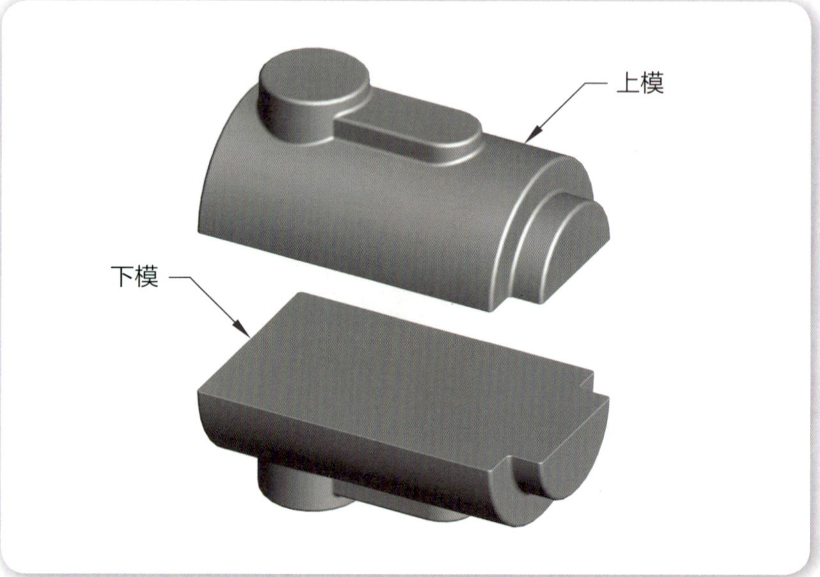

©Cengage Learning 2012

砂模铸造最初的步骤是根据所需的形状，制作可分离的对合模具。对合模具分为两个部分：下模和上模（如图 11-2 所示）。对合模具连同砂都要放置在砂箱中，砂箱同样可以分离成上下两部分，分别称为下砂箱和上砂箱。砂模铸造的大致过程如下：

1. 下砂箱倒置平放于平整的桌面上，对合模具的下模置于下砂箱的中间位置，平坦的一面朝下。

2. 均匀地在桌面和下模上撒隔离剂（或隔离粉），以防后续过程中砂和桌面、砂和下模粘结。在下砂箱中填满砂土并且击实，最后整平下砂箱。

3. 将下砂箱翻过来，在其顶上放置上砂箱。将对合模具的上模盖在下模上。对合模具的两部分之间有定位针，可以让二者紧密拼合。

4. 均匀地在下砂箱的砂土上和上模上撒隔离剂（或隔离粉），以防后续上下砂箱分离的过程中，砂土发生粘结。在上砂箱中填满砂土并且击实，最后整平上砂箱。

5. 在上下砂箱分离之前，需要在上砂箱中打两个洞口。浇口用于注入熔融金属，冒口是让多余的熔融金属溢出。

6. 上下砂箱分离后，分别移除对合模具的上模和下模。在砂箱的空腔和浇口、冒口之间挖一条连接槽。如果要制作的金属部件内部还有特殊结构，如大孔洞，那么需要在砂箱的空腔中加上芯模。

7. 处理完成后，把上下砂箱重新合上。将熔融液态金属从浇口注入砂箱中，使之充满空腔（如图 11-3 所示）。等待一段时间，让熔融金属冷却、凝固。

8. 将铸成的物体从砂箱中取出的唯一方法是，毁坏整个模具。

图 11-3 砂模铸造的模具：闭合上下砂箱、注满熔融金属。

Courtesy of CustomPartNet, Inc.

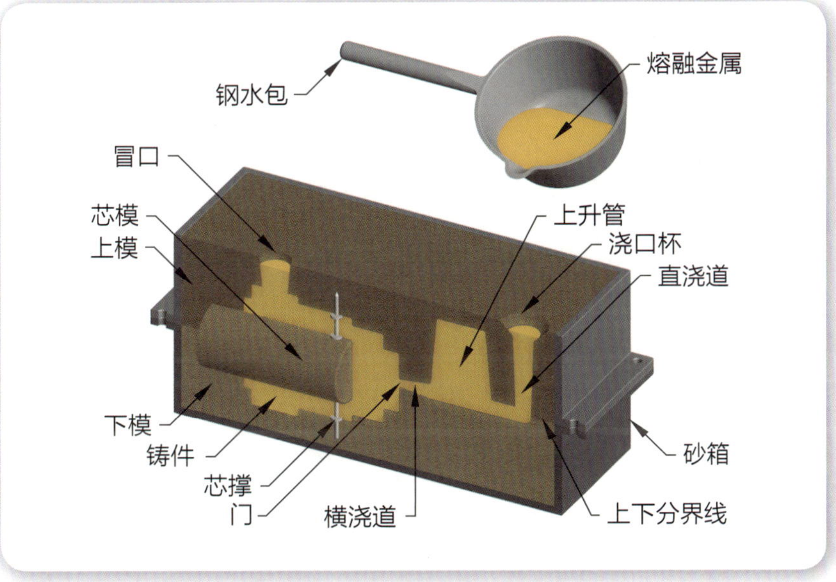

©Cengage Learning 2012

壳模铸造法 壳模铸造法，也被称为克朗宁造模法，在第二次世界大战期间由德国发明家克朗宁（Johannes Croning）首创。壳模法与砂模铸造法有一些类似，但是在成模的方法上不同。壳模法需要有两个永久的模具——上模和下模，模具中也需要浇口、冒口、浇道等组成部分。

1. 模具加热到 400℉ 到 500℉，然后倒置并固定在翻斗中（如图 11-4 所示）。将装有砂和树脂混合物的翻斗倒过来。砂 - 树脂混合物与高温模具接触后树脂熔化，将砂粒粘结在一起，于是在模具表面形成一层硬化砂薄壳。

2. 把翻斗再次正过来，将模具和硬化砂薄壳同时拿出，得到下模（上模）结合体。该过程需要重复一次，得到上模（下模）结合体。把模具和硬化砂薄壳的结合体放置于烘箱中，进行固化。

3. 将模具和硬化砂薄壳的结合体从烘箱中拿出，这时薄壳和模具脱离，得到上壳模和下壳模。将上壳模和下壳模组合在一起，形成一个完成的壳模。

4. 将壳模放入砂箱中，砂箱内需要填充衬垫材料，防止壳模在浇注熔融金属时发生破裂。然后注入熔融金属，静置使得熔融金属冷却、凝固。

5. 移除壳模，打磨成型。

图 11-4　壳模铸造法的过程。

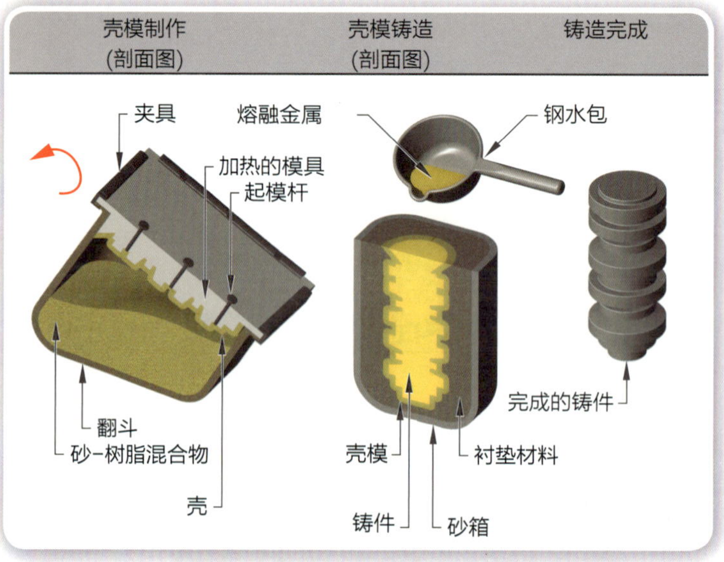

©Cengage Learning 2012

熔模铸造法（investment casting）：
一种制造方法，通常叫做脱蜡铸造法，因为在铸造金属过程中，由蜡制成的模具会熔化。

熔模铸造法　**熔模铸造法**，也被称为脱蜡铸造法，因为在铸造金属过程中，由蜡制成的模具会熔化。这是一种古老的方法，考古学家在距今上千年的遗迹中发现了用熔模铸造法制造的珠宝和饰品。不过直到 20 世纪中叶，这种方法才在工业生产中得到应用。熔模铸造法经常被用来制造小型零件，如图 11-6 所示；当然，经改进的熔模铸造法也可以制造重达 600 磅的物体。

图 11-5　一名铸造工人将熔融金属注入熔模铸造的模具中。

©iStockphoto.com/Kevin Brown

图 11-6 用熔模铸造法制造的零件。

©iStockphoto.com/RAUSINPHOTO

图 11-7 熔模铸造树。

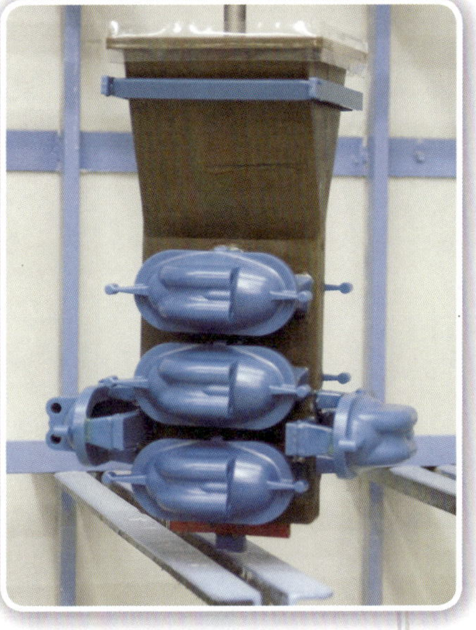

Courtesy of Ti Squared Technologies, Inc.

熔模铸造法的大致过程如下：

1. 首先用注模机制作要生产零件的蜡制模具。将这些蜡制模具绑扎在“熔模铸造树”上。利用这些“熔模铸造树”，一次浇注可以制作多个零件（如图 11-7 所示）。“熔模铸造树”的中轴线可以作为浇口和浇道。

2. 把“熔模铸造树”放入一个充满陶瓷浆料的容器中，使得陶瓷浆料均匀覆盖所有的表面。将“熔模铸造树”从浆料中移出，然后向所有的表面撒上一种名为“灰泥”的难熔材料，重复此步骤直到“熔模铸造树”的表面形成了一层厚壳。

3. 将整棵“熔模铸造树”放入蒸汽热压罐（全密封、高压、高温的容器）中。蜡制模具由于高温而熔化，只剩陶瓷厚壳。正是因为这一个步骤，这个铸造方法才被称为脱蜡铸造法。将“熔模铸造树”放入干燥炉中，加热熔化剩余的蜡。

4. 拿出“熔模铸造树”，向其中注入熔融金属。熔融金属将会充满蜡制模具原本占据的空间。

5. 移除陶瓷厚壳，将每个零件从“熔模铸造树”上切割取下。

6. 分别打磨每个零件，得到最终的成品（如图 11-8 所示）。

消失模铸造法 消失模铸造法与熔模铸造法基本类似，只不过它使用的模具不是蜡制模具，而是泡沫模具。熔融金属直接浇注在泡沫模具上，泡沫模具因受高温而蒸发。

离心铸造法 **离心铸造法**，也被称为滚铸法，可以生产表面光滑且干净的轴对称零件，例如水管、制动鼓等（如图 11-9 所示）。该工艺利用离心力使熔融金属紧贴旋转模具内壁而成型，既可以水平成型，也可以垂直成型。常用的模具由钢材、石墨、铸铁等材料制成。

离心铸造法（centrifugal casting）：
一种制造方法，利用离心力使熔融金属紧贴旋转模具内壁而成型。

图 11-8 熔模铸造法。

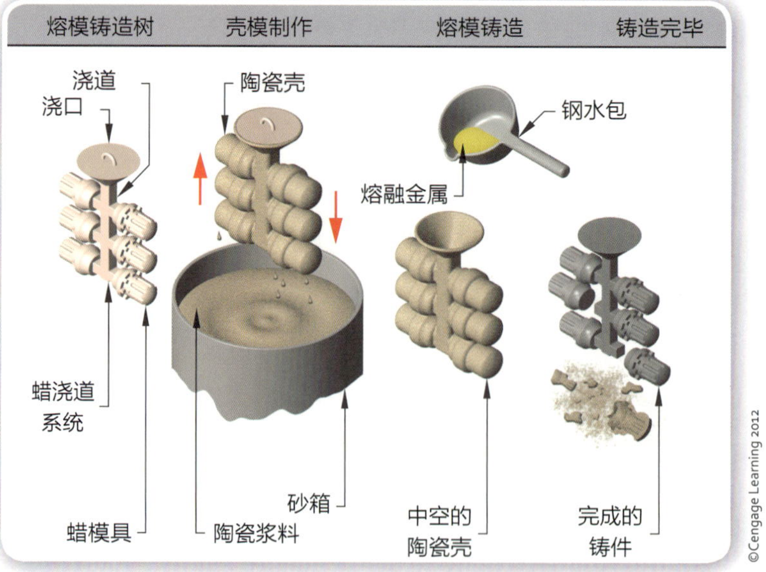

图 11-9 利用离心铸造法制成的水管。

离心铸造法的大致过程如下：

1. 如图 11-10 所示，模具置于离心机中，由滚轮支撑和马达驱动。

2. 模具内部加入一层陶瓷薄层，一边加热一边旋转，使陶瓷薄层变坚硬。

3. 一旦陶瓷薄层硬化完成，离心机会带动模具高速旋转（转速在 300—3000 转 / 分钟），此时熔融金属从模具的一端注入。零件的厚度可以由注入熔融金属的量控制。

4. 当浇注完成后，向模具外侧喷水，加速降温。

5. 完全冷却后，移除模具。

6. 由于离心惯性，大部分的杂质会留在零件的内侧，所以需要对零件的内侧进行打磨等表面处理。

图 11-10　离心铸造法示意图。

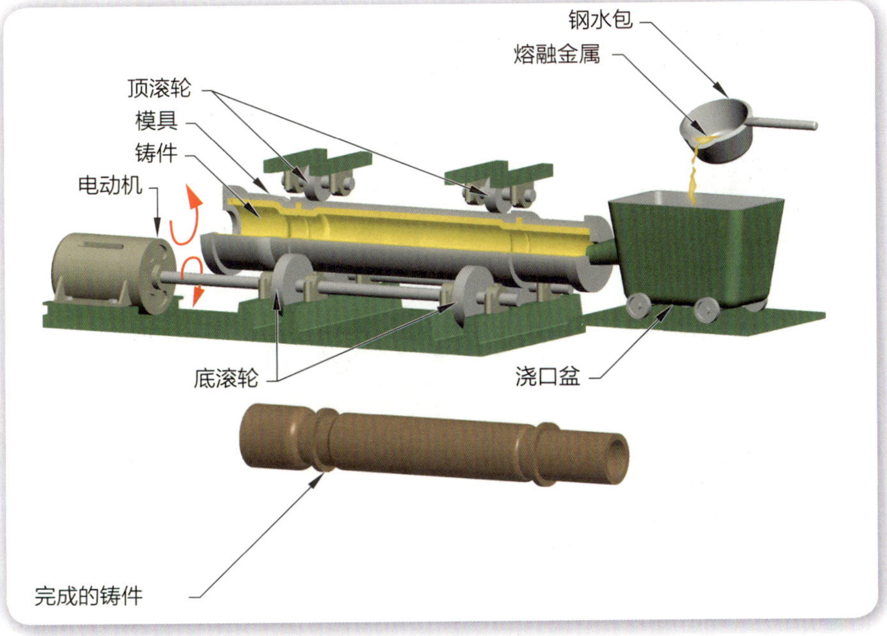

压力铸造法　**压力铸造法**和注塑成型法很相似，熔融金属被直接注入金属**压铸模**中，立即被冷却，随后与模具脱离，得到成型的零件。常见的压铸机每小时可以生产 800 件产品。压力铸造适用于铝、锌、黄铜、锡、铅、镁以及其他非铁合金材料（如图 11-11 所示）。

压力铸造法（die casting）：
一种与注塑成型法很相似的制造方法。熔融金属被直接注入金属压铸模中，立即被冷却，随后与模具脱离。

压铸模（die）：
制造工艺中使用的一种模具。

图 11-11　压力铸造生产的飞机模型。

图 11-12 热室压铸机：模具打开。

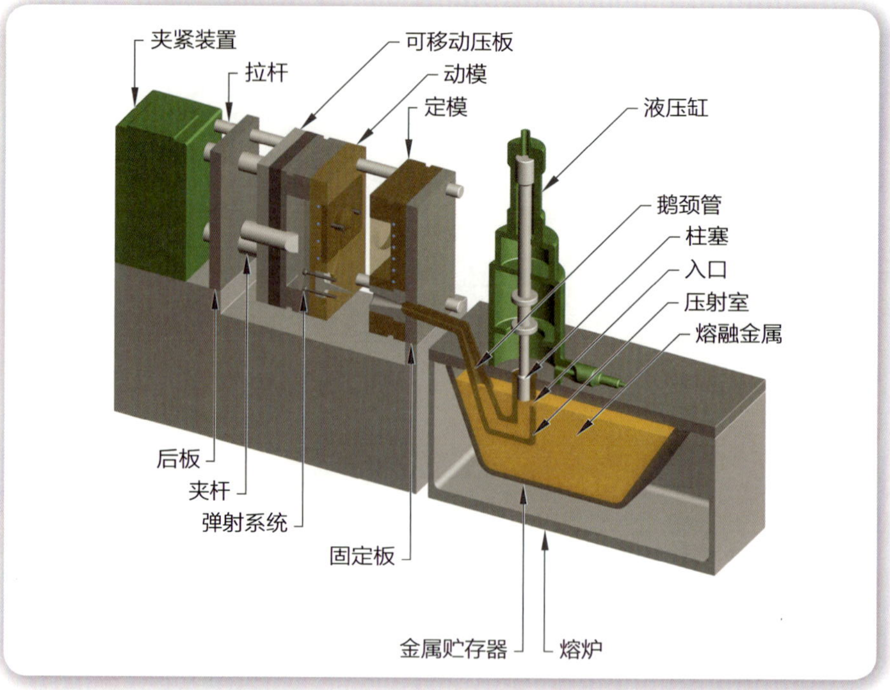

压铸机分为两种类型：热室压铸机和冷室压铸机。前者适用于低熔点的合金，后者则适用于高熔点的合金。两种机器压铸的步骤基本类似。

压力铸造的主要步骤如下：

1. 压铸机的模具分两部分，活动的凸压模和固定的凹压模。这两部分在铸造开始前需要仔细清洁，清洁后在其表面涂抹润滑剂，以防铸造过程中零件与模具粘连。清洁和涂抹润滑油的步骤并非每个循环都要进行，一般来说每两到三次循环进行一次比较合适。然后利用液压将两部分模具夹紧。由于熔融金属通过高压注入，所以夹紧模具的力必须足够大，否则会有熔融金属溢出（见图 11-12）。

2. 通过高温炉具加热熔融金属贮存器中的金属，利用液压缸推动柱塞，将熔融金属压入鹅颈管中的入口，进入模具中（如图 11-13 所示）。

3. 熔融金属在碰到模具后立刻冷却、凝固。模具外还有水冷管道网，可以加速熔融金属的冷却。

4. 一旦熔融金属冷却完毕，模具就会打开，弹出成型的零件。零件弹出后，模具再次合上，进行下一个生产循环。

5. 压力铸造得到的零件表面会留有一些残渣，需要清除。小体积零件的残渣一般手动清除，而大体积零件的残渣一般利用机械清除。清理下来的残渣可以收集起来，在之后的生产中循环利用。

图 11-13 热室压铸机：模具关闭。

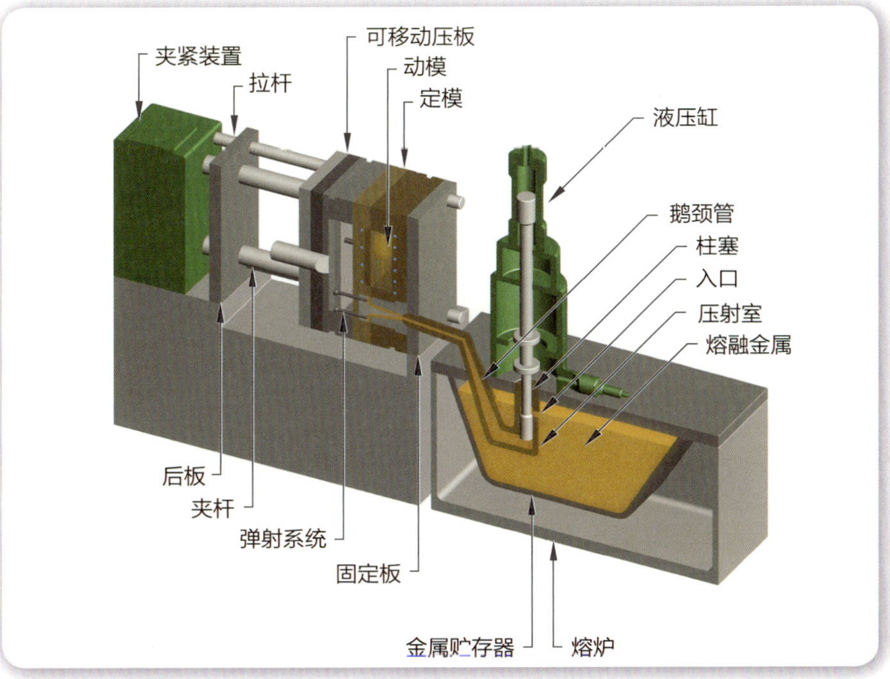

图 11-14 汽车发动机中的一些金属零件是用金属型铸造法生产的。

金属型铸造法 金属型铸造法与压铸法和砂模铸造法都有类似之处。如图 11-14 所示，汽车发动机的一些零件就是通过这种方法铸造的。该方法采用一对永久模具，与压铸法相似。如图 11-15 所示，熔融金属通过模具的上部注入，这一点和砂模铸造法相类似。因此，金属型铸造法又被称为重力铸造法。

金属型铸造法的主要步骤如下：

1. 模具预加热到 300℉到 500℉，使得熔融金属的注入更加容易。陶瓷层均匀覆盖在模具所有的表面上，方便后续的脱模，同时延长模具的使用寿命。

2. 若生产的零件有内部形状的要求，那么就需要用到芯模。这些芯模可以采用钢材制作，也可以采用砂土制作。

3. 夹紧两个半模，熔融金属通过模具顶部的浇口注入。

4. 静置一段时间，让熔融金属冷却、凝固。将成型的零件与模具脱离。切除浇口和浇道部位多余的部分，得到最终的产品。

图 11-15　金属型铸造法的操作示意图。

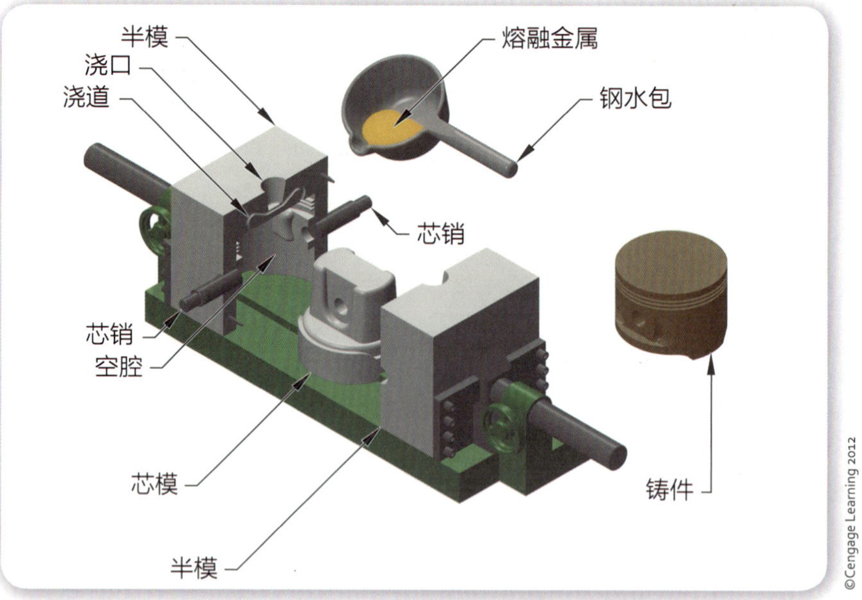

金属成型法

成型法包含了很多种材料加工生产方法，这些方法可以让材料发生永久的变形。金属成型指的是施加一定的压力以改变材料的形状。正如你在前面几个章节中所学的，材料的永久变形都是塑性变形。延性材料和展性材料在破坏以前可以承受很大的塑性变形，因而它们都适用成型法来加工。成型法分为两种：热成型和冷成型。前者指的是加热金属，使之达到塑性状态，再利用加工机器对其施加很大的压力，改变它的形状；后者在常温下或者稍许加热即可塑形。

成型法（forming）： 一种制造工艺。通过施加一定的压力使材料发生永久的变形。

轮到你了

从你家的厨房中找到 5 件物品，想想它们是通过何种加工工艺生产的。

热成型　热成型工艺的温度一般要高于金属的**再结晶温度**，这样才可以让金属的强度下降，从而降低塑形的难度。为了让材料保持一定的温度，工业上经常采用的方法是加热—降温—再加热的循环。铁基合金的成型温度一般在 1700℉到 2500℉之间，非铁基合金的成型温度则要低一些。

图 11-16　铁匠用铁锤将炽热的马蹄铁打造出所需的形状。

Image copyright Patricia Marroquin, 2009. Used under license from Shutterstock.com.

锻造　如同铸造工艺一样，锻造也是一种古老的工艺，被人们使用了几个世纪之久，经常被用来制造珠宝、硬币、马蹄铁等生活中常用的物件。铁匠只需要一把铁锤、一面铁砧和一个火炉，就可以制造各种各样的铁制品（如图 11-16 所示）。今天，锻造仍然被广泛地应用在生产中，比如各类工具、飞机零部件以及其他对强度要求较高的产品。比起当年的铁匠，现在的锻造工艺已经有了大幅进步，大多数锻造已经实现了计算机全自动控制。

4

锻造控制金属的塑性变形，使之达到所需要的形状。如果锻造是在常温下进行的，那么就称为冷锻；如果在高温下进行，那么就称为热锻。大多数锻造工艺都有很多的步骤，可以让材料逐步变形，最终达到需要的形状。锻造工艺又可以被分成三类：压锻、镦锻和冲锻。压锻通过施加压力让金属变得扁平［如图 11-17（a）所示］。镦锻通过施加压力让金属坯料的长度压缩、横截面积增大［如图 11-17（b）所示］。冲锻通过将顶柱模压入构件中，得到中空的构件［如图 11-17（c）所示］。

锻造（forging）： 一种加工金属的方法。通过控制金属的塑性变形，使之达到所需要的形状。

图 11-17　三种锻造工艺：（a）压锻；（b）镦锻；（c）冲锻。

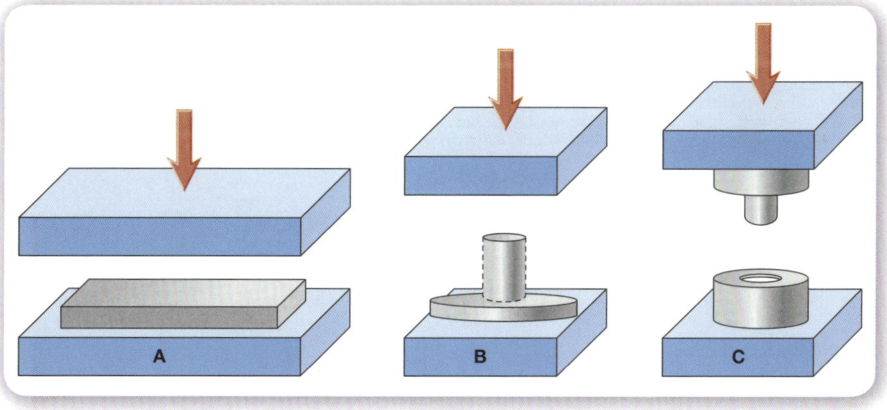

©Cengage Learning 2012

图 11-18　三根材料相同、制作工艺不同的曲杆：(a)直接切割；(b)铸造法；(c)锻造法。

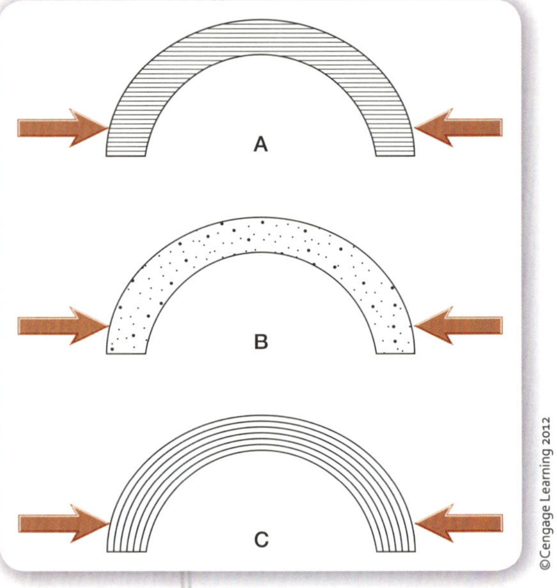

金属的颗粒排布可以由锻造工艺进行控制。图 11-18 中展示了三种由同种材料制作、但工艺不同的曲杆。

▶ 图 11-18（a）中所示的曲杆是由金属块直接切割而成。可以看到金属颗粒在曲杆内沿着同一个方向排布。施加如图中所示的力，当力达到一定数值时，曲杆会沿着一条颗粒排布线发生破坏。

▶ 图 11-18（b）中所示的曲杆是由砂模铸造法加工而成。铸造而成的构件有很多独立排布的颗粒，也被称为晶体，它们在铸造过程中形成。在铸造的过程中控制颗粒的排布方向几乎是不可能的。施加如图中所示的力，当力达到一定数值时，曲杆会在材料中的缺陷处发生破坏。

▶ 图 11-18（c）中所示的曲杆由锻造而成。只要通过合理的设计和合适的方法，锻造法就可以控制颗粒的排布方向。锻造中的颗粒排布方向与热流方向一致。施加如图中所示的力，曲杆会沿着颗粒排布线发生弯曲，这类似于回形针——可以适当弯曲而不发生破坏。

自由锻造　自由锻造，也被称为锤锻，指的是在两个砧面之间挤压或冲击金属，使其形成需要的形状，其中砧面可以是扁平的，也可以是球形的。这种方法和以前铁匠使用的锻造法非常相似。在锻造过程中，金属无需完全密封。自由锻造是一种热锻法，经常用于生产形状简单的大型零件，当然，最近的技术进步让这种方法也可以生产形状比较复杂的零件。自由锻造生产出来的零件一般都有较高的强度、较一致的性能以及较强的耐久性。它可以生产小到几磅、大到几千磅的产品。在实际应用中，自由锻造一般用于小批量生产或定制生产中。另外，它在初加工中应用得比较多。

镦锻　镦锻，也被称为机锻，在现在的工业生产中广泛应用。如之前的内容中所介绍的，镦锻法沿着待加工金属的轴线对其施加压力，减少它的长度、增加它的截面积。镦锻法适用的对象可以是整个零件，也可以是零件的一部分。下面以热铆钉为例，说明镦锻法的主要过程（如图 11-19 所示）。铆钉是连接两块或多块钢板的连接件。

1. 铆钉在火炉中加热，直到被烧红。

2. 将热铆钉穿过两块钢板中预先打好的孔洞，将其连接起来。

3. 用铁砧抵住铆钉的一面，防止其滑出，同时用另一块铁砧从铆钉的另一面进行顶压。

图 11-19

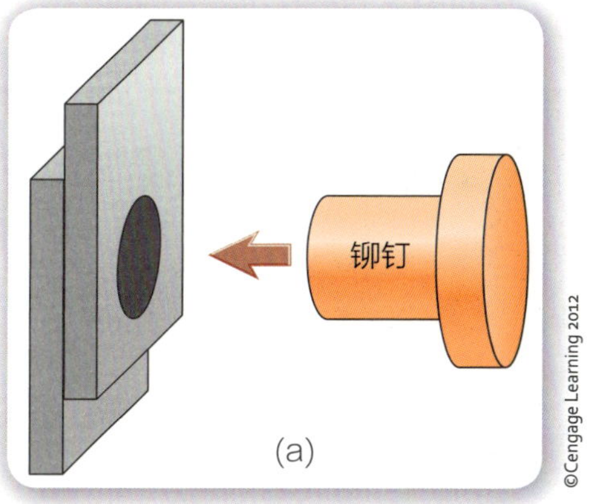

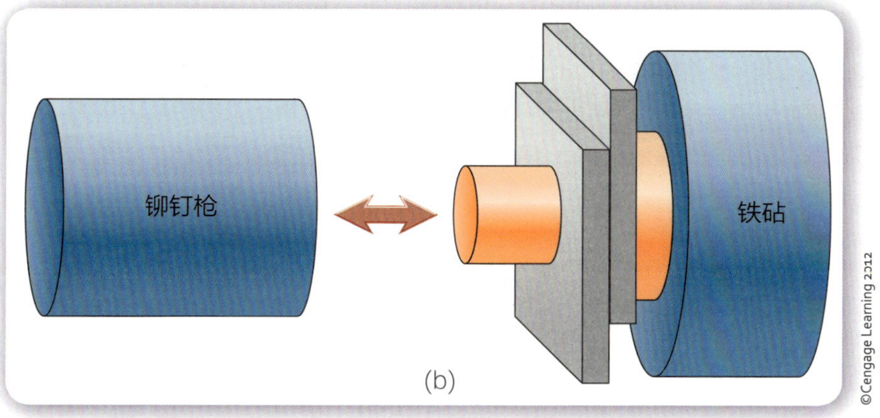

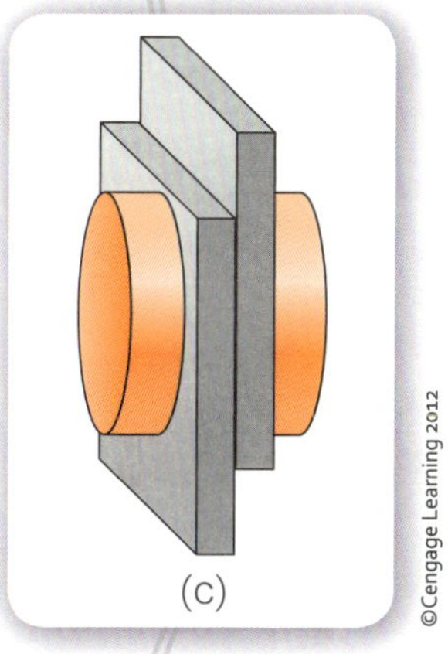

图 11-20 碳素钢坯锭。

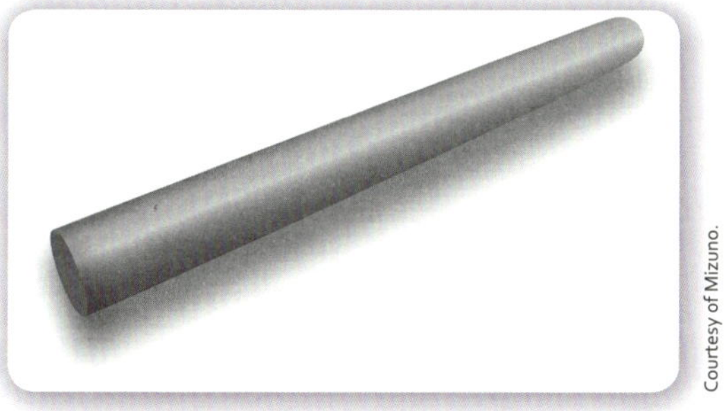

闭式模锻 闭式模锻，也被称为落锤锻造，是另一种热成型的方法。该方法利用成对的模具对待加工金属施加压力，使之成形。这里用高尔夫球杆头的制作过程为例介绍闭式模锻的主要步骤。

1. 首先用挤压和拉伸的方法处理碳素钢坯锭（如图 11-20），使之有较好的颗粒排布。

2. 初锻由 1000 吨的气锤（如图 11-21 所示）完成。碳素钢坯锭放置于底下的固定模具中，然后使上部的可移动模具向下冲击钢坯锭，重复几次，让坯锭逐渐形成模具的形状，也就是高尔夫球杆头的形状。在操作过程中，金属需要被重复加热几次。初锻得到的半成品如图 11-22 所示。在半成品周围多余的材料被称为飞边，这是由于在锤锻过程中有部分金属溢出而产生。大多数初锻的半成品都留有飞边，这也意味着在锻造过程中，模具的所有空间都被金属填满。

图 11-21　利用闭式模锻法锻造的金属。

Courtesy of Mizuno.

图 11-22　初锻。

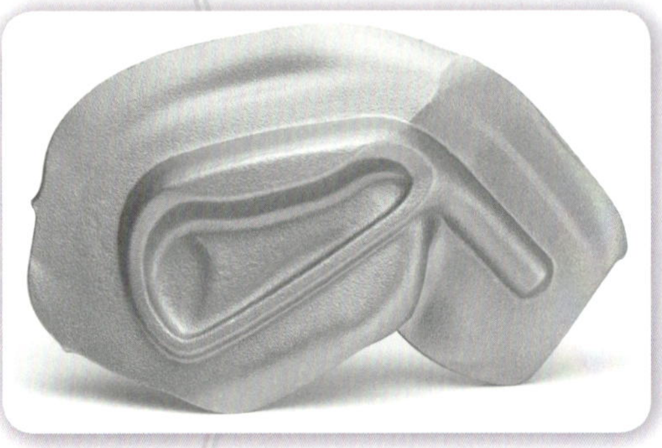

Courtesy of Mizuno.

图 11-23　第一次精锻。

Courtesy of Mizuno.

图 11-24　第二次精锻。

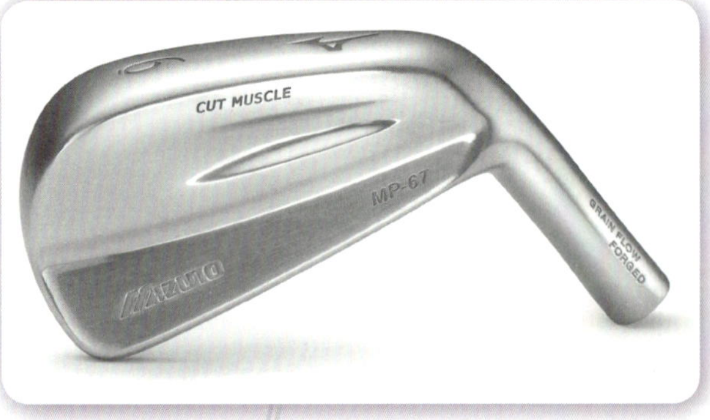

Courtesy of Mizuno.

3. 去除半成品周边的飞边后，将其放入液压机中，在 650 吨力液压的作用下，球杆头被彻底压平，同时金属颗粒也被挤压到紧密排列（如图 11-23 所示）。

4. 完成第一次精锻后，去除飞边，再进行第二次精锻，使得球杆头出现深 U 形凹槽，完成球杆头的制作（如图 11-24 所示）。

热辊锻　热辊锻，也被称为轧锻，指的是将坯料放在两个辊模之间加工，减小或改变坯料的横截面积，增大坯料的长度。如图 11-25 所示，两个轧辊朝着相反的方向运动，将坯料送进模具中。热辊锻可以用在初加工中，也可以用在二次加工中。这种方法生产出来的常见物件包括手铲、凿子、锥形轴等。

图 11-25　金属轧制。

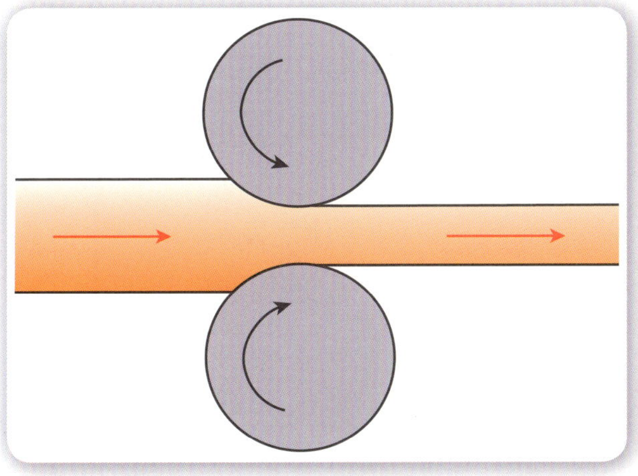

图 11-26　铝合金挤压成品。

金属挤压　金属**挤压**是一种大规模生产均匀横截面零件的方法。该方法的核心在于挤压金属，使其穿过一个特定形状的模具。挤压法可以生产的横截面形状包括长方形、实心圆、工字形、T 字形等（如图 11-26 所示）。

5

挤压（extrusion）：一种用于制造均匀横截面零件的生产工艺。

金属挤压有两种常见的方法：正向挤压和反向挤压（如图 11-27 所示）。正向挤压法中，坯料运动的方向与柱塞运动的方向相同；而在反向挤压法中，坯料不动，模具朝向坯料运动。挤压法可以冷成型，也可以热成型，取决于具体的材料种类和所需要加工的形状。

金属冷成型　冷成型工艺的对象一般是室温下的金属或稍许加温的金属。对于稍许加温的金属坯料，该工艺更合适的名字应该是温锻。温锻的温度必须低于材料的再结晶温度，否则会改变颗粒的排列结构。大多数冷成型工艺适用于大体积的零件生产。该工艺可以被更进一步

6

图 11-27　正向挤压和反向挤压。

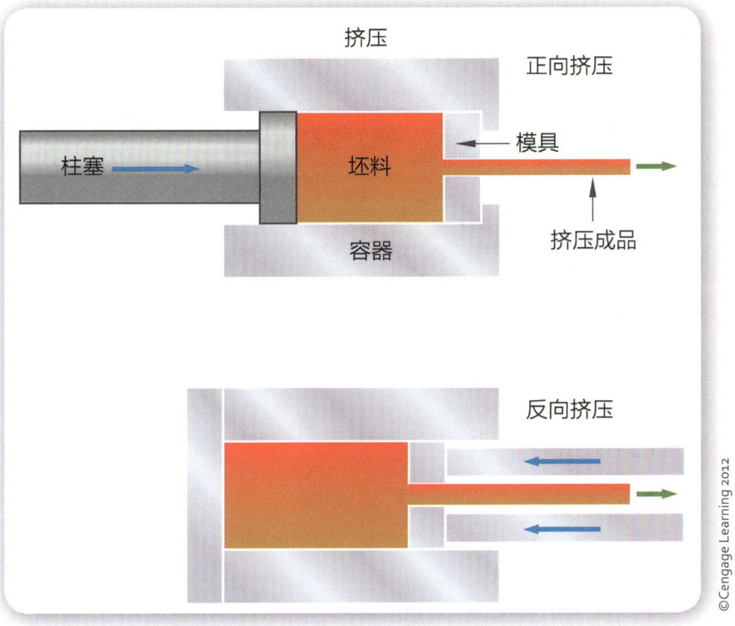

地分为四类：弯法、拉法、挤压法、剪法。

假设你用一枚小的回形针将 4 到 5 张纸夹在一起，那么在你把回形针取出后，回形针基本上可以回到初始的形状。假设你用这枚回形针将 30 张纸夹在一起，那么在你把回形针取下后，回形针就会发生永久的变形，因为回形针所受的力已经超过了它的屈服极限。金属弯折法指的是在材料的塑性应变区内对材料施加力使之发生永久变形的方法。在这种方法作用下，材料的表面基本不产生变化。

再次回到回形针夹 30 张纸的例子，如果你将回形针从被夹的该叠纸中取下，它会略微合起一点，但无法回到初始的形状。这种现象被称为回弹，出现在材料发生一部分弹性变形、一部分塑性变形时。回弹的大小取决于材料的性质、弯折的方法以及材料的温度。

图 11-28　打开状态下的压弯成型机。

Courtesy of CustomPartNet, Inc.

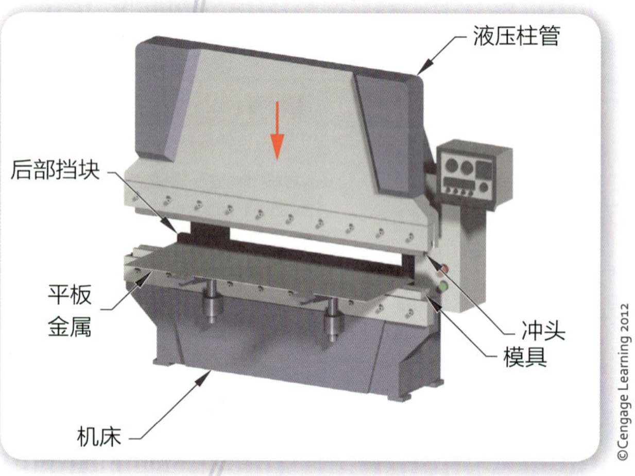

用来弯折大多数平板坯料的机器是压弯成型机。图 11-28 展示的就是一台半数控的压弯成型机。将平板金属坯料放在压弯成型机的机床上，将一端抵到后部挡块上，后部挡块由计算机根据后续的操作情况控制。金属坯料就位后，系统通过液压柱塞控制冲头冲向模具。计算机根据弯折的类型和程度控制冲头的运动。图 11-29 是闭合状态下的压弯成型机；图 11-30 是被压弯成型机压弯的一个机械零件。

弯法的另一种技术叫做滚弯加工法，经常被用来加工具有标准形状的结构零件，比如条、板、棒、管等。图 11-31

图 11-29　闭合状态下的压弯成型机。

Courtesy of CustomPartNet, Inc.

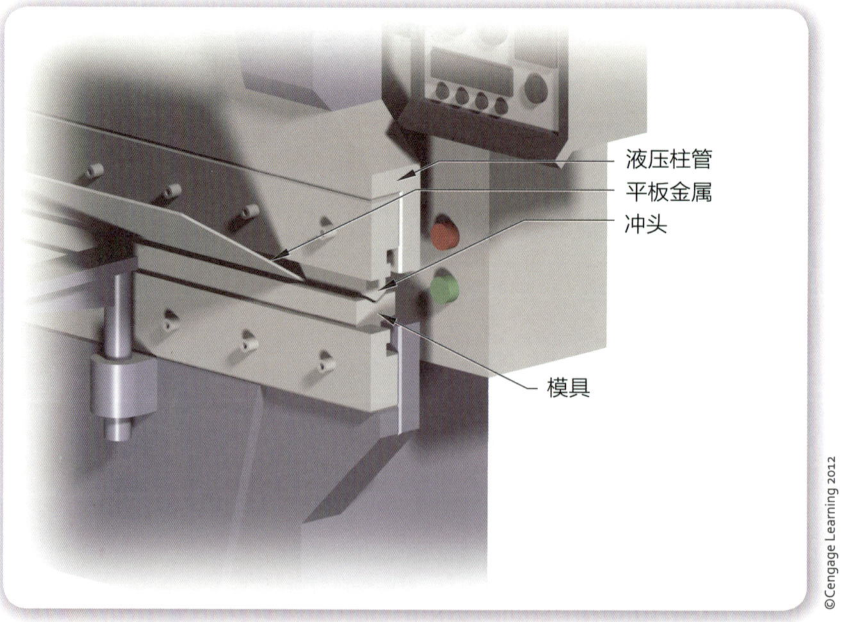

图 11-30 利用压弯成型机加工的金属零件。

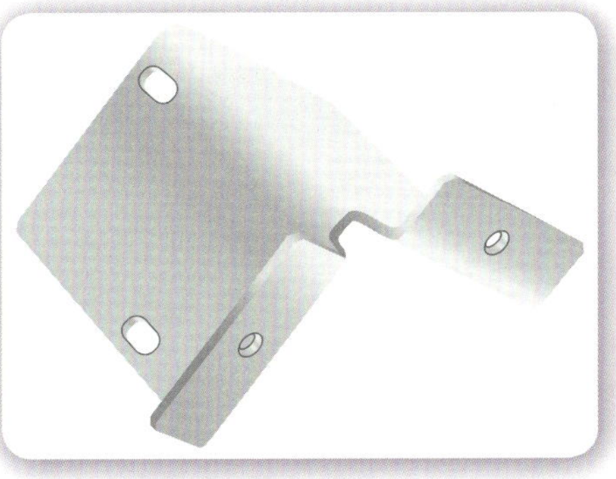

©Cengage Learning 2012

图 11-31 数控弯管机。

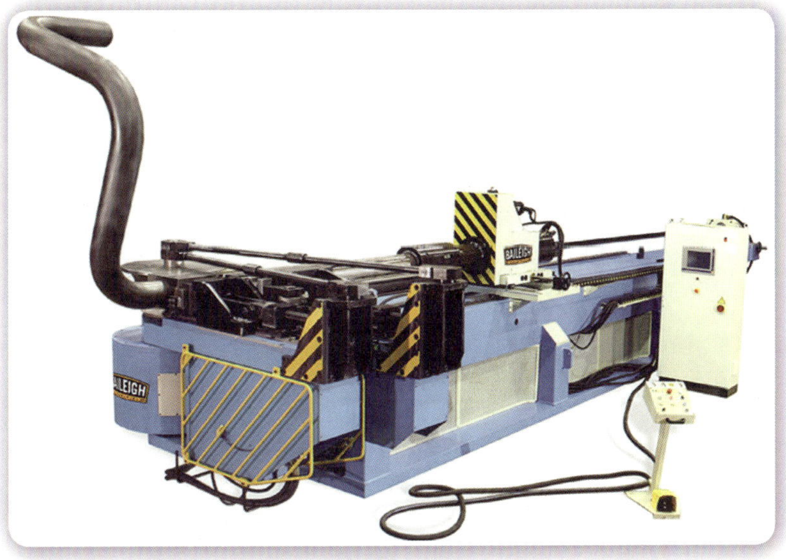

Courtesy of Baileigh Industrial.

展示了滚弯加工法的常用仪器——数控弯管机，一种可以通过程序控制来生产自定义形状金属圆管的机器。位于美国旧金山的加利福尼亚科学院的极具特色的屋顶就是用弯折的结构钢构件建造的（如图 11-32 所示）。

如图 11-33 所示的连轧机可以将长的板形金属坯料加工成所需的形状。它的工作原理是将坯料送入机器中，机器内有一系列的辊模，可以把坯料渐进地加工出最后的形状。连轧机经常被用来生产金属顶盖、槽钢、落水管、轻钢架等构件。

拉法 指的是拉伸、挤压或弯曲坯料，使之穿过模具或绕模具运动，最后达到所需形状的加工方法。拉法是一种冷成型方法，可以生产多种类型的产品，它们基本都拥有光滑的表面和精确的尺寸。拉法主要的技术有下列四类：

- 浅拉伸法和深拉伸法
- 拉伸成型法
- 拔丝法
- 旋压法

拉法（drawing）： 拉伸、挤压或弯曲坯料，使之穿过模具或绕模具运动，最后达到所需形状的加工方法。

图 11-32 位于美国旧金山的加州科学院的极具特色的屋顶是用弯折的结构钢构件建造的。

Courtesy of SME Steel Contractors (Fabricator/Erector) & Advanced Bending Technologies, Inc.

图 11-33 连轧生产线。

Courtesy of CustomPartNet, Inc.

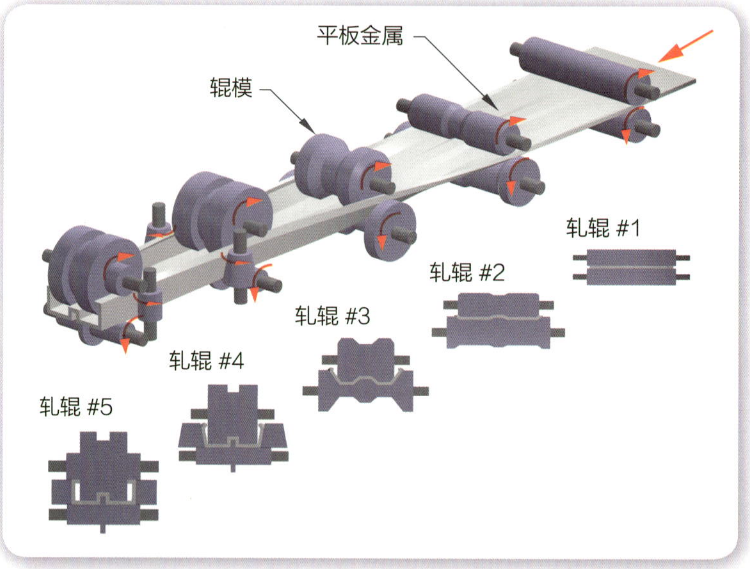

©Cengage Learning 2012

在浅拉伸法和深拉伸法中，薄而平的坯料被外力压入模具中。与其他的成型方法相同，拉法也是利用塑性区使得坯料发生永久的变形。浅拉伸法指的是拉伸坯料的深度小于其直径的二分之一；而在深拉伸法中，拉伸坯料的深度大于其最终的直径。

图 11-34 展示了一个简单的深拉伸法实例。一块圆形的平坯料——又被称为毛坯——被插入毛坯夹具和模具之间。当毛坯夹具和模具夹紧时，它们会产生夹持力让毛坯保持不动。当冲锤向下施力时，坯料被逐

图 11-34　深拉伸法。

Courtesy of CustomPartNet, Inc.

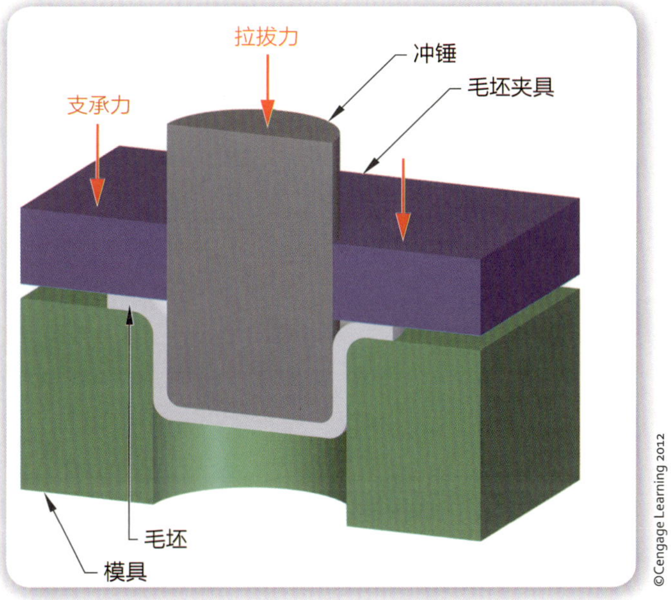

渐拉伸，使得拉伸区的坯料越来越薄。如图 11-35 所示，拉伸坯料经常被分成若干个步骤。每个步骤都会使用不同的模具，使得坯料的拉伸深度可以得到增大。当拉伸完成后，冲锤被移除，得到半成品。最后将被夹在模具和毛坯夹具之间的多余部分切割掉。

如图 11-36 所示的铝合金易拉罐就是用深拉伸法制作的。首先从一卷铝合金原料中切割出一块圆形坯料，然后将坯料拉伸成浅口杯状，再利用深拉伸法进一步加工成具有一定高度的空心圆柱体，接下来再利用辊压成型法制作收窄的顶部，最后再灌满液体，盖上盖子。

拉伸成型法最初用在航空工业中，用于制造飞机的机翼等部件。这个工艺与深拉伸法比较相似，不过前者模具是向毛坯做进给运动的。

图 11-35　深拉伸法流程。

Courtesy of CustomPartNet, Inc.

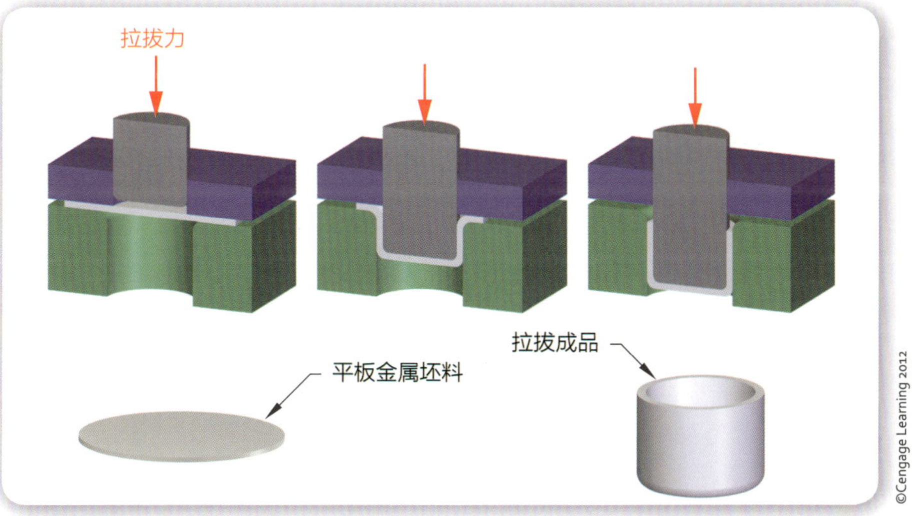

图 11-36　利用深拉伸法制作的铝合金易拉罐。

图 11-37 拉伸成型法。

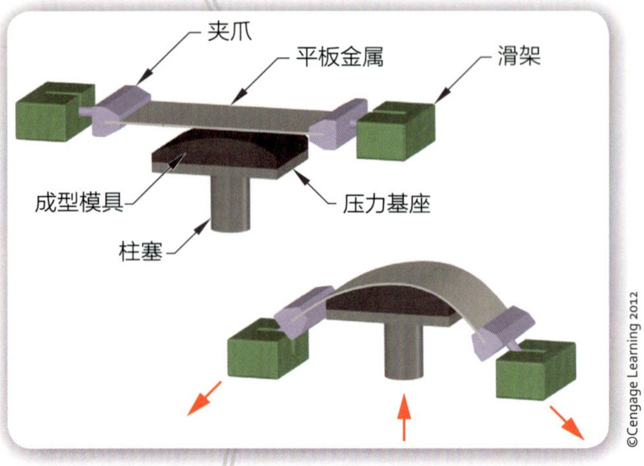

图 11-38 拔丝法。

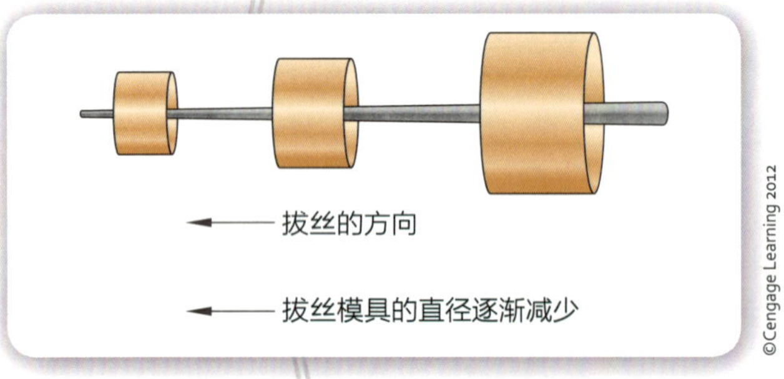

如图 11-37 所示，一台滑架上的两只夹爪夹着一块平板坯料，以防止坯料滑移。模具位于平板坯料的下方、压力基座的上方。柱塞将模具向上方顶，使得模具推挤坯料。当模具向上施力时，坯料发生塑性变形，从而变成模具的形状。该工艺可以生产大型的精密部件。

生产线材的工艺被称为拔丝法。该工艺将坯料送入一系列拔丝孔逐渐缩小的模具中，最终达到需要的尺寸。该工艺通过绞盘将材料送入模具中，模具加工后送出到另一个绞盘；然后更换一个拔丝孔更小的模具，重复之前的步骤；继续重复数次之前的步骤直到达到所需的尺寸。有一些机器可以直接将线材从一个模具送到另一个模具中，从而大大提高生产效率（如图 11-38 所示）。

许多圆形的或碗状的零件通过金属旋压工艺制作而成。如图 11-39 所示，首先，将薄的金属圆盘通过专用芯模装在车床上，并且随着车床主轴转动，同时用一个压轮抵在圆盘上作进给运动，让圆盘紧贴芯模，使得圆盘发生变形，逐渐达到最终的形状。该工艺生产的零件有轮毂、碗碟、火箭头锥等。目前常见的金属旋压法有两种类型：传统旋压法和剪力旋压法（如图 11-40 所示）。传统旋压法利用芯模的形状加工坯料，而不改变坯料的厚度。剪力旋压法在利用芯模加工坯料的同时，可以拉伸坯料以改变它的厚度，生产出来的零件内径保持不变，但会有较长较薄的侧壁。

图 11-39 金属旋压法。

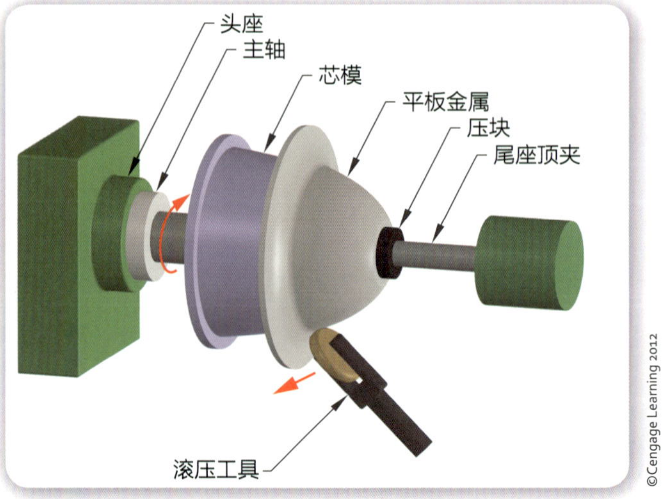

图 11-40　传统旋压法和剪力旋压法。

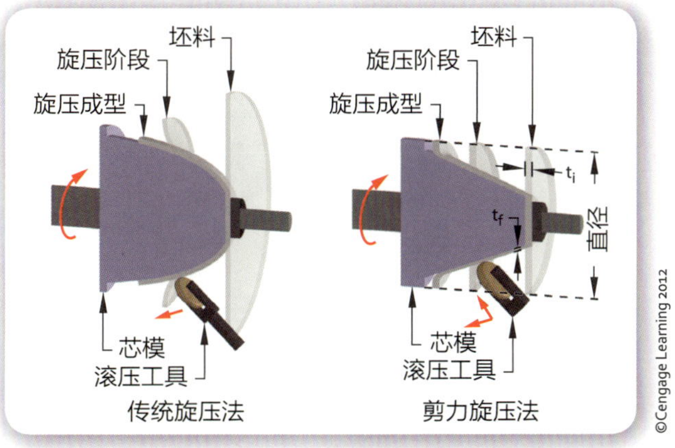

图 11-41　滚丝法。

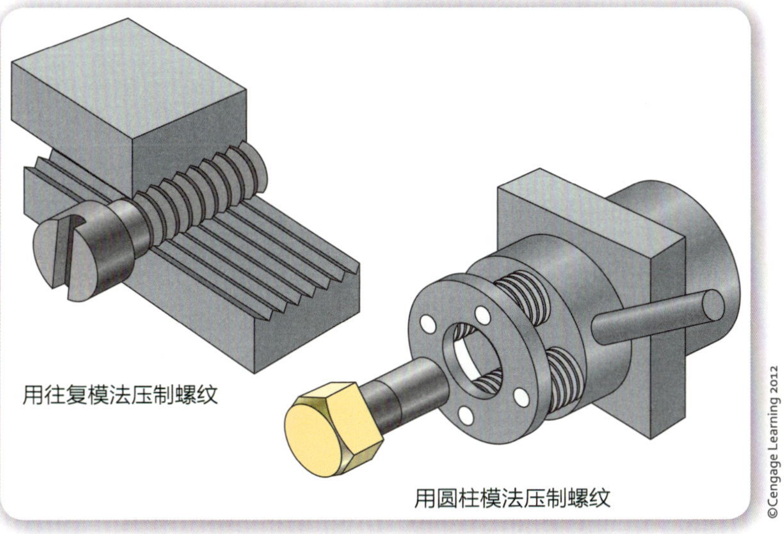

滚丝法是在螺钉和螺栓上压制螺纹的一种加工方法。它的核心是将滚丝模螺纹逐渐压入坯件中。滚丝法有两种主要的类型：往复模法和圆柱模法（如图 11-41 所示）。在往复模法中，有两块平板模，分别是可动模和固定模，两者都有螺纹凹槽，这些凹槽与所需的螺纹相匹配（用每英寸螺纹数表示）。将坯料夹在两块模具之间，坯件上被挤压下去的形成螺纹底部，挤出来的形成螺纹顶部，最终挤压出螺纹。在圆柱模法中，有两个甚至更多的滚丝模，滚丝模上均有所需的螺纹样式。将坯料夹紧以防其发生旋转，然后施加力将坯料推入滚丝模，压出螺纹，这一点和往复模法比较类似。

剪切法是在平板形坯料中切割出一个特定的形状。如图 11-42 所示，上部的剪切片对平板坯料施加剪切力，使坯料内部出现剪应力。一旦超过了材料的最大剪应力，那么材料就会被切开，两个部分分离。剪切法会导致被剪切部分的表面出现不规则的边缘，这被称为毛边。剪切法一般有三种类型：剪切、冲裁、冲孔。

剪切法（shearing）： 一种生产工艺，在平板形坯料中切割出一个特定的形状。

图 11-42 剪切法。

Courtesy of CustomPartNet, Inc.

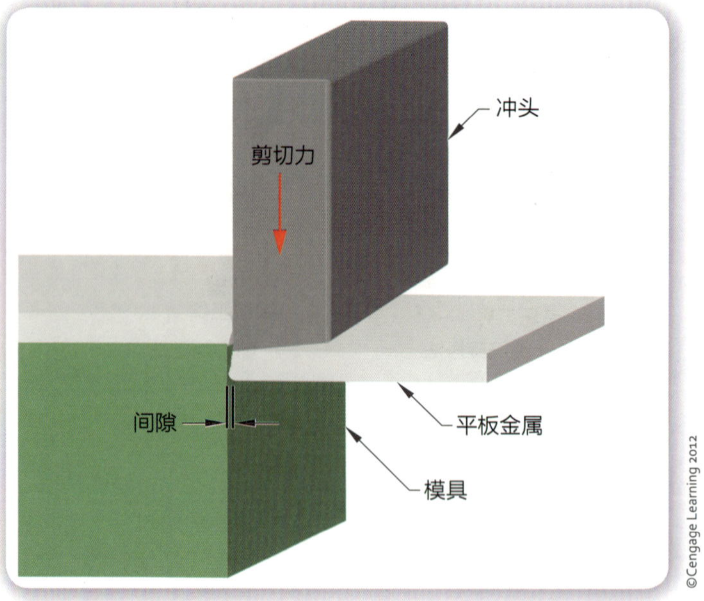

如图 11-42 所示，剪切指的是将坯料切割，得到较小的一段零件。该方法经常被用在初加工中，为下一阶段的加工做好准备。冲裁如图 11-43 所示，指的是从坯料中裁出一块较小的零件，而剩余的坯料都是废料。冲孔如图 11-44 所示，指的是从坯料中利用冲孔除去一小块部分，被除去的部分是废料，剩下的是有用的零件。

图 11-43 冲裁。

Courtesy of CustomPartNet, Inc.

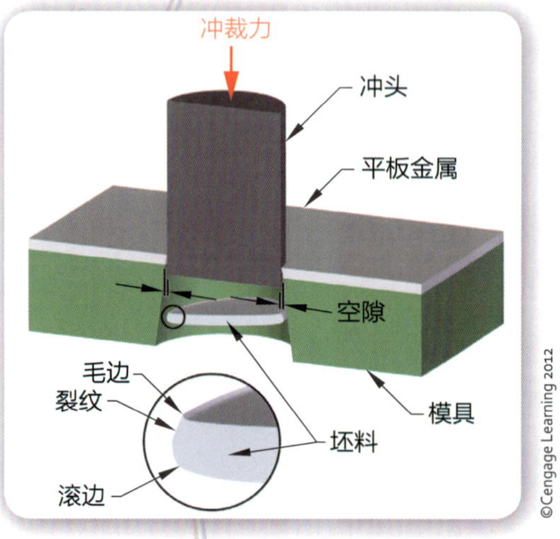

图 11-44 冲孔。

Courtesy of CustomPartNet, Inc.

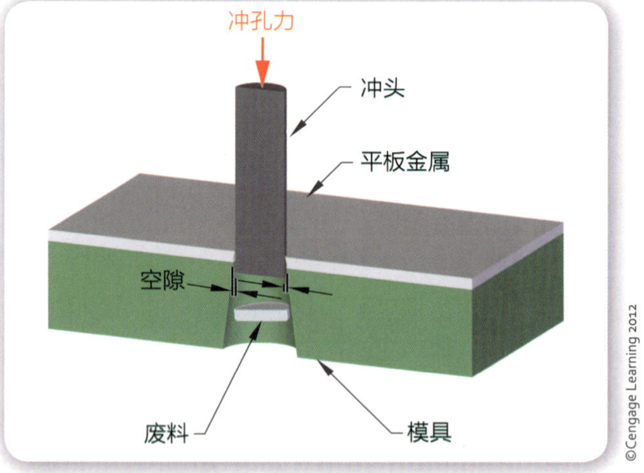

7 塑料加工

了解塑料和其他合成材料的加工方法，与了解金属的加工方法一样重要。你不妨观察一下今天早上送你上学的公交车或小汽车，它们内部有多少塑料和金属零件？答案可能是上千个。你在第 9 章中已经学到了，塑料是一种由石油工业副产品加工而成的高分子聚合物。塑料可以被分为两大类：热塑性塑料和热固性塑料。热塑性塑料在加热时会软化，在降温时会硬化。热固性塑料在加工时受热而发生化学反应，从而导致硬化。成品在再加热时不会软化，也不能被重新塑形。和金属类似，塑料可以由以下几种方法加工成型：

- 吹塑法
- 热成型
- 挤压成型
- 注射成型
- 金属粉末注射成型

吹塑法

吹塑法是一种用于加工中空塑料产品的方法，图 11-45 展示了它的大致过程。先是把热塑性塑料颗粒作为原料倒入料斗（图中未绘出）中，然后把原料送入挤压机中熔化。熔化的塑料被送入模具头，逐渐被挤入进气道和模具之间的空间，形成中空的塑料管。这种塑料管也被称为型坯，型坯也可以通过注射成型法得到。当型坯被挤压至模具空腔的底部时，两半模具立即闭合，封住型坯的底。然后通过进气道注入高压空气，高压空气将熔化的塑料向模具的侧壁挤压。随后整个模具在压力下冷却。模具内有冷却管道，可以加速塑料冷却的过程。在塑料冷却与硬化之后，减压、打开模具，取出加工完成的吹塑部件。

热成型

热成型是一种将平板形塑料板加工成所需形状的理想方法。它和吹塑法类似，都用到了高温和高压。热成型法的原材料基本都是热塑性

图 11-45　吹塑法流程。

Courtesy of CustomPartNet, Inc.

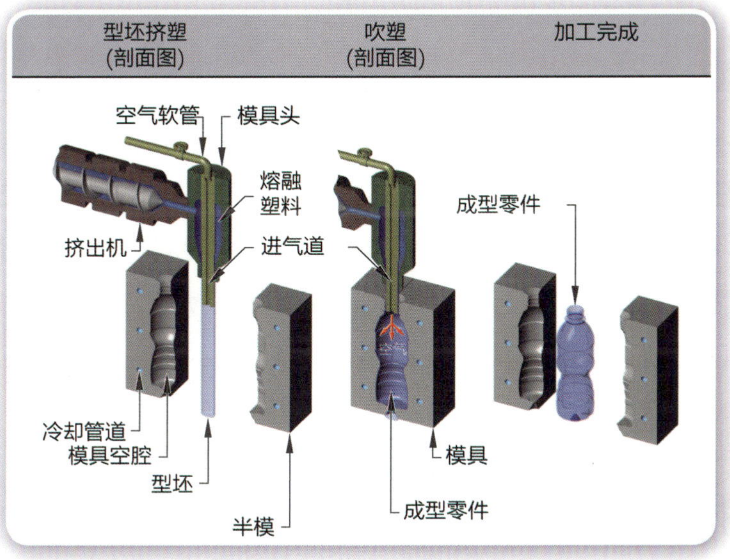

图 11-46　热成型法加工塑料。

Courtesy of CustomPartNet, Inc.

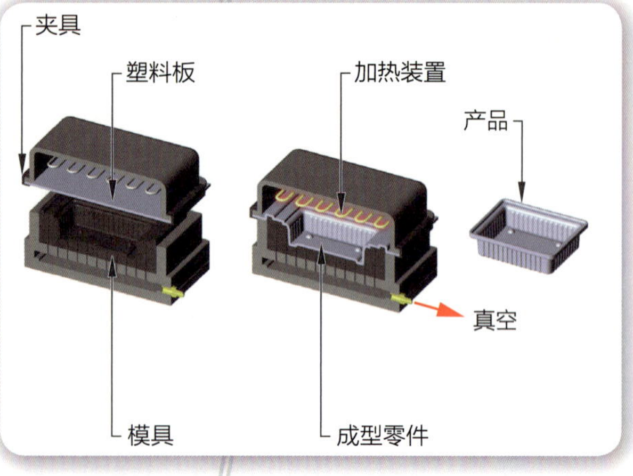

图 11-47　机械成型法加工平板塑料。

Courtesy of CustomPartNet, Inc.

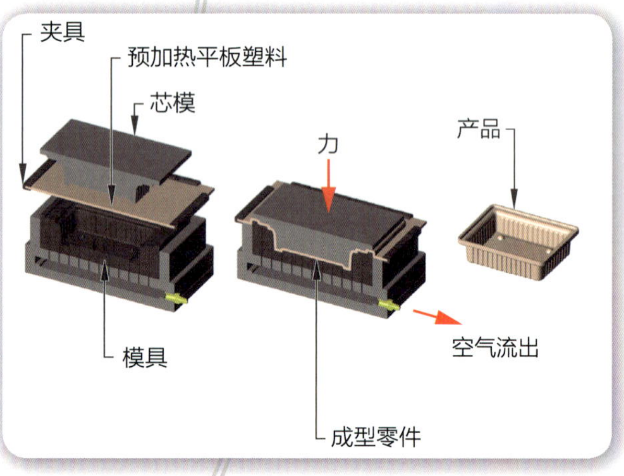

的平板。热成型的一种典型方法是真空成型，如图 11-46 所示。在模具的边缘夹紧塑料平板，然后加热塑料，直到它能够被塑形为止，随后在平板的下方抽真空，使得塑料平板被上部气压压向模具，与模具贴合。然后停止加热，静置以使塑料冷却。塑料平板被夹在模具中的部分是多余的废料，需要切除，这样就得到了与模具形状相同的成品。

加压成型是一种与真空成型类似的方法，只是它在塑料平板下方抽真空的同时，还在平板上方吹入高压气体，两者双重作用下将塑料平板压向模具。这种方法可以加工厚度较大的塑料平板，并形成精细的纹理。机械成型是热成型的另一种方法，与金属拉伸加工法相似（如图 11-47 所示）。首先将已经预先加热的平板塑料在模具的边缘夹紧，然后用芯模挤压平板塑料，制造出所需的形状。

挤压成型

本章的前面部分已经介绍了金属加工的挤压成型法。塑料的挤压成型法一般应用在热塑性塑料上。图 11-48 展示了一些常见的挤压成型的塑料。该方法可以大致分成以下几个步骤：

1. 塑料原料与添加剂和色素混合，这可以在后期得到不同性质的产品。
2. 原料被加热熔化，形成均匀黏稠的流体。
3. 熔化的塑料被送入模具中，形成所需的形状。
4. 冷却成型完毕的塑料。

注射成型

注射成型同样是塑料加工的一种常用方法。它的应用非常广泛，比如牙刷柄和汽车仪表盘等等。图 11-49 是由注射成型法加工而成的洗衣篮。注射成型法一般以热塑性塑料作为原材料，因为它们具有可熔化、可塑形的性质。但是热固性塑料有时也使用注射成型法加工。注射成型法的过程与压铸法类似（如图 11-50 所示）。

注射成型法的大致步骤如下：

1. 把作为原料的塑料颗粒倒入料斗中。
2. 塑料颗粒由敞开的料斗底部进入管道中。

图 11-48　挤压成型的塑料产品。

©iStockphoto.com/JulianHeaven

3. 管道中有加热器，使得塑料熔化，形成均匀黏稠的流体。
4. 机器中一根往复运动的螺杆将熔化的塑料送入模具中。
5. 模具闭合。
6. 整根螺杆径直向模具运动，将熔化的塑料通过管口挤入封闭的模具中。
7. 熔化的塑料被压入封闭的模具腔，成型。
8. 静置使得塑料冷却。
9. 模具打开，弹出成型的产品，继续生产下一件产品。

图 11-49 注射成型的洗衣篮。

©iStockphoto.com/ozgurdonmaz

图 11-50 注射成型机器。

Courtesy of CustomPartNet, Inc.

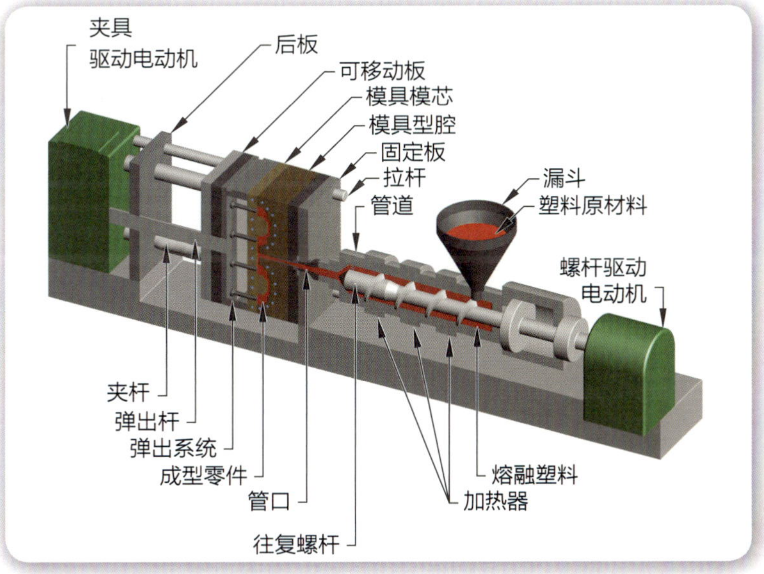

©Cengage Learning 2012

金属粉末注射成型

金属粉末注射成型（简称 MIM 法）是一种较新的技术，用注射成型法制造固体金属零件。该方法可加工包括不锈钢、低碳铁合金在内的金属，加工出的产品广泛地应用在医疗器械、枪械、航空工业、汽车工业、牙科器械中。MIM 法生产的零件在强度和抛光度方面与烧结法、熔模铸造法以及机械加工制成的零件相同。MIM 法的大致步骤如下（图 11-51）：

图 11-51 金属粉末注射成型的过程。

Courtesy of CustomPartNet, Inc.

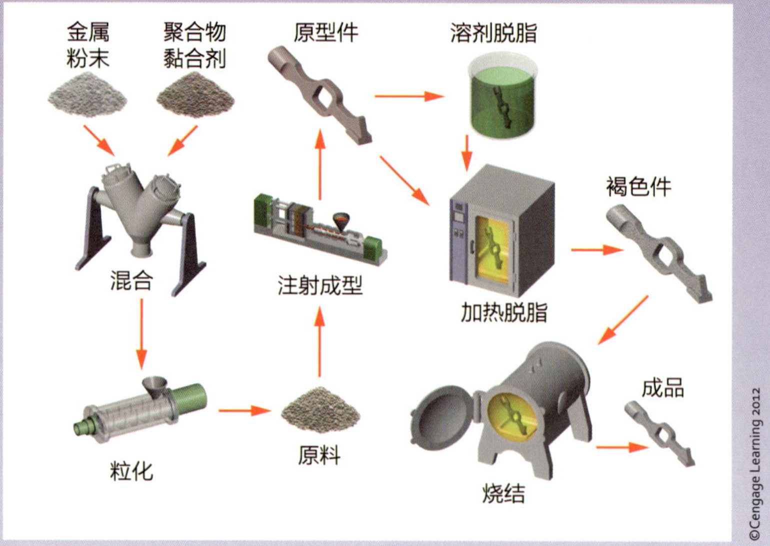

1. 将细颗粒金属粉末和高分子黏合剂以 3∶2 的比例倒入混合器中。

2. 金属粉末 - 高分子黏合剂的混合物被加工成大颗粒原料，用于后续的注射成型。

3. 将原料倒入注射成型机的料斗中。利用传统的注射成型法生产金属 - 高分子聚合物零件（又称原型件）。去掉原型件的飞边并将其清洁之后便可进行脱脂。

4. 去除金属中的高分子聚合物的方法有两种：溶剂脱脂法和加热脱脂法。溶剂脱脂法利用水或其他化学溶剂去除高分子黏合剂。溶剂脱脂法有时会与加热脱脂法相结合使用，有时也会单独使用。加热脱脂法是利用低温炉加热，蒸发金属中的高分子黏合剂。

5. 得到的褐色零件有 40% 的气孔，因为原来这些空间由高分子黏合剂充满，而现在这些黏合剂已经被去除。

6. 将褐色零件送入烧结炉中，加热到 2500℉。这个步骤的目的在于将气孔数量由 40% 压缩到 5% 甚至 1%，得到非常致密的产品。在烧结过程中，零件会收缩 15% 到 25%，由于收缩均匀且可预测，最后所得零件的耐受性会很强。

切削加工工艺

切削加工工艺指的是切除材料中的多余部分以达到加工目的的方法。加工的机械包括锯床、铣床、车床和磨床等。这些加工方法又被称为传统机械加工法。现代的很多切削加工机器可以实现部分数控或完全数控。

切削加工工艺按照加工去除率、加工精确度、加工可重复性进行分级。加工去除率反映了切削材料的速度；加工精确度反映了加工产品的误差；加工可重复性反映了加工大量产品时，产品规格的一致性。

工具

锯切 锯切指的是利用齿锯切割材料的工艺。锯齿均匀分布，通过在材料上连续造成一系列小切口来起到切割材料的作用。随切割掉落的小薄片是废料，锯片切割材料形成的细长切痕被称为锯缝。锯切常用的锯片有三种：直锯片、环形锯片、圆盘锯片，如图 11-52。

图 11-52　不同的锯片类型。

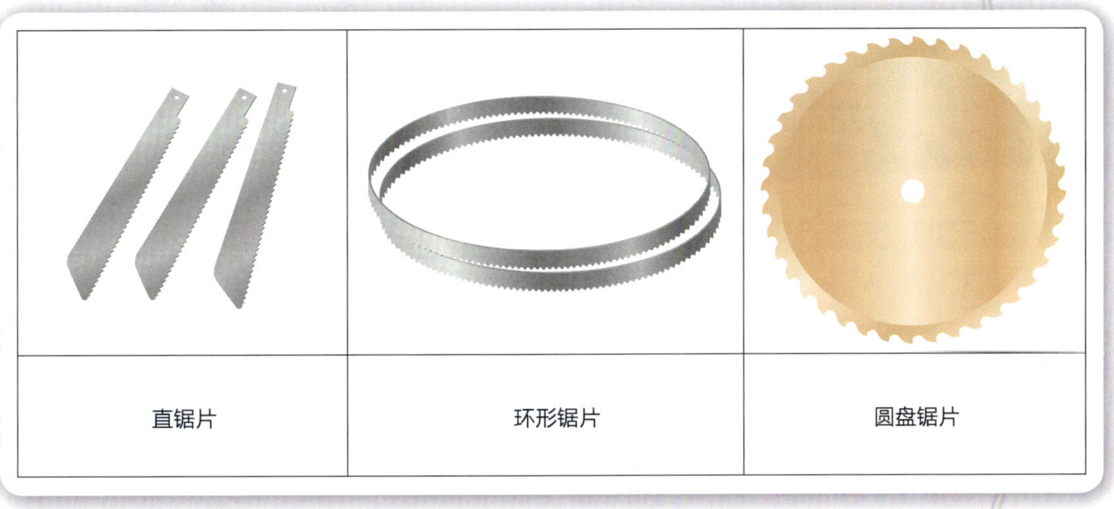

©Cengage Learning 2012

锯切机可以根据使用的锯片类型进行分类。直锯机利用往复运动切割材料。弓形锯是一种常见的手工操作直锯机。电动弓形锯机床如图 11-53 所示，使用时将待切割材料固定在机床上，锯片通过往复运动切进物体中。由于锯切只能沿着一个方向，因此弓形锯并非一种高效的工具，但是切割金属的成本很低。

图 10-53　电动弓形锯机床。

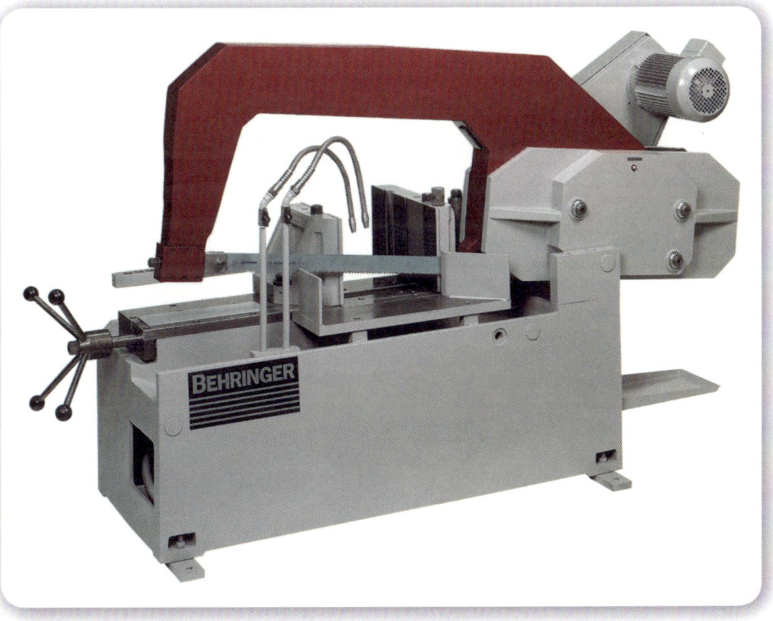

Courtesy of Behringer Saws, Inc.

图 11-54 数控带锯床。

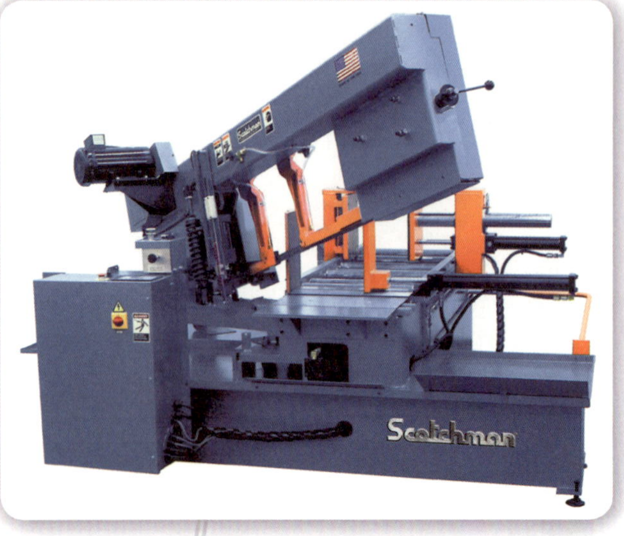

Courtesy of Scotchman Industries.

图 11-55 复合滑动斜切圆锯床。

Courtesy of DeWalt.

带锯机起源于木工活，现在也逐渐应用于金属加工中。带锯机根据锯片的方向分类：水平带锯机和垂直带锯机。两种带锯机的共同点在于，锯条都是环形的，套在两个轮盘上，其中一个轮盘是驱动轮，另一个轮盘是导向轮。带锯机可以用来切割木材、金属、塑料和复合材料等。图 11-54 展示了在金属加工中应用的全自动水平带锯床。

圆锯的锯齿分布在圆盘的边缘。和带锯一样，圆锯最初起源于木工活，但逐渐被应用于金属加工。有些圆锯样式如同图 11-55 中的复合滑动斜切圆锯床，另外一些圆锯的样式则如同台式锯，通过移动坯料进行切割。

8

成孔工艺 很多零件都需要打孔。圆孔指的是零件内部圆柱形的中空部分，一般由旋转切割设备加工得到。成孔的方法有好几种。以下是切削加工工艺中用于成孔的工艺：

- 钻孔
- 铰孔
- 镗孔
- 攻螺纹
- 圆柱形锪钻
- 锥形锪钻

很多机械设备均可实现成孔，包括传统的铣床和车床，也包括钻床和镗床等专业钻孔的设备。一般来说，成孔属于二次加工的范畴。例如，金属先锻造、后钻孔。

钻孔是成孔工艺中最简单的一种。最常见的一种钻头是麻花钻。麻花钻一边旋转一边钻入物体，直到到达所需的深度。图 11-56 展示了麻花钻在物体中成孔的过程。当所成的孔要扩大时，所用的工艺被称

图 11-56　钻孔。

Courtesy of CustomPartNet, Inc.

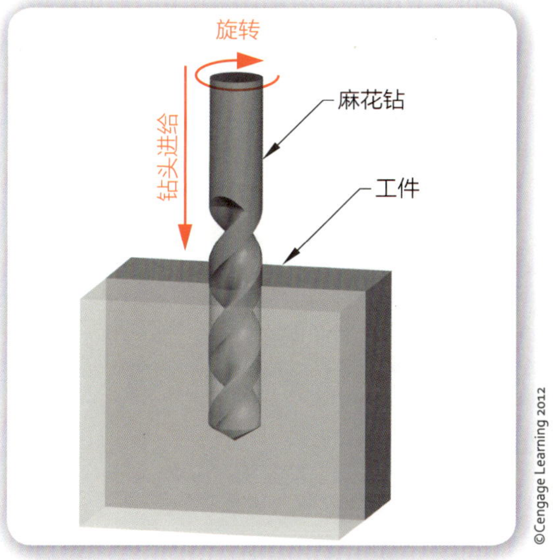

图 11-57　铰孔。

Courtesy of CustomPartNet, Inc.

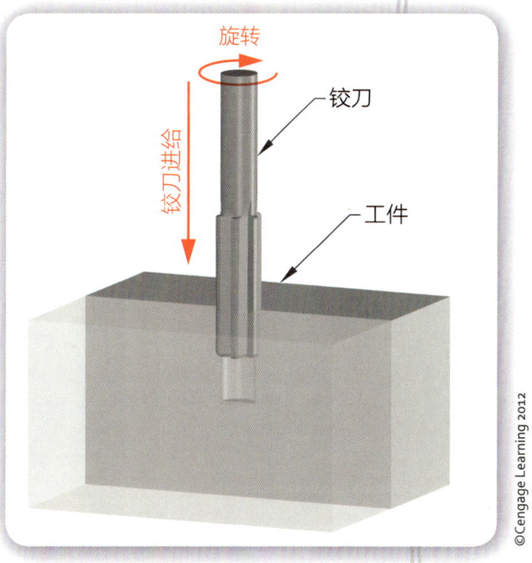

为扩孔。实际生产中的钻头多种多样，除了麻花钻外还包括铲形钻头、平底钻头和阶梯钻头等。

铰孔 是在钻孔完成之后进行的。它使用的是一种多刃的铰刮孔的刀具，叫做铰刀（如图 11-57 所示）。铰刀可以精确地铰刮孔的表面，使其达到标准的尺寸。铰刀有很多种尺寸、类型和材料，具体选择时需要考虑实际的应用情况。

镗孔 可以精确地扩孔，达到标准的钻头所不能达到的尺寸要求。该工艺使用单刃刀具进行切削（如图 11-58 所示）。镗缸是一种广泛应用在汽车工业的加工工艺，用于精确地生产发动机中的圆筒形汽缸零件。

攻螺纹 是一种刻制内螺纹的加工工艺。该工艺利用丝锥进行加工，丝锥上有需要加工的螺纹形状和方便废料送出的出屑槽。有些丝

镗孔（boring）： 进行精确扩孔的加工工艺。

攻螺纹（tapping）： 一种刻制内螺纹的加工工艺。

图 11-58　镗孔。

Courtesy of CustomPartNet, Inc.

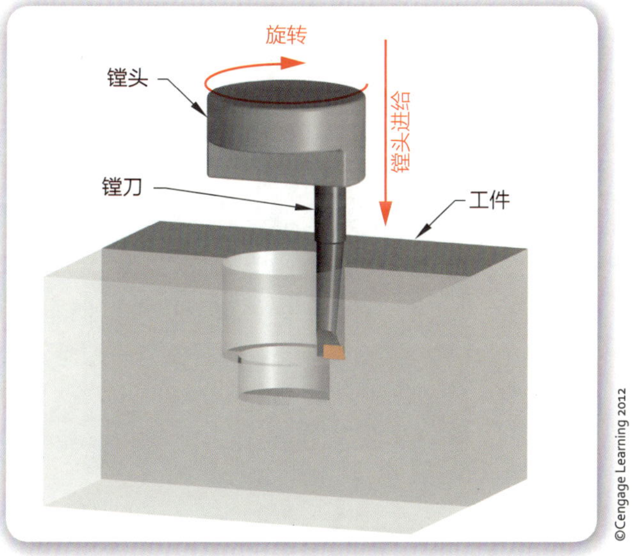

图 11-59 攻螺纹。

Courtesy of CustomPartNet, Inc.

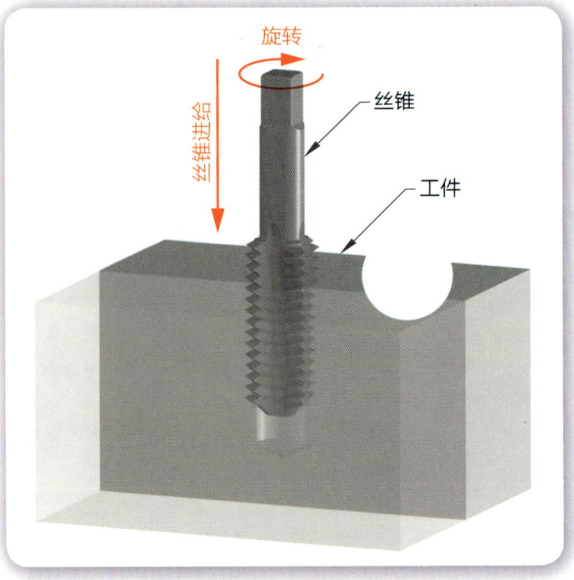

锥需要在预先钻好的孔中工作，有些制有钻头的丝锥则可以钻孔、攻螺纹一步到位。旋转着的丝锥被压入孔中，使得上面的螺旋刀刃攻入孔洞的内壁，产生所需的螺纹。在制作丝锥时，每个丝锥都有对应的刀具，用来切割丝锥上的外螺纹。**套丝**是一种铰外螺纹的加工方法。图 11-59 展示了攻螺纹的过程。

套丝（threading）：
一种刻制外螺纹的加工工艺。

圆柱形锪钻是一种加工埋头孔的常用工艺，所谓埋头孔，就是材料表面用于隐藏螺栓头、螺母和其他圆形零件的孔。这种锪钻与麻花钻类似，只不过它带有导柱，刃条底端是平的。图 11-60 展示了锪钻的操作过程。

图 11-60 圆柱形锪钻。

Courtesy of CustomPartNet, Inc.

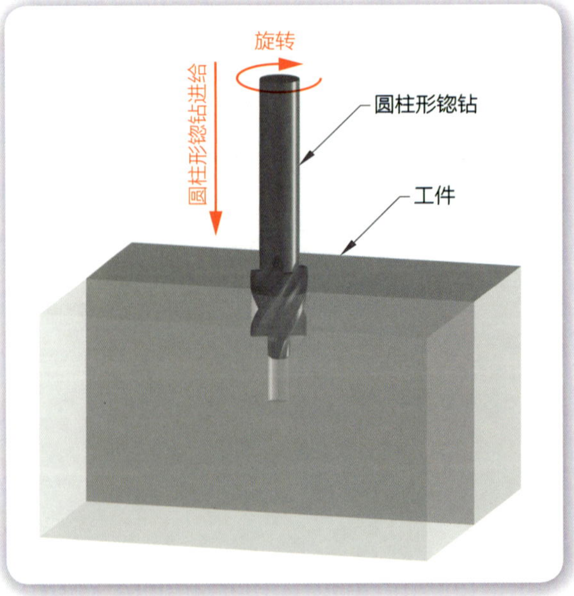

锥形锪钻（如图 11-61 所示）会在孔底形成一个锥面，主要适用于隐藏平头木螺钉和螺柱。锪削孔底锥面的锥角通常为 60°、82°、90°、100°、110° 和 120°。

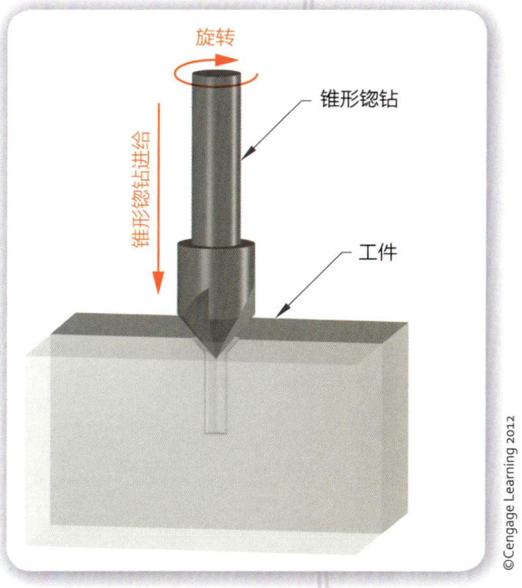

图 11-61 锥形锪钻。
Courtesy of CustomPartNet, Inc.

车削 车削可以加工轴对称的圆形部件，其工具为单刃刀具。车床是一种用来切削木材、金属和塑料的机械。图 11-62 展示了典型的金属加工车床。车削是切除工件上多余的部分，形成圆形截面零件的加工方法。图 11-63 是切削操作的放大图。工件通过卡盘夹紧，随着主轴一起旋转，同时单刃刀具切入工件中，切削出圆形或螺旋形的表面。现代的数控车床可以切削复杂的二维曲面。

图 11-62 金属加工车床。
Courtesy of CustomPartNet, Inc.

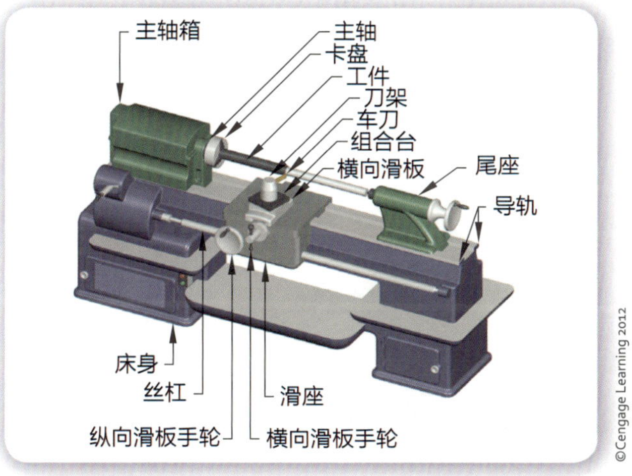

图 11-63 车削。
Courtesy of CustomPartNet, Inc.

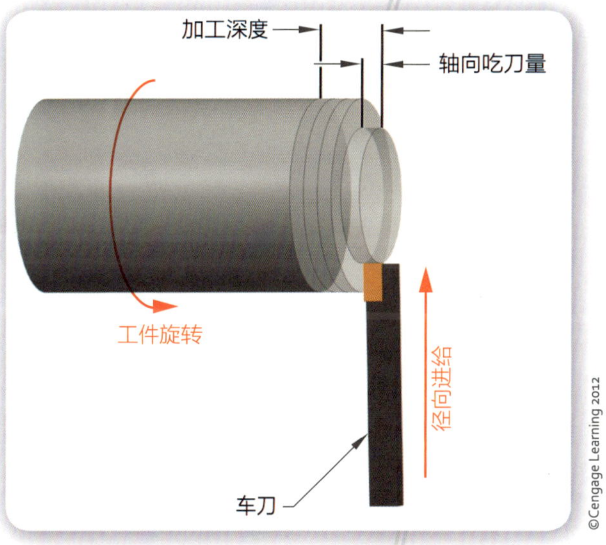

铣削 铣削是一种常见的加工工艺，利用旋转的刀具（铣刀）切除工件上不需要的部分。工件既可以安装在铣床上，也可以安装在夹钳上。铣床可以三维移动（x、y、z），使得工件可以精准定位。数控（CNC）铣床使用特制的电动机驱动每个轴，达到精确切削的效果。图 11-64 是普通垂直铣削的示意图。图 11-65 所示为一次立铣操作，工件被推进，朝向立铣刀运动，形成一条沟槽。铣削可以实现多种操作，例如加工平面、曲面，钻孔和开槽。

图 11-64　垂直铣削。

Courtesy of CustomPartNet, Inc.

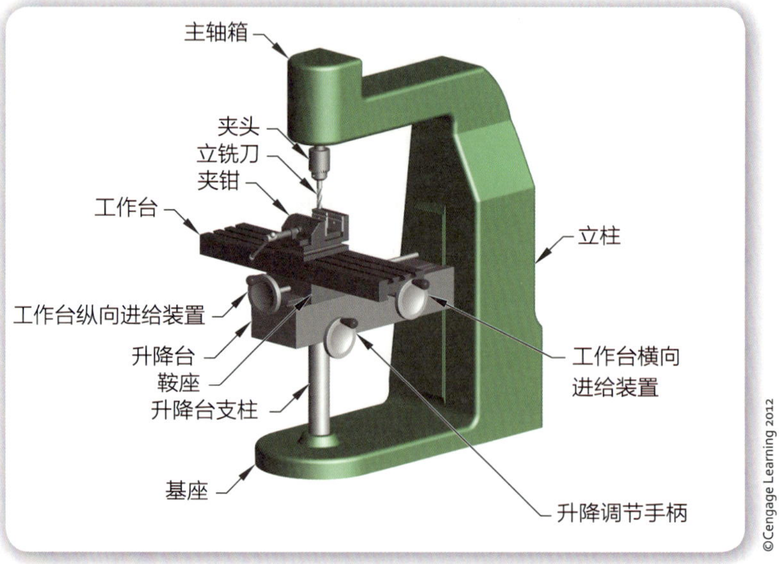

图 11-65　立铣。

Courtesy of CustomPartNet, Inc.

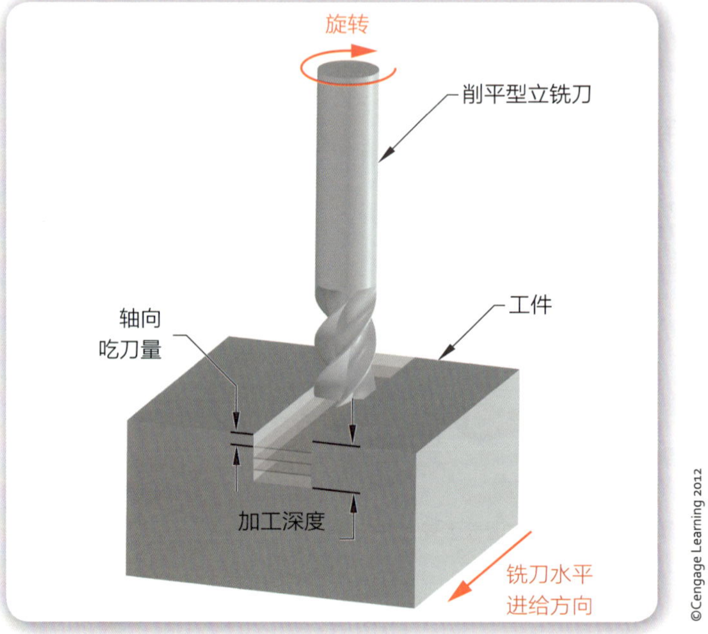

9 产品生命周期

所有的产品都有生命周期，它指的是产品从进入市场到退出市场的时间（如图 11-66 所示）。有些产品的生命周期可以持续几年，有些则可以持续几个世纪。

设计阶段

设计阶段会用到设计的方法，这些内容在第 2 章中已经介绍过。在产品的设计阶段，设计师团队会开启头脑风暴、发挥创意、提出解决问题的各种方案。这个阶段常常会用到绘制草图、团队讨论、整合与改进等技巧（如图 11-67 所示）。

市场调研 产品开发一开始，市场调研也随之开始。在有些情况下，市场调研会推动新产品的设计。在新产品面世之前，企业都想知道消费者是否会买他们的产品。**市场调研**要研究不同人群的消费行为。企业会根据市场调研的结果了解消费者对产品的需求程度，从而对这些产品进行一些改进与提升，以满足消费者的喜好。产品在市场上取得成功的可能性是可以预测的，取决于市场调研的开展情况。市场调研有以下一些要点：

图 11-66 产品生命周期。

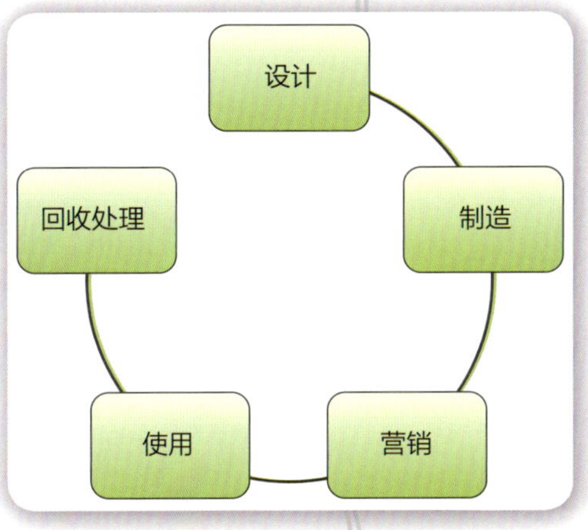

市场调研（market research）：
对不同人群的消费行为进行研究。

1. **盈亏平衡点**是产品的全部销售收入等于产品成本支出时的产量。若盈亏平衡点太高，那就意味着市场太小，生产可能无法回本。这项调查要在产品问世之前完成。

2. **供求关系**是产品在市场上的供应量和消费者的需求量之间的关系。如果供不应求，那么企业就会提高价格、增加盈利；相反如果供大于求，企业就要降价以提高销售量。供求关系可以帮助企业确定产品的产量。

3. **可行性研究**可以告诉企业生产某种产品是否可行。在这一阶段需要明确以下一些问题帮助企业判断：

- 这些产品需要多大的库存空间？
- 是否有生产这些产品的设备？
- 对于生产这些产品所需的劳动力，他们的报酬是多少？

4. 消费者调查是营销中一种常用的方法，可以帮助企业了解消费者想要什么、需要什么、喜欢什么、不喜欢什么。调查的形式可以多种多样，包括访问调查、在线调查、邮件调查、电话调查等。消费者调查可以推动企业开发新的产品或者改进已有的产品。

5. 消费趋势分析站在历史的角度，分析历史上消费者对一类特定产品的消费行为变化。企业基于过去的数据，分析预测消费者未来的消费行为。

6. 竞争力分析可以帮助企业确定产品的合理产量。如果其他企业计划生产大量的同类产品甚至同种产品，那么由于供求关系变化，这家企业就需要相应缩减自己的产量。

7. 营销报告可以告诉生产商目前产品的销售情况，有时它又被称为销售报告。这份报告可以帮助企业了解目前销售势头是否良好、企

图 11-67 设计草图。

业是否盈利等信息。

产品开发 产品开发这一环节既费时间又费金钱，但又是不可或缺的。它的主要步骤如下：

- 完善产品的设计
- 确定产品的材料
- 测试产品的功能
- 测试产品的安全性
- 安排生产

图 11-68 工人在生产线上组装汽车零部件。

Courtesy of AP/Wide World Photos.

工业化阶段

在工业化阶段，制造工程师负责做好生产的准备。图 11-68 展示了由制造工程师设计的汽车生产线。

生产准备 合理的生产准备可以避免生产过程中时间、资金和材料的浪费。企业需要在这一计划阶段就做好一些重要的决策，例如产品的外观、功能等。设计一种方便制造的产品对于控制成本、提高利润而言是至关重要的。

制造工程师专门设计和协调生产的每一个步骤。他们需要对材料的加工工艺了如指掌，包括使用什么工具、如何组装、各个步骤的操作顺序等。他们也需要安排好工厂生产线的布局。企业经常利用生产流程图将生产的全过程可视化。生产流程图用图解的形式表示出每一个生产步骤，使得材料的加工、生产的监控、是否出现工期延误、产品仓储等环节的进展情况一目了然。另外，在制造计划阶段还需要注意以下一些要点：

- 生产机器和工具的要求
- 生产所需材料的供给

- 产品的包装
- 生产线的布局
- 产品质量控制
- 人员需求

生产阶段

在生产开始之前，生产产品的流水线已建立完毕，工人接受了足够的训练，生产所需的原材料均已进入仓库。下一步是试产，用于观察整个生产过程的运转情况。在试产中，可以发现一些问题，在正式生产之前将其解决；同时可以给予工人一个适应生产过程的机会，相当于经历了额外的训练。这一步还可以优化生产的流程以消除延误，将生产时间最小化。

在试产结束、生产过程调整完成后，生产正式开始。生产由质量管理部门全程把控，确保产品及生产的过程均符合企业标准和政府标准。这时可能会涉及零部件的装配。子装配件指的是还需要进一步组装成大一级转配件的零部件的装配组合。手机上的液晶屏幕是一种子装配件。在手机的总装阶段，液晶屏幕等子装配件连同其他零部件被组装在一起，成为成品手机。随后成品会经历质量检测、包装、仓储等步骤，随后会被运输到经销商处，或者直接销售给消费者。

营销阶段

营销，是对产品、创意和服务的研究、定价、促销和配送等工作，从而将其转化为实际的销售。简单来说，这意味着营销可以影响产品的设计、制造及销售的全过程。大多数企业都有营销部，负责制定产品的营销计划。营销计划包括广告方法、产品配送、市场调研和销售报告等。每份营销报告看起来都有一些差别，但它们一般都包含下列元素：

- 简要介绍公司营销计划的行动纲要
- 当前市场的简要介绍（市场情况）
- 关于企业及市场环境好与劣的综述（威胁与机会）
- 营销目标（企业要达到多少的销售目标以及如何采取措施以达到这一目标）
- 分配到每项营销工作的预算
- 营销计划执行的把控方法（效果追踪）

用户阶段

当产品被推荐给消费者的时候，用户阶段就开始了。接下来是产

图 11-69 新产品的销量在最初都不高，随着消费者的深入了解，销量逐渐走高。

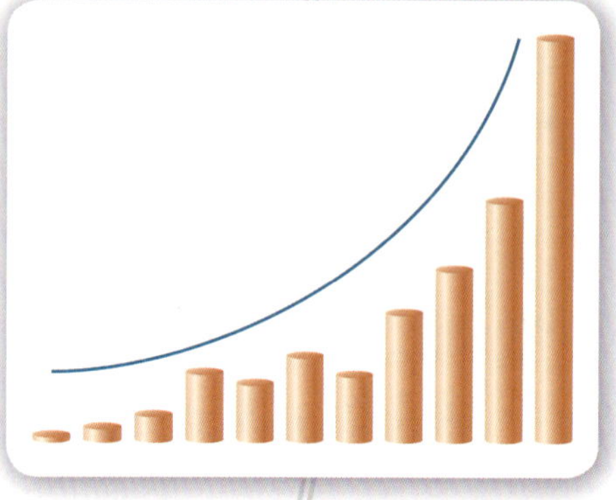

品成长阶段（如图 11-69 所示），在这一阶段，要对产品进行促销。当产品进入市场一段时间后，它就逐渐进入一个成熟期，在这一阶段，销售的水平趋稳。产品销量最终会下滑，走向生命周期的终点。

产品引入期 当新产品刚刚面世时，销量可能会比较低，当消费者了解到它的优点时，销量才会提升。在引入期内，产品的初始目标是建立市场和需求。在此期间，产品价格一般都较高，这是因为生产商需要用较高的售价来回收设计和生产的成本。

产品成长期 当消费者知道了一款产品并且了解了它的优点，该产品的销量就会快速增长，也就是进入成长期。企业在这一阶段的重要工作就是建立消费者的忠诚度。如果这时产品的需求很大，那么企业可以将产品价格定在高位；相反若产品需求不济，企业则应该降价促销。

产品成熟期 这一阶段是产品销售最稳定、盈利最大的阶段。产品销量在此阶段小幅增加。这时由于大多数消费者都了解了这一产品，因而企业在广告方面的支出可以缩减。企业在此阶段的目标应该是延长这款产品的生命周期。一般来说，此时企业可以对产品进行一定的改进、或者添加一些新的属性，让它在激烈的市场竞争中立于不败之地。另外，产品的价格也可以适当降低以适应激烈的市场竞争。

产品衰退期 每款产品都会遵循自然规律，最终出现销量的下滑，走向衰退。衰退的原因大致包括：由于同类产品的竞争而出现的市场饱和、产品在技术上落后被淘汰、消费者的偏好发生改变等。在此阶段，企业应减少这款产品的广告开支和其他开支，用以补偿越来越少的销量。当利润过低时，企业可以选择停产。企业可以采取大减价的策略，以减少存货、鼓励购买。

回收处理阶段

用户阶段的结束并不是产品生命周期的结束，当然，没有一款产品的生命周期可以永续。在回收处理阶段，产品被丢弃或回收。现在，设计师在设计产品时必须思考如何避免使用危险材料，或者如何设计带有危险材料、但这些材料可以被安全处理的产品。例如，像电池这样的产品就不能被随意丢弃，因为电池中的有毒化学成分会对环境造成严重污染。**可持续设计**，也被称为绿色设计或生态设计，指的是在产品设计过程中，考虑产品对于生态环境的影响，并且提出合适的解决方

可持续设计（sustainable design）：
也被称为绿色设计或生态设计，指的是在产品设计过程中，考虑产品对于生态环境的影响，并且提出合适的解决方案。

案。比如说，使用再生材料、在制造过程中利用风能发电等。

现在，很多个人、社会团体和企业都在寻找合适的方法回收处理废弃的产品。越来越多的回收设施已经或正在我们身边出现，它们可以用于废弃产品的回收、再利用、再生产，而不是简简单单地将它们统一送到垃圾填埋场中。你可以在有些塑料制品上看到一个简单的标识，它意味着这些产品都是可回收再利用的（如图 11-70 所示）。今天，很多塑料制品在回收后用于生产新的产品，比如再生塑料板材等。美国的大多数州已经通过了关于减少垃圾填埋场填埋垃圾的法案。主要计划如下：

图 11-70　可回收标志。

©Cengage Learning 2012

1. 废物产生预防。废物产生预防指的是找到一些方法，以有效降低产品的尺寸、减少产品使用材料的数量、使用更多的环境友好型材料。今天，小至普通消费品、大到汽车和飞机，越来越多的新材料得到利用，这些新材料可以显著降低产品的重量。在包装阶段，新的生产工艺可以降低瓶子、罐头的壁厚，从而减少材料的使用。有些塑料制品还应用了生物降解技术。

2. 回收利用。大多数城市已经制定了回收利用废品以减少城市垃圾的计划，在这些计划回收的物品中纸制品占 35%、塑料制品占 27%、玻璃制品占 22%、金属制品占 6%。

3. 复合处理。现在，很多城镇都收集从花园和草坪上剪下来的杂草和掉落的落叶，把它们复合处理，作为肥料或覆盖物再利用。

轮到你了

选择你身边的一件普通产品（可以是一件玩具、一件厨具、一件普通工具等），进行一次逆向工程实践。

1. 假设这件产品已经损坏，你需要将其重新设计使它更加耐用。说说你会如何对其进行逆向工程操作。
2. 根据你假设这件产品的损坏位置，写出它在哪些地方可以得到改进。
3. 拆解你的这件产品。
4. 列出这件产品的零件清单。
5. 利用你在材料和加工工艺方面的知识，确定每个零件是由什么材料做成的、是如何做成的。
6. 利用 CAD 软件的实体建模功能，重新设计每一个有问题的零件。

总 结

本章主要介绍了以下内容：

- 材料加工是将原材料转化为成品的过程。
- 铸造的过程是将熔融材料注入模具中，待材料凝固后，将部件从模具中取出。
- 成型法包含了很多种材料加工生产方法，这些方法可以让材料发生永久变形。金属成型指的是施加一定的压力以改变材料的形状。
- 锻造是一种加工金属的方法。通过控制金属的塑性变形，使之达到所需要的形状。
- 金属挤压是一种用于制造长条形均匀横截面构件的生产工艺。该方法通过挤压金属，使其穿过一个特定形状的模具，从而使金属具有所需的横截面形状。
- 金属冷成型工艺的对象一般是室温下的金属或稍许加温的金属。冷成型技术包括弯法、拉法、挤压法、剪法四种。
- 塑料与金属相似，也可以用各种不同的方法进行成型，包括吹塑法、热成型、挤压成型、注射成型以及金属粉末注射成型。
- 切削加工工艺通过切除材料中多余的部分以加工成品。加工机械包括锯床、铣床、车床和磨床。
- 产品的生命周期指的是产品从进入市场到退出市场的时间。产品的生命周期包含设计阶段、工业化阶段、生产阶段、营销阶段、用户阶段以及回收处理阶段。

课后作业

1. 用你自己的话描述产品制造是什么。
2. 解释一下初加工和二次加工的区别是什么。
3. 列举 10 种原材料。
4. 砂模铸造法可用于制造哪种产品?
5. 列出砂模铸造的步骤。
6. 列举并描述用于铸造工艺的砂子种类。
7. 用你自己的话描述压力铸造法的过程。
8. 哪类零件最适合用注射成型法制造?
9. 用你自己的话解释成型法的过程。
10. 解释热成型和冷成型之间的区别。
11. 解释什么是再结晶。
12. 举一个塑料变形的例子。
13. 用你自己的话描述下面的成型方法:压锻、镦锻、冲锻。
14. 正向挤压法和反向挤压法的区别是什么?
15. 请介绍一下拉法加工工艺。
16. 电线是如何制造的?
17. 热塑性塑料和热固性塑料的区别是什么?
18. 请介绍一下塑料瓶的制造过程。
19. 列出热成型的步骤。
20. 请介绍一下塑料挤压成型工艺。
21. 请列举几种切削加工技术。
22. 什么是可行性研究?
23. 请介绍一下制造工程师的工作任务。
24. 用你自己的话介绍营销阶段会发生哪些事情。
25. 什么是可持续设计。

补充作业

作为一个社团,我们十分清楚公园对于一个城市的重要性。在城市中和城市附近种植食用和非食用的农作物有利于社区的健康发展,因为这能够提供食物补给、保证食品安全、推广运动健身、保持大脑健康以及改善城市环境。但是在很多地区,人们几乎无法找到一块平坦的地面用于种植植物。

因此,你的任务是设计一个可以在围墙外面堆叠起来的垂直花园系统。你会用哪种材料以及哪种制造技术制作这个垂直花园系统?画出该系统的草图,并且在你的设计方案中写下一段简短的技术说明。

第12章 静力学

头脑准备

在学习本章的概念时，请思考下面的问题：

1. 为什么静力学被认为是所有工程领域的基石？
2. 土木工程师都做些什么？
3. 建筑结构可以承受什么样的荷载？
4. 标量与矢量之间有什么不同之处？
5. 一个物体或者一个结构处在静力平衡状态之下意味着什么？
6. 什么是受力图？受力图是用来干什么的？
7. 如何确定梁或者桁架支座处反作用力的大小与方向？
8. 如何确定桁架各部分所传递的力的类型与大小？

引 语

从古埃及的金字塔到古希腊的大竞技场，人类祖先建造的宏伟建筑遍布世界各地。这些古老的建筑结构满足了当时人们居住的需求；如今为满足现代社会的各项需求，建筑结构较从前变得更大、更轻、造价更低廉、强度更高（见图 12-1）。

任何一种新型结构的出现必将带来全新的挑战，这就要求工程师在设计过程中不得不尝试一些全新的方法与事物，也就意味着每一项全新的设计都必将带有一定程度的风险。人类历史长河中充满了各种不同程度的工程事故。有的小到几乎不会引起人们关注，例如因个别零部件设计不当、损坏而导致的汽车损毁；有的则大到造成许多无辜平民的伤亡，例如“哥伦比亚号”航天飞机的坠毁及明尼阿波利斯 I-95 号公路大桥的坍塌。人们将他们的生命财产安全托付给工程师，虽然有些避免失败的经验可以从工程典范中获取，但是不幸的是，大多数教训只能够从失败中总结与汲取。

©Cengage Learning 2012

图 12-1　美国纽约州布罗克波特村公路上的桁架桥。

力学

过去的工程师依靠他们的经验、智慧、创造力以及判断力来完成全新的设计。如今的工程师同时还依据力学公式、电脑软件对全新的设计进行分析、开发。这就使得工程师得以全面预测他所设计的结构在不同荷载下的表现，并根据实际需求调整结构设计。当一个想法最终呈现在图纸上或电脑屏幕上的时候，剩下的工作就是付诸实际，将其建造出来了。

现代的汽车工程师可以通过事先在强大的电脑模拟软件程序中验证他们的设计方案，得到更加安全的汽车设计（如图 12-2 所示）。这种电脑软件可以在真实的汽车制造出来之前，根据力学原理模拟汽车冲撞的情形。

力学包括对 **力** 及其作用效果的研究。力学的两个主要领域分别是静力学与动力学。 **静力学** 研究处于静止状态的对象（如图 12-3 所示）， **动力学** 研究处于运动状态的对象（如图 12-4 所示）。

力（force）：
作用在物体上的推动或者拉动作用，可以引起物体运动、改变物体的运动状态或者造成物体的变形。

图 12-2 电脑模拟汽车前端冲撞。

Courtesy of ESI Group.

图 12-3 帕台农神庙中立柱所受到的力可以由静力学中的静力平衡方程计算得到。

Image copyright Jane Rix, 2010. Used under license from Shutterstock.com.

图 12-4 飞行中的橄榄球的轨迹可以由力学的运动方程预先判断。

©iStockphoto.com/carrollphoto.

静力学

静力平衡状态（static equilibrium）： 作用在物体上的力相互之间保持平衡，使得物体保持静止的状态。

简而言之，静力学帮助我们了解为什么事物可以保持静止。回想一下你上一次开车经过大桥的场景，也许你有过疑问：是谁设计了这座大桥？这座大桥已经建成多少年？然而大多数人在经过大桥时并不关心它的强度有多大。桥梁、房屋以及那些保持静止不动的物体被称作静力结构。当几个力或者力系以平衡的方式作用在物体上时，我们就说该物体处于**静力平衡状态**。

结构的定义

结构（structure）： 由一组可相互连接的构件组成的稳定体系，可以承受一定的荷载。

结构是由一组可相互连接的构件组成的，可以承受荷载的稳定体系。说起结构，我们自然而然会想到桥梁和房屋，然而结构同样可以从自然界中找到。人类的骨架就是一个神奇的结构，它由相互连接的骨头和关节组成，它们协同工作，造就了我们的身体骨架。

土木工程师主要负责规划和设计房屋建筑、桥梁和其他一些结构。他们必须掌握一定的物理和数学知识，从而能够分析和预测他们所设计的结构的性能。

在本章中，你将会学习如何对桁架进行分析。桁架由诸多相互连接的杆件（被称为**构件**）组成。**桁架**通常是由木材或钢材构件搭建而成的三角形的刚性框架。桁架的开放式设计使得它可以既轻巧又坚固，并且可以跨越很长的距离。图 12-5 展示了一组在住宅及商业场所中常见的屋顶桁架。

桁架（truss）：
桁架是由木材或钢材构件搭建而成的三角形刚性框架。

图 12-5　屋顶桁架构成了一个可以支撑屋顶的轻质、坚固的结构体系。

©iStockphoto.com/RonTech2000.

结构构件与荷载

结构的强度与安全性由该结构中最为薄弱的环节决定。工程师在计算整体结构的强度之前首先需要计算每一个构件的强度。结构构件的强度就是该构件在失效损坏前所能承受的最大作用力。在构件内部传递的力称作**构件内力**。一旦构件内力的大小超过了该构件材料的强度，构件就会失效与损坏。

构件内力（internal member force）：
在构件内部传递的力称作构件内力。

结构构件的强度可以通过试验的手段测得，具体内容已经在本书第 10 章中进行了介绍。试验时可以利用特殊的仪器对构件进行拉、压、扭转，直到构件被破坏。这些测试仪器可以为工程师评估和确定结构构件的强度提供有效的数据支持。

结构构件的**横截面**形状是决定构件强度的一个重要指标。我们可以通过观察构件的末端，看出构件的横截面形状。图 12-6 中列举了实际工程中常见的几种横截面形状，每一根构件中深色部分代表了其横截面形状。

图 12-6　结构构件常用截面。

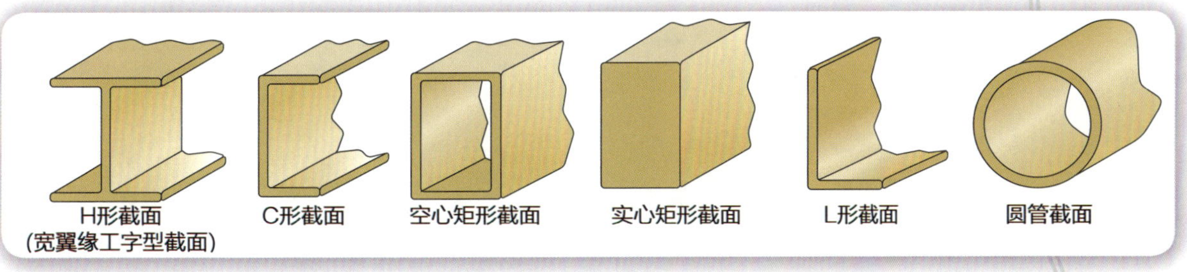

工程师档案

土木工程师主要从事道路、桥梁、房屋建筑、机场、航道、自来水厂、水处理厂等设施的设计和建造工作，他们的分工也各不相同。有些负责道路和桥梁的建造工作；有些则负责一些和环境相关的问题，例如处理有害废弃物和固体垃圾、修复湖泊和河流生态系统等；还有些土木工程师致力于保护人们不受飓风、洪水、地震等毁灭性自然灾害的侵害。土木工程师通常从事以下领域的工作：

▶ 环境工程师致力于环境影响的评估或自然资源的整合利用，空气污染、水污染、噪声污染、辐射污染等是他们日常工作中经常需要处理的问题。针对污染问题，他们提出合理地处置废品垃圾的措施，以保护我们的环境不受人类活动的威胁和破坏。总而言之，环境工程师的工作涉及环境保护系统的设计、实施、管理等方方面面。

▶ 岩土工程师从事土木工程、采矿、石油和天然气开采方面的研究工作，他们搜集地质资料数据并对这些数据进行评价，最终将他们的发现以及由此得出的结论写成勘察报告。

▶ 结构工程师从事设计、监督和实施各类桥梁、民用建筑、工业厂房的建造工作。他们仔细地分析和设计结构，确保结构可以安全地使用，承受自身的重量，承受周围环境带来的一系列动荷载，比如飓风、地震、暴风雪、洪水等。结构工程师设计的代表性结构包括体育馆、竞技场、摩天大楼、近海油田、空间站、游乐场、桥梁、办公楼等。他们根据不同建筑材料的特点建造全新的结构，这些建筑材料包括钢材、混凝土、铝合金、木材、塑料等。很多结构工程师都会在施工现场停留和观察相当长的时间以确保各项工程进展都与预先设计的计划相吻合。

▶ 水利工程师设计、监督和实施各类水坝、水库和导流井工程的建造工作，他们的工作内容主要涉及水资源的质量和总流量控制，致力于避免洪涝灾害的发生、为城镇提供生活与工业用水、为农业提供灌溉用水、处理污水废水、避免海滩污染、疏通和引导河流等。他们的工作中也涉及对水力发电设施、运河、大坝、输水管线系统、泵站、水闸、海港设施的设计、施工及运营。

▶ 交通工程师设计、监督和实施高速公路、地铁与城际列车等城市轨道交通工程的建造工作；他们同时还负责城镇道路、铁路、机场、港口的全部设施设备的设计和监管工作。交通工程师还要负责一项非常重要的工作，那就是通过改善交通控制手段、完善轨道交通系统、引入高速列车，或是建立旅客捷运系统等各种先进手段不断地提升交通运载能力。

▶ 城市规划工程师为整个城市建设提供方案，他们会对可能对土地利用产生影响的因素进行多角度的评估，其中包括物理学角度、统计学角度、经济学角度、环境角度、社会学角度、政府行政角度的评估。城市规划师不仅可以为公共用地进行规划，还可以为私人用地进行规划，他们的目的就是要维持或者改善人类所处的环境。

▶ 建筑工程师利用他们了解的技术和自身的管理技能将工程设计图纸变成现实，同时保证整个工程的工期和开销控制在预定的范围以内。他们运用自己所掌握的施工方法、施工设备、财务、计划和管理的知识，将梦想变为现实。

横截面面积 是构件横截面的表面积。我们很容易就能确定实心矩形截面的横截面面积，但是那些横截面形状非常复杂的构件，其横截面面积的计算就相对复杂得多。

结构荷载的种类

结构荷载可以分为两大类：静荷载和动荷载。**静荷载** 通常是由于重力产生的荷载，包括结构自身的重量和其他静止不动的物体所产生的荷载。**动荷载** 是因运动而产生的荷载，比如你在床上蹦蹦跳跳时会对床产生动荷载。

静荷载(static load)：
静荷载包括结构自重和其他静止不动的物体所产生的荷载。

动荷载(dynamic load)：
动荷载是指在结构外部或者内部运动的物体所产生的荷载。

恒荷载是静荷载的一种，包括了结构自重、楼面的重力以及其他由结构支撑的处于静止状态的物体产生的荷载。活荷载是一种临时性荷载，包括桥面上行驶的汽车、房屋中的家具或人体产生的荷载(如图12-7)。恒荷载与活荷载是土木工程领域中描述静荷载和动荷载的专用术语。结构的效率可以通过比较结构的自重(恒荷载)与结构所能承受的最大荷载而得到。

图 12-7　恒荷载与活荷载。

力

根据 **牛顿第一定律**，任何物体都有保持静止状态或匀速直线运动状态的惯性，直到外力作用迫使它改变原有的状态。在静力学中，我们将重点关注处于静止状态的物体。根据 **牛顿第二定律**，物体受到的力等于物体自身的质量与物体加速度的乘积。根据 **牛顿第三定律**，任何一个作用都同时存在一对作用力与反作用力，并且相互作用的两个物体之间的作用力和反作用力总是大小相等，方向相反，作用在同一条直线上。在静力学中，我们应时刻注意到每一个力都有另一个等大、反向的反作用力与之对应。

力具有以下几种作用效果：(1)使原先静止的物体开始运动；(2)改

变一个已经处于运动状态物体的运动速度；（3）使物体发生变形。在静力学中，我们将忽略物体所发生的变形。同时正如“静力学”这一名称所示，我们将仅仅研究处于静止状态的物体。对结构或构件失效与变形的研究属于材料力学的研究领域，我们已经在本书第 10 章中讨论过了。

矢量与标量

标量（scalar）： 只有数值大小的量。

矢量（vector）： 具有大小、方向和指向的量。

标量 只有数值大小，比如速率、压强、体积、时间、温度等。标量之间可以进行代数相加，它们的和也是标量。

矢量 不仅具有大小，还具有方向及指向。常见的矢量有力、速度、加速度等。一个矢量可以通过一个一端带有箭头的线段表示：矢量的大小由线段的长度表示，比如我们可以规定每 1 英寸长度的线段代表力的大小为 100 磅。大小、方向、指向、作用点这四个参数可以完整地描述一个力的特性（如图 12-8）。

图 12-8　力的特性。

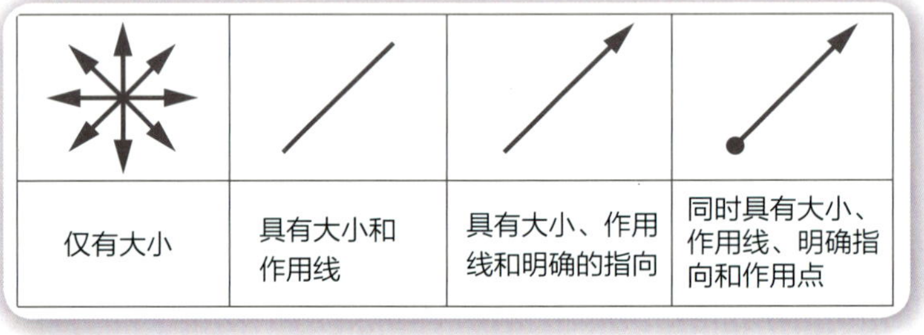

©Cengage Learning 2012

1. 力的大小通常以磅或牛作为单位；
2. 力的方向（作用线）描述了力沿着某一条直线作用；
3. 指向是指力在其作用线上具体指向哪一个方位，力的指向通常用箭头表示出来；
4. 力的作用点指的是力具体作用在物体上的哪一个部位。

图 12-9 是一位棒球手刚刚将球全力击出的画面。为了完整地描述球棒对球的作用力，需要同时明确该力的大小、作用线、指向和作用点。

图 12-9　这位棒球手用他的球棒对球施加了一个作用力。

©iStockphoto.com/RBFried.

力系

力系 是指合在一起考虑的两个或多个力的组合。任何一个力系都可以被归入下面两类之一：共面力系和非共面力系。如果一个力系中所有力的作用线均处在同一个平面内，则该力系为 **共面力系**；如果一个力系中所有力的作用线并非全部处在同一个平面内，则该力系为 **非共面力系**。

共面力系（coplanar force system）： 所有力的作用线均处在同一个平面内的力系。

共点力系（concurrent force system）： 所有力的作用线汇交于同一点的力系。

共面力系和非共面力系可以进一步分为 **共点力系** 和 **非共点力系**。共点力系中全部力的作用线汇交于同一点；非共点力系中力的作用线不都作用于同一点。通过以上几个概念间的组合，我们最终得到四类主要的力系：

1. **共面共点力系**：体系中力的作用线都处在同一个平面内并且汇交于同一点（如图 12-10 左图所示）。拔河比赛中作用在绳子上的力就构成一个典型的共面共点力系。

图 12-10　共面共点力系和共面非共点力系。

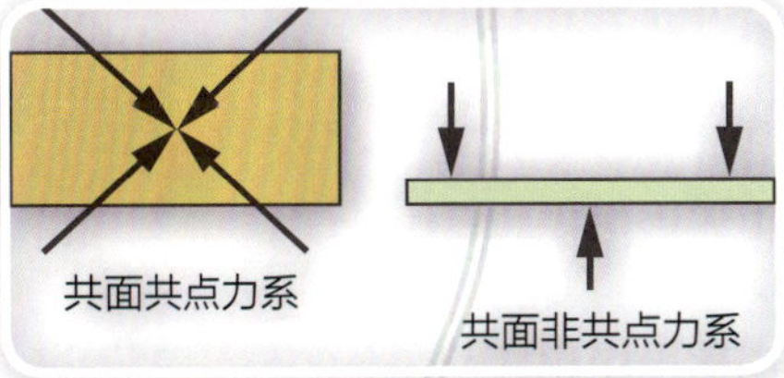

©Cengage Learning 2012

2. **共面非共点力系**：体系中力的作用线都处在同一个平面内，但其作用线并不汇交于同一点。跷跷板是一个典型的共面非共点力系的实例（如图 12-10 右图所示）。

3. **非共面共点力系**：体系中力的作用线并不都处在同一个平面内，但是其作用线却汇交于同一点。圆锥形帐篷的骨架是一个典型的非共面共点力系的实例。

4. **非共面非共点力系**：体系中力的作用线并不都处在同一个平面内，也并不汇交于同一点。牵线木偶是非共面非共点力系的一个例子。

由于大多数结构体系最终可以被简化为共面力系，本章将仅仅针对共面力系展开讨论。

矢量的加法

两个或多个矢量相加后可得到一个合矢量。

如果两个矢量具有相同的作用线和指向，则其合矢量的大小等于原先两个矢量大小之和，合矢量的作用线及指向与原先两个矢量相同。如果两个矢量的作用线和指向正好相反，则需要相减得到其合矢量。总体上来说，由于矢量的作用线是任意的，所以我们需要采用以下三种方法之一进行矢量的相加：（1）平行四边形法则；（2）矢量首尾相连法则；（3）矢量分量代数相加法则。

矢量相加：平行四边形法则　运用平行四边形法则时，首先要把需要进行叠加矢量的起点移至同一点，然后根据以下步骤构造平行四边形：

第一步：先确定作图的比例，然后用刻度尺和量角器把代表力的矢量按照比例画在图中，注意箭头的指向就代表原矢量的实际指向，如图 12-11 所示。

第二步：分别作出平行于原先两个矢量的两条新的线段，两条线段分别从原先两个矢量的尾部开始画起，以形成一个平行四边形，如图 12-12 所示。

第三步：如图 12-13 所示，作出合矢量。通过在图中量取线段的长度和夹角得到合矢量的大小和方向。

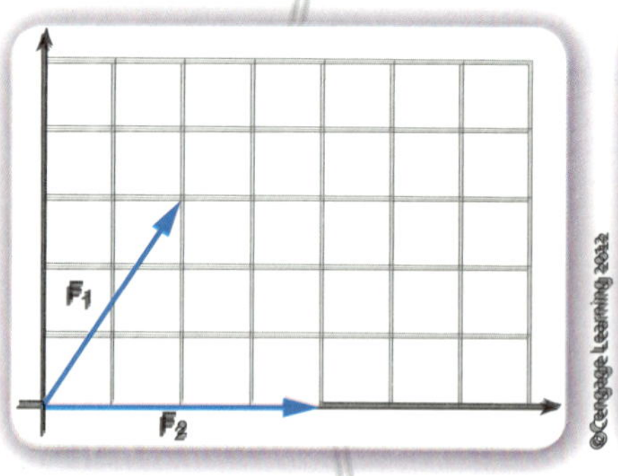

图 12-11 矢量相加：平行四边形法则第一步。

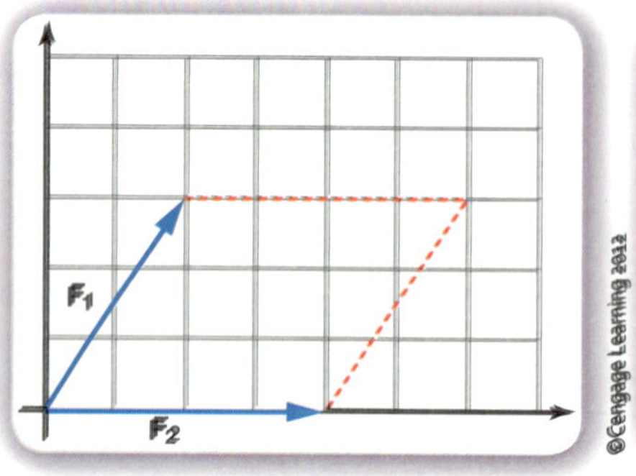

图 12-12 矢量相加：平行四边形法则第二步。

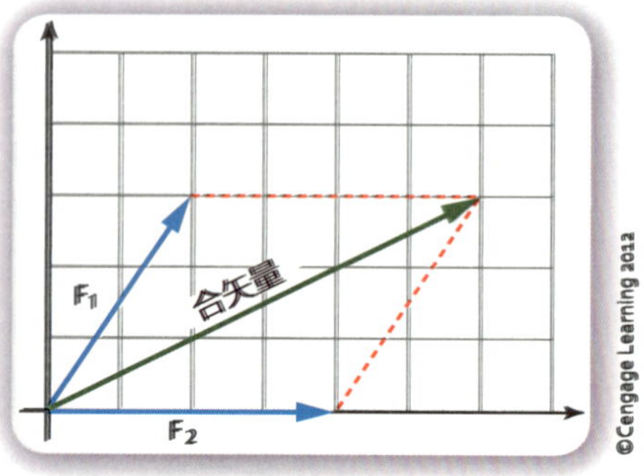

图 12-13 矢量相加：平行四边形法则第三步。

矢量相加：首尾相连法则 通过将代表矢量的带有箭头的线段首尾相连，可以对两个或者多个矢量进行相加，将第一个矢量的起点与最后一个矢量的箭头连线，就得到合矢量。

第一步：先确定作图的比例，然后用刻度尺和量角器把代表力的矢量 F_1 和 F_2 按照比例画在图中（如图 12-14 所示）。

第二步：以矢量 F_2 的箭头为起点作出矢量 F_1（如图 12-15 所示）。

第三步：作出合矢量，通过在图中量取线段的长度和角度得到合矢量的大小和方向（如图 12-16 所示）。

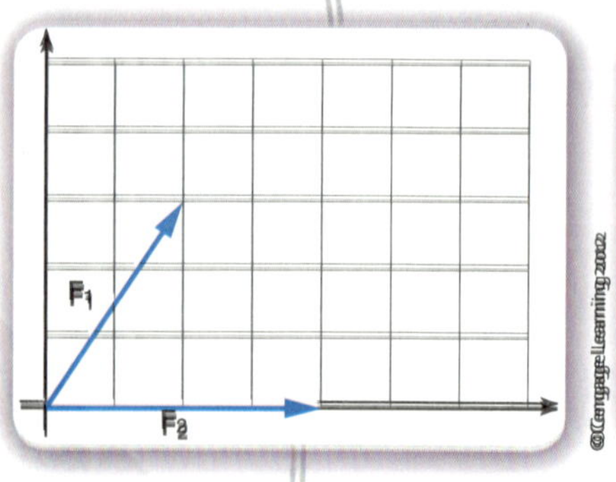

图 12-14 矢量相加：首尾相连法则第一步。

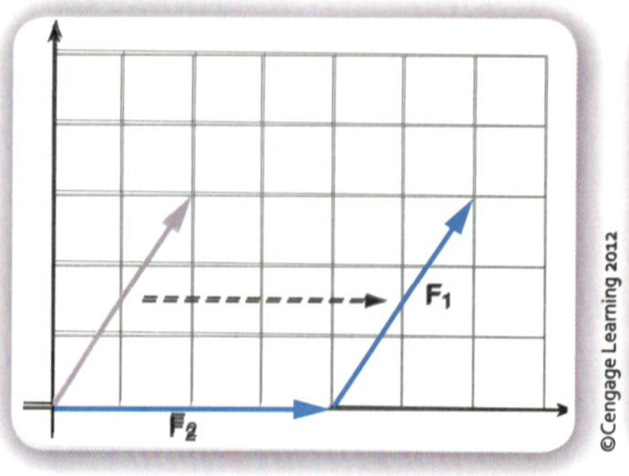

图 12-15 矢量相加：首尾相连法则第二步。

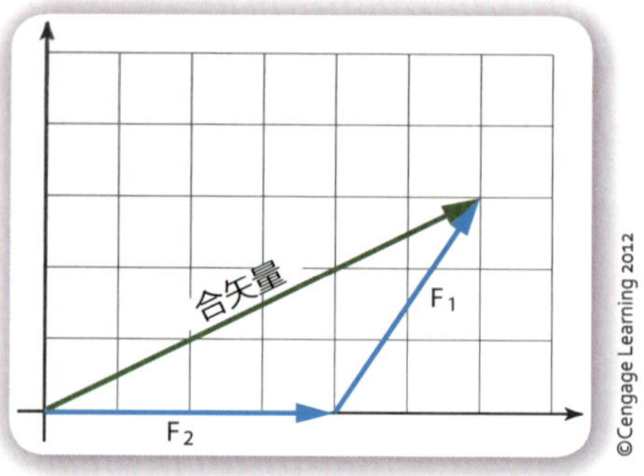

图 12-16 矢量相加：首尾相连法则第三步。

矢量相加：首尾相连法则——对三个或者多个矢量进行相加 通过首尾相连的方法不仅可将两个矢量进行相加，我们还可以通过同样的方法将三个甚至更多个矢量进行相加（如图 12-17 所示）。

第一步：确定作图的比例。

第二步：用量角器和刻度尺将每一个矢量按照比例画在图上。以原点为起点，将第一个矢量以合适的长度和方向画在图上，之后的每一个矢量都以前一个矢量的箭头为起点逐一画在图上（如图 12-18 所示）。改变矢量的先后顺序并不会对最终结果产生影响，但是应注意每一个矢量必须且只能在图中出现一次。

图 12-17 矢量相加：对三个及三个以上的矢量相加的首尾相连法则第一步。

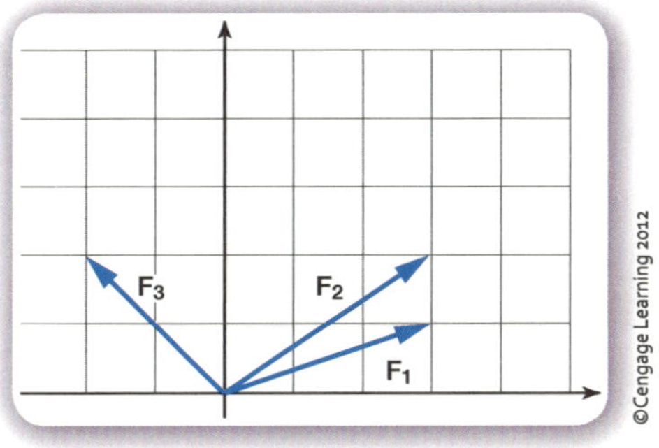

图 12-18 矢量相加：对三个及三个以上矢量相加的首尾相连法则第二步。

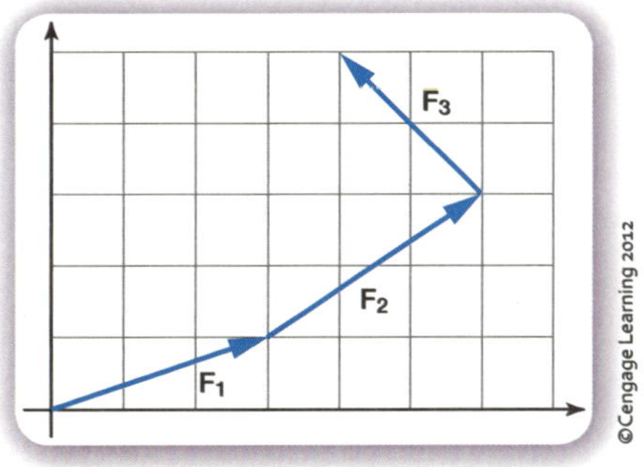

第三步：将原点与最后一个矢量的箭头相连，得到合矢量。在图中量取线段的长度和角度得到合矢量的大小和方向（如图 12-19 所示）。

矢量相加：分量代数相加法 当我们将矢量分解成相互垂直的分量后，矢量运算将变得较为方便。在笛卡儿坐标系中（如图 12-20 所示），用 x、y、z 坐标确定空间中某一点的位置。在本章中，我们将仅讨论用 x、y 坐标轴确定点的位置的情形，因为本章中涉及的结构都处在同一平面。

图 12-19 矢量相加：对三个及三个以上矢量相加的首尾相连法则第三步。

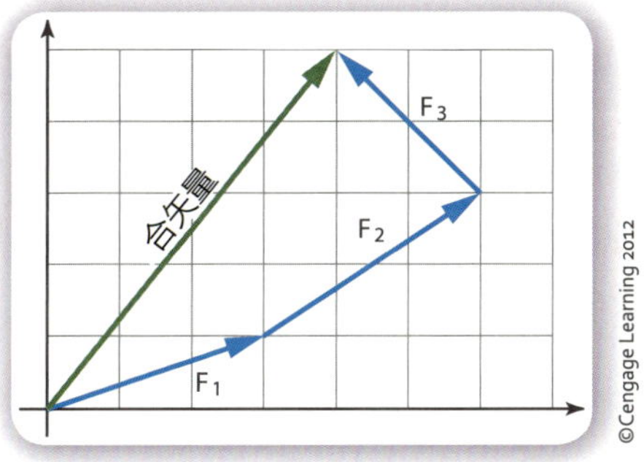

图 12-20 笛卡儿坐标系。

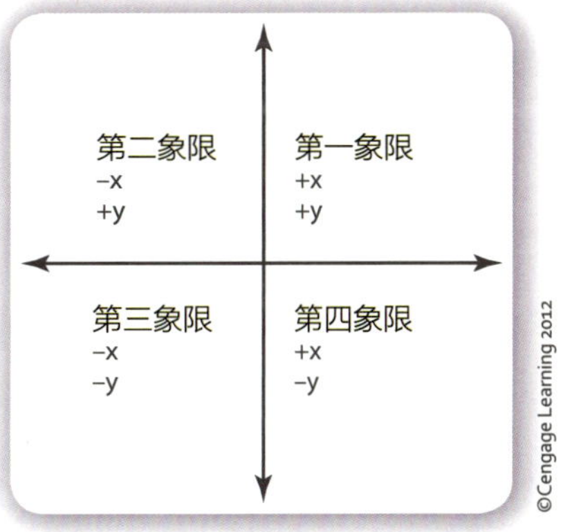

例题12-1

用毕达哥拉斯定理确定图 12-21 所示的合力。

$$
\begin{aligned}
F &= \sqrt{F_1^2 + F_2^2} \\
&= \sqrt{(50\ \text{lb})^2 + (20\ \text{lb})^2} \\
&= \sqrt{2900\ \text{lb}^2} \\
&= 54\ \text{lb}
\end{aligned}
$$

现在我们已经求出了合力的大小，接下来我们要用三角函数计算合力的角度。

$$
\begin{aligned}
\theta &= \arctan\frac{F_2}{F_1} \\
&= \arctan\frac{20\ \text{lb}}{50\ \text{lb}} \\
&= \arctan(0.4) \\
&= 21.8°
\end{aligned}
$$

合力的大小为 54 lb，角 θ 为 21.8°。

图 12-21 计算合力。

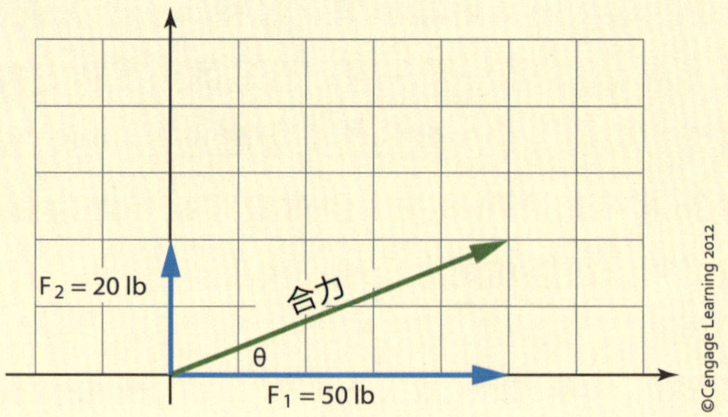

例题12-2

计算图 12-22 中 F_A 在 x 轴方向上的分力。

$$
\begin{aligned}
F_{Ax} &= F_A \cos\theta \\
&= 50\ \text{lb} \times \cos 30° \\
&= 50\ \text{lb} \times 0.866 \\
&= 43.3\ \text{lb}
\end{aligned}
$$

计算图 12-22 中 F_A 在 y 轴方向上的分力。

$$
\begin{aligned}
F_{Ay} &= F_A \sin\theta \\
&= 50\ \text{lb} \times \sin 30° \\
&= 50\ \text{lb} \times 0.500 \\
&= 25\ \text{lb}
\end{aligned}
$$

图 12-22 计算 F_A 在 x、y 轴方向上的分力。

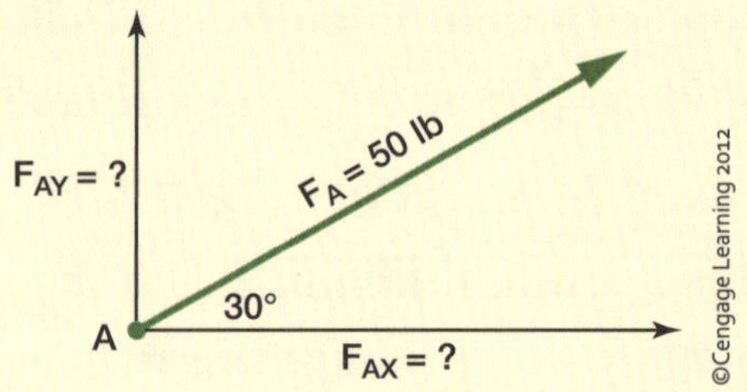

刚体

刚体（rigid body）： 指受到外力作用时不会发生形状改变或者大小变化的物体。

在日常生活中，我们很难想象如果一根橡皮筋不能被拉伸或者一块棉花糖不能被压缩将会是怎样，但是在静力学研究中，我们会进行理想化假设。如果一个物体在受到外力作用时不会发生形状或者大小的变化，则我们称这样的物体为**刚体**。这仅仅是一个理想化的定义，因为在现实当中，任何材料在受到外力作用时或多或少都会发生一定的变形。

力的传递原理

当外力作用在刚体上时，该外力将通过该刚体沿着一条直线继续传递下去，这条直线被称为作用线。作用线是一条与外力共线，并穿过整个受力物体或者结构的假想的直线。力的传递原理仅仅适用于刚体。在图 12-23 中，力 F_p 的作用线贯穿了整个物体，从物体的一端传递至另一端，这一原理也同样适用于对桁架进行受力分析。

图 12-23 作用线。

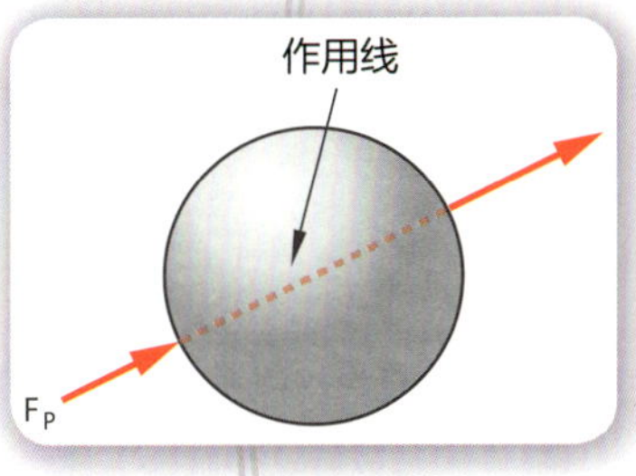

图 12-24 所示的跷跷板也许可以勾起你童年的记忆。如果坐在你对面的家伙比你重，则你就会总被翘起；但如果你和坐在你对面的人一样重的话，你们两人就可以使得跷跷板处在平衡状态，这样你们两人就可以同时离开地面并维持一段时间。

图 12-24 跷跷板是一个可以体现受力平衡与不平衡的典型例子。

Image copyright Jane September, 2010. Used under license from Shutterstock.com.

正如我们前面提到过的，静力学主要研究作用在刚体上并使得刚体处于平衡状态的力。我们由此可以知道，当跷跷板处在平衡且静止不动状态时，整个跷跷板体系就处在受力平衡状态。如果一个物体处于平衡状态，就意味着作用在该物体上的力系不论多么复杂，其合力必然为零。如果你正坐在椅子上读着这本书，那么你和椅子构成的力系也处于平衡状态。

外力和内力

外力是被分析的对象以外的另一些物体所施加的力。比如说，如果你分析的对象是你所坐的椅子所受到的力，那么你对椅子的力就是椅子受到的外力。对象中某个部分对另一部分所施加的力被称为内力。比如说，椅子坐垫对每条腿所施加的力就是椅子系统的内力。

力矩(moment)：
一种使得物体产生扭转或旋转趋势的作用。

力矩

力矩（M）是一种使得物体产生扭转或旋转趋势的作用。在你准备关门时，你可以首先在靠近门的转轴的地方推动门，然后在靠近门把手的位置推动门，你会发现在门把手处推动并关门要容易得多（如图 12-25 所示）。接着你可以在关门时推动门轴，由于你的推力正好作用在门的转轴上（亦即在杠杆的支点上），所以不论你使用多大的力推或是拉，门都不会有丝毫的转动。

图 12-25 手握着门把手时可以轻易将门开启。

©Cengage Learning 2012

当力（F）作用在物体上，并且从转轴到力的距离也就是力臂（D）不为零时，就可以产生相应的力矩。力矩的计算公式是力与力臂的乘积（$M=F\cdot D$）。在英制单位中，力矩的单位通常为英尺·磅（ft · lb）；在国际标准单位中，力矩的单位通常为牛顿·米（N · m）。

5

平衡条件

图 12-26 合外力可以分解为 x 方向和 y 方向上的两个分力之和。

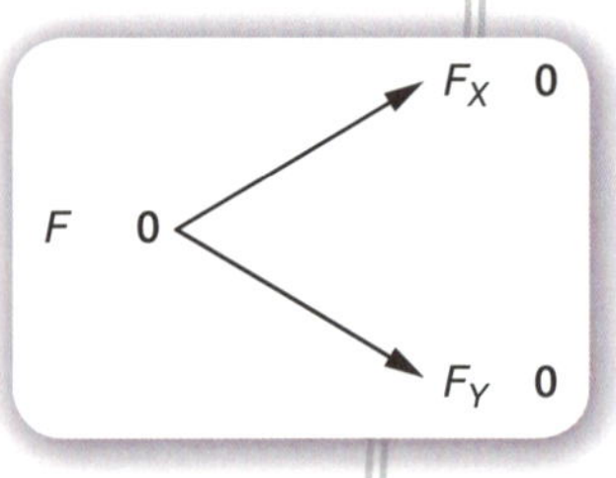

©Cengage Learning 2012

如果一个物体或者结构处于静力平衡状态，则它必须同时满足以下两个条件：

1. 该物体所受到的合外力（或每个方向上的分力之和）为零。在二维情况下，我们必须同时考虑力在坐标轴 x 和 y 方向上的分力，由此我们可以将合力为零（$\sum F=0$）分解为 x 方向的分力代数和为零（$\sum F_x=0$）以及 y 方向的分力代数和为零（$\sum F_y=0$）（如图 12-26 所示）。
2. 该物体上任意一点所受到的合力矩必为零（$\sum M=0$）。

受力图

受力图(free-body diagram)：
受力图展示了一个与四周环境无关的刚体、机构或质点及其受到的所有的力。

画出**受力图**（FBD）是解决平衡问题非常重要的一步。受力图展示了一个与四周环境无关的刚体、机构或质点及其受到的所有力。接下来我们会利用两类受力图分析作用在桁架上的外力和内力：其中一类是质点受力图，另一类是刚体受力图。

质点受力图

画出质点的受力图是非常容易的一件事，因为质点上的全部作用力是汇交于同一点的。图 12-27 中是一幅用细绳和大头钉悬挂起来的相框，该图右侧是 B 点大头钉的受力图。B 点处的反力（F_B），即大头钉的支持力等于相框的重力，F_{BA} 和 F_{BC} 分别表示细绳中因悬挂相框而产生的拉力。

图 12-27　悬挂相框的大头钉的受力图。

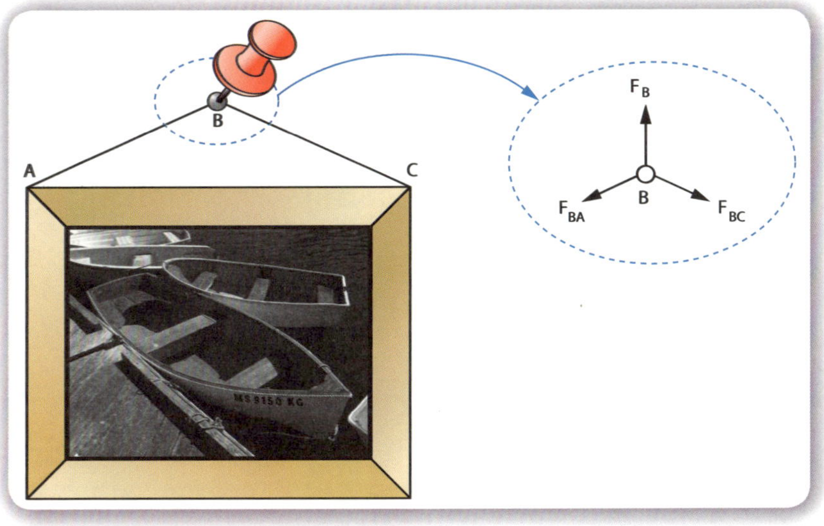

刚体受力图

刚体的受力图通常比质点的受力图复杂些，因为作用在刚体上的力并非全部汇交于同一点。在画刚体受力图时，将已知的外力全部标明在图上是非常重要的。支座反力是一种外力，其作用位置是结构与墙体或地面的接触部位。接触部位的支座反力的大小取决于选用的支座形式。后面将介绍常用的结构连接件及其对应的支座反力。

6

简单支座及支座反力

7

图 12-28 所示是一个 **简支梁** ，它的一端（A）是固定铰支座，另一端（B）是滑动铰支座。这一组支承形式通常被称为 **简单支座** 。

图 12-28　简支梁。

©Cengage Learning 2012

将固定铰支座想象成门轴，它允许门自由地转动，但是不允许门在任何方向上发生平动。你的膝关节也类似于固定铰支座，它只允许腿部弯曲。固定铰支座仅允许结构发生转动，但是不允许结构发生平动。由此在固定铰支座处将产生两个支座反力：一个沿着 x 方向，另一个沿着 y 方向。在静力研究中，我们假定在固定铰支座处是没有摩擦力存在的。固定铰支座处的受力图包含了沿着水平方向和竖直方向的支座反力（如图 12-29 所示）。

仅仅一个固定铰支座并不能使得整个结构保持稳定，在此基础上需要另外一个支座以避免结构发生转动。滑动铰支座可以沿着滑动面移动和转动（如图 12-30 所示），其滑动面可以是水平面、竖直面或是任意角度的斜面。滑动铰支座通常被安装在简支结构的一端以减小结构中由于热胀冷缩引起的有害作用力。滑动铰支座也可以用橡胶轴承制作，从而允许结构发生微小的侧向移动。滑动铰支座的受力图只包含了一个与滑动面垂直的支座反力。

图 12-29 固定铰支座。

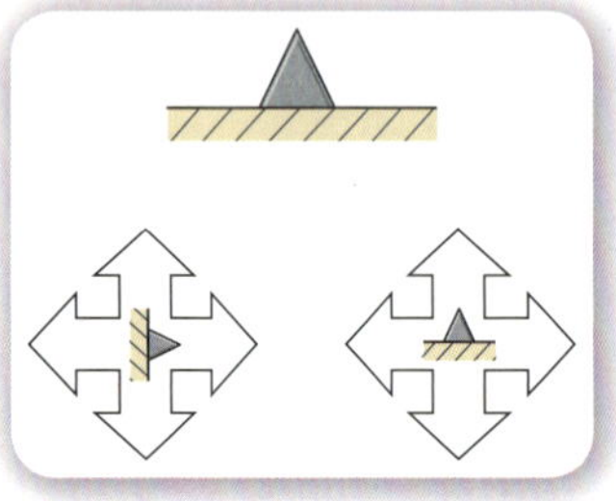

©Cengage Learning 2012

图 12-30 滑动铰支座。

©Cengage Learning 2012

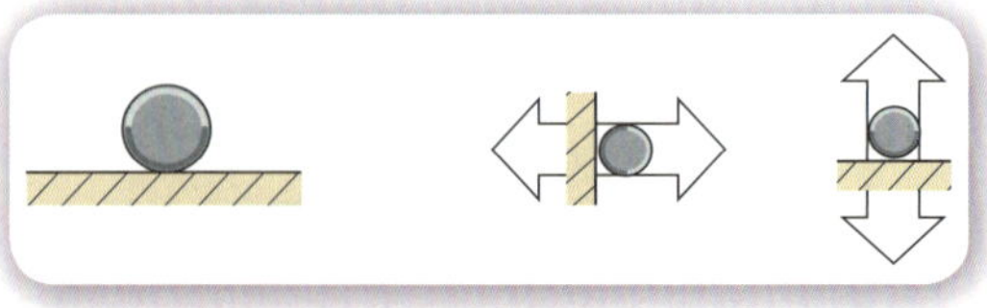

悬臂（cantilever）：一端固定在墙或柱上，另一端悬伸出来，不受任何支承的结构构件。

图 12-31 是一个一端固定的**悬臂**梁。悬臂是一类构件，一端被牢牢固定，另外一端不受支承与约束。在固定端，被支承物体嵌入支承面。

图 12-31 悬臂梁。

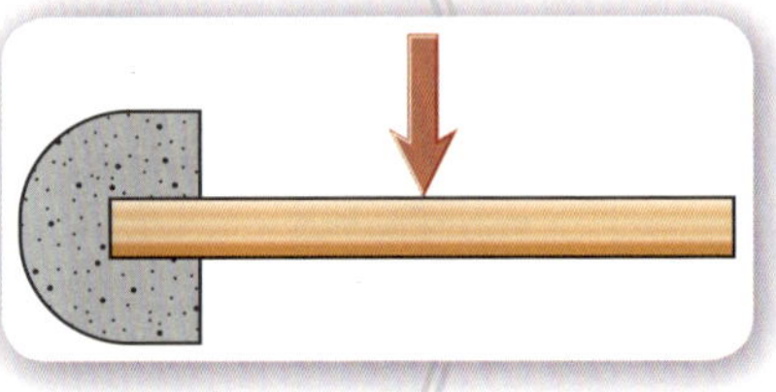

©Cengage Learning 2012

简单的梁

如果想要求出一根梁所受到的支座反力，那么第一步就是要画出包含全部外力的受力图（如图 12-32 所示）。接下来就可以通过平衡方程求解梁受到的支座反力。

图 12-32 （a）具有两个支座的简支梁；（b）具有两个支座的外伸梁，但其一端无支承；（c）一端固定的悬臂梁。

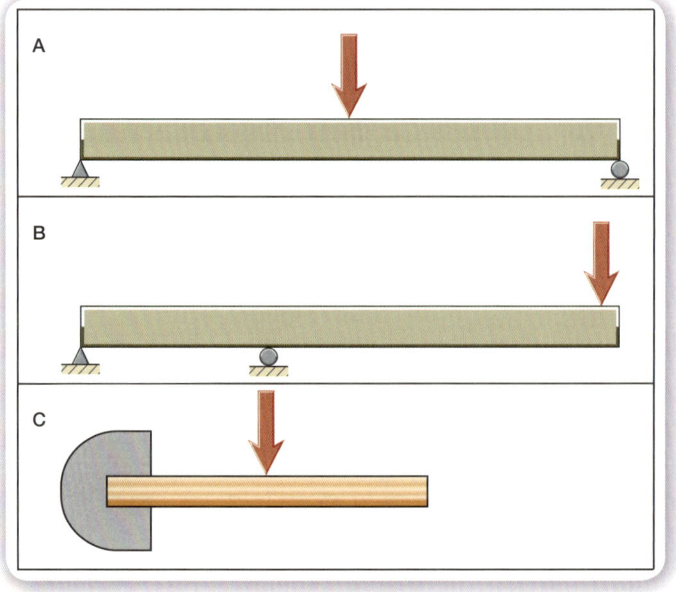

©Cengage Learning 2012

例题12-3

画出图 12-33 中简支梁的受力图，并计算其支座反力。

图 12-33　梁的几何尺寸。

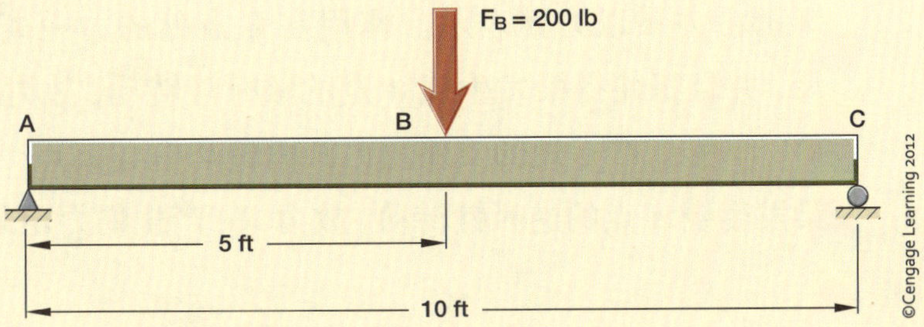

图 12-34 所示是一根简支梁，它的左端由一个固定铰支座支承，右端由一个滑动铰支座支承。*B* 点处的作用力（F_B）是一个集中力，该集中力作用在分析对象上的一个固定位置处。这根梁的支座反力可以通过静力平衡方程求解得到。

图 12-34　梁的受力图。

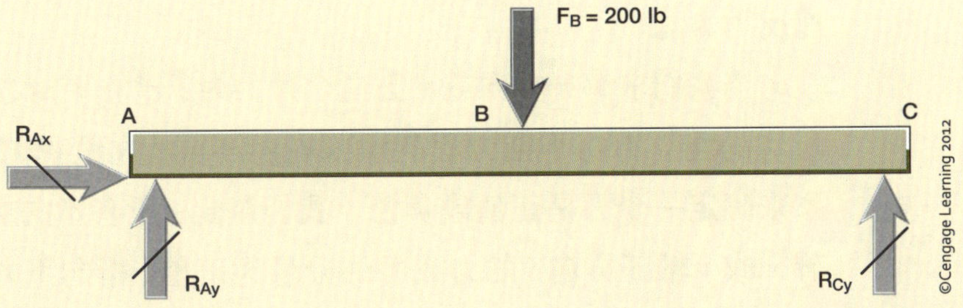

第一步：画出受力图。首先画出该分析对象的受力简图，支座反力用带有短斜线的箭头表示在图中。由于 *A* 点处是一个固定铰支座，故该点处有两个支座反力；由于 *C* 点处是一个滑动铰支座，故该点处有一个支座反力。

第二步：计算支座反力。通过静力平衡方程求解支座处每一个支座反力的大小和方向。

我们首先从某一点的合力矩入手列出平衡方程（$\sum M = 0$）。在本例中，我们可以利用铰节点 *A* 的合力矩为零（$\sum M_A = 0$）。虽然从理论上讲，我们可以对空间中的任一点求合力矩，但是为了一致性起见，本书中总是对固定铰支座求合力矩。由于所有通过该点的作用力到该点的力臂长度为零，所以我们计算合力矩时可以不考虑通过该点的力。

在列出实际的方程之前，你可以把自己的手指放在 *A* 点上，然后想象一下梁绕着 *A* 点发生转动的情形。当梁绕着 *A* 点沿顺时针方向转动时，我们将其定义为转动的负方向；当梁绕着 A 点沿逆时针方向转动时，我们将其定义为转动的正方向。

所有可以使得梁绕 A 点转动的力都要列入平衡方程中。请记住，力的方向与力臂方向垂直时会产生力矩。因此，平衡方程中每一项力矩都由力乘以力臂表示。作用在 B 点处的力距离转动中心 A 点 5 英尺，并且将使得梁发生绕 A 点的顺时针转动，故力 F_B 产生的力矩是负值；作用在 C 点处的支座反力距离转动中心 A 点 10 英尺，并且将使得梁发生绕 A 点的逆时针转动，故力 R_{Cy} 产生的力矩是正值。

$$\sum M_A = 0$$
$$-(F_B \cdot 5\ \text{ft}) + (R_{Cy} \cdot 10\ \text{ft}) = 0$$
$$-(200\ \text{lb} \cdot 5\ \text{ft}) + (R_{Cy} \cdot 10\ \text{ft}) = 0$$
$$R_{Cy} = 100\ \text{lb}$$

接下来，我们可以根据沿 y 方向的合外力为零（$\sum F_y = 0$）计算出支座反力 R_{Ay}。

当我们求解 x 方向或 y 方向合外力时，建立平衡方程的法则与前面所讲的建立力矩平衡方程的法则有所不同，这里我们使用笛卡儿坐标系来确定一个力是正值或负值。我们规定：所有指向上方或是右方（沿着 x 或 y 轴正方向）的力或力的分量为正值，指向下方或是左方（沿着 x 或 y 轴负方向）的力或力的分量为负值。A 点处的支座反力和 C 点处的支座反力沿着 y 轴正方向（+），B 点处的外力沿着 y 轴负方向（−）。请注意，在平衡方程中只要把同一方向上全部的力都考虑到位即可，力的排列顺序并不会影响到最终的计算结果：

$$\sum F_y = 0$$
$$R_{Ay} + (-F_B) + R_{Cy} = 0$$
$$R_{Ay} + (-200\ \text{lb}) + 100\ \text{lb} = 0$$
$$R_{Ay} = 100\ \text{lb}$$

在此例中，作用在梁上的全部外力均沿竖直方向，因此不会产生水平方向的支座反力。沿水平方向的合力可以表示为$\sum F_x = 0$。由于 A 处的固定铰支座是唯一可以产生沿水平方向反力的支座，故有 $R_{Ax} = 0$：

$$\sum F_x = 0$$
$$R_{Ax} = 0$$

例题12-4

图 12-35 所示是一个简支梁，但这一次作用在梁上的力不再位于梁的中央。

图 12-35　梁的几何尺寸。

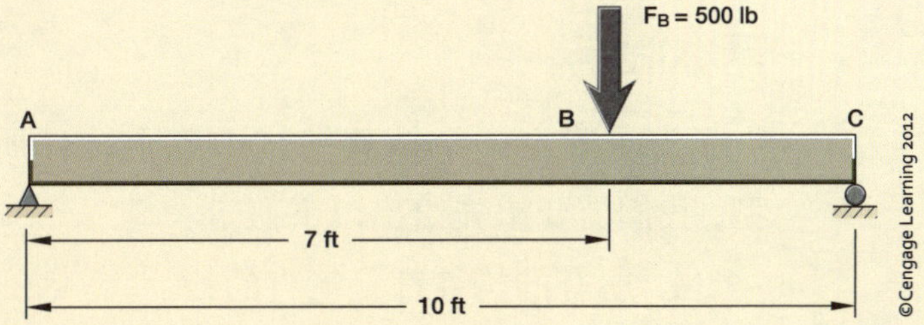

1. 如图 12-36 所示，画出简支梁的受力图，并计算其支座反力。

图 12-36　梁的受力图。

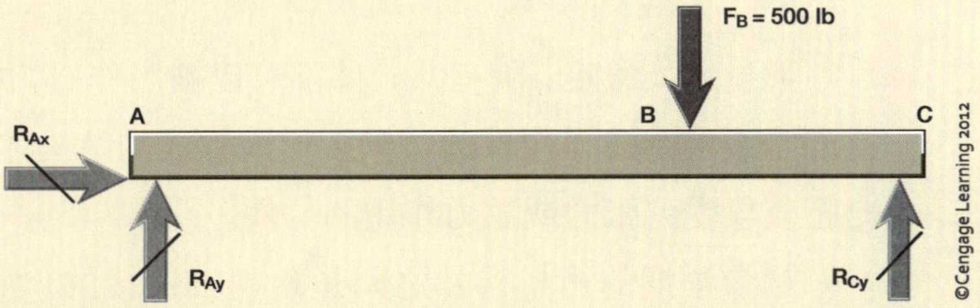

2. 求解 A 点的合力矩：

$$\sum M_A = 0$$
$$(-F_B \times 7\ \text{ft}) + (R_{Cy} \times 10\ \text{ft}) = 0$$
$$-(500\ \text{lb} \times 7\ \text{ft}) + (R_{Cy} \times 10\ \text{ft}) = 0$$
$$R_{Cy} = 350\ \text{lb}$$

3. 求解 y 方向上的合力：

$$\sum F_y = 0$$
$$R_{Ay} + (-F_B) + R_{Cy} = 0$$
$$R_{Ay} + (-500\ \text{lb}) + 350\ \text{lb} = 0$$
$$R_{Ay} = 150\ \text{lb}$$

4. 求解 x 方向上的合力：

$$\sum F_x = 0$$
$$R_{Ax} = 0$$

桁架结构分析

8

桁架是一种将所受荷载通过一系列排列成三角形的构件传递给支座的结构体系，从图 12-37 中你会得知如果构件之间没有构成三角形将会产生什么样的后果。结构工程师负责确定制作桁架所需的材料种类

图 12-37 通过增加一个斜杆可以大大增强结构的稳定性。

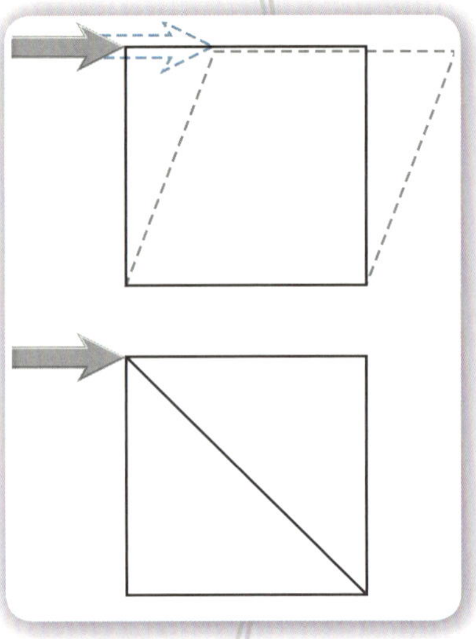

©Cengage Learning 2012

及桁架体系中结构构件的尺寸。这些都取决于桁架构件所承受的负载的大小和种类。因此，结构工程师首先需要分析和确定桁架构件在实际荷载作用下所承受的力的大小和种类。我们将这一过程称为桁架分析。

基本假定

为了确定一个桁架结构中各个构件所承受的力的大小和类型，我们需要事先给出以下假定：

1. 所有的构件都是笔直的；
2. 所有构件之间都是理想铰接，并且相互之间没有摩擦；
3. 忽略每一个构件和整体桁架结构的自重；
4. 所有的荷载都作用在桁架结构的节点上；
5. 桁架结构中不会产生任何力矩。

通过以上假定，所有的构件都可以被当作二力构件，而整个桁架将是一个由多个二力构件通过铰接形式构成的结构体系。所谓二力构件，是指仅仅受到张力或压力作用的构件。

尽管早期的桁架构件之间是用销轴连接的（如图 12-38 所示），但是这一做法很快就被抛弃了，因为单一的销轴难以承受构件之间在相互传递力时产生的剪力。目前针对这一问题的解决方法是用多个螺栓、铆钉或者其他形式的紧固件将各个构件连接起来（如图 12-39 所示）。

图 12-39 中所示的节点板连接与图 12-38 所示的销连接之间有什么不同呢？节点板连接不允许构件发生转动，因此由节点板连接的构件不仅可以承受沿构件轴线方向的力，还可以承受不沿构件轴线方向的力。

图 12-38 销连接。

Wes Kinsler, 2206, http://okbridges.wkinsler.com

图 12-39 节点板。

Image copyright Michael Coddington, 2010. Used under license from Shutterstock.com.

静定性判定

对桁架结构进行受力分析的第一步是画出整个桁架的受力图，桁架所受到的全部外力和支座反力都要表示在这个图中。通过这个受力图，我们可以确定求解桁架结构支座反力所需要建立的平衡方程。

例如，图 12-40 的桁架受到一个固定铰支座、一个滑动铰支座的支承，同时还受到两个外力的作用。桁架结构静定性的公式是 $2J=M+R$。

$$2J=M+R$$

式中，J 为桁架结构中节点的数目

M 为桁架结构中构件的数目

R 为桁架结构所受支座反力的数目

下面是对图 12-40 中桁架进行静定性检查的实例：

$$2J=M+R$$
$$2\times 6=9+3$$
$$12=12$$

在这个例子中，最终等式两边的数值相等，由此我们就可以判定该桁架是静定的。下面的例子中的桁架是一个超静定的结构，该桁架中未知量的个数超过了平衡方程的个数。

图 12-40　静定桁架。

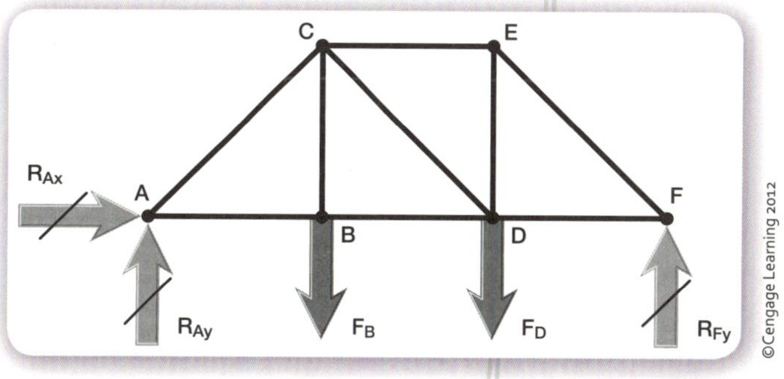

例题12-5

图 12-41 中的桁架在前一个例题的基础上增加了一根新的构件。在这个例子中，尽管该桁架还是仅受到一个固定铰支座和一个滑动铰支座的支撑，但是该桁架却是超静定的，因为该桁架结构中的构件数量太多了。本书中所讲的桁架分析方法不适用于这一类超静定桁架的分析。

静定性检查：

$$2J=M+R$$
$$2\times 6=10+3$$
$$12=13$$

图 12-41　超静定桁架。

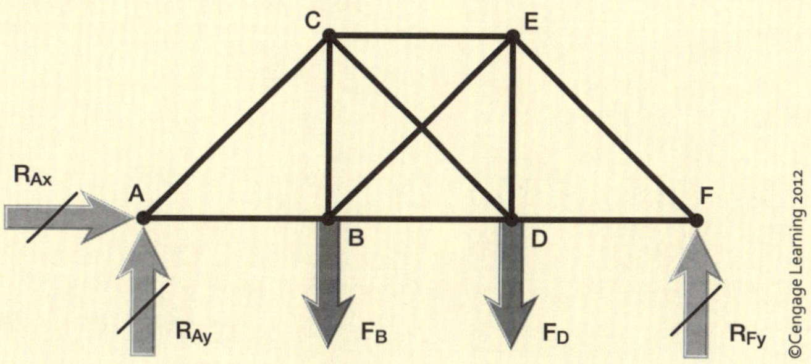

本章约定

为了保持本章中描述内容的前后一致性，特别作出以下约定：

1. 本章中所有的夹角都是构件与水平面之间的夹角，因此我们总是可以通过 $F\sin\theta$ 表示沿 y 轴方向的分力、通过 $F\cos\theta$ 表示沿 x 轴方向的分力。

2. 在画受力图时，总是假定构件的内力都是张力。

例题12-6

首先，我们可以通过画出整个桁架结构的受力图，得出桁架在简支座处所受到的支座反力；紧接着，我们就可以对该桁架中的每一根构件画出受力图，并由此得出每一根构件中的内力。

在画整个桁架结构的受力图时，可以将其当做一个实心体对待，暂时不需要考虑其构件中的内力。如图 12-43 所示，固定铰支座处有两个支座反力，滑动铰支座处有一个支座反力。

图 12-42　图中所示的简单桁架受到一个固定铰支座和一个滑动铰支座的支承，并同时受到一个外力 F_k 的作用。

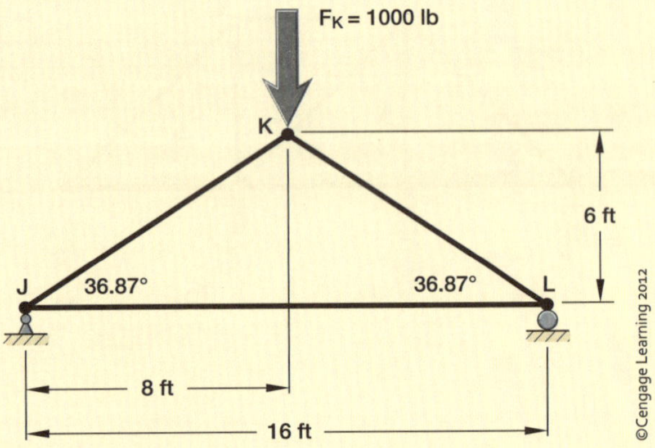

图 12-43　受力图。

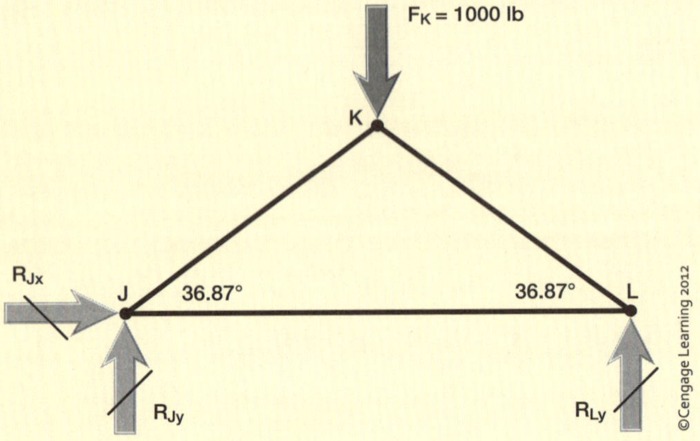

第一步：检查桁架的静定性。该桁架中有 3 个节点、3 根杆件，以及 3 个支座反力。

$$2J=M+R$$
$$2\times3=3+3$$
$$6=6$$

很好！这个桁架是静定的，所以我们进行下一步——求解支座反力。

第二步：求解 R_{Ly}。对于初学者来说，选择合适的平衡方程可能是有些困难的。我们可以从下面三个平衡方程中进行选择：

$$\sum M=0\text{（合力矩为零）}$$
$$\sum F_x=0\text{（沿 } x \text{ 方向的合外力为零）}$$
$$\sum F_y=0\text{（沿 } y \text{ 方向的合外力为零）}$$

为了前后的一致性，当我们在求解未知的支座反力时，我们总是从对于固定铰支座点的力矩为零开始（$\sum M=0$）。在这个例子中，固定铰支座在 J 点处，故我们建立的平衡方程是

$$\sum M_J=0 \text{（}J\text{ 点的合力矩为零）}$$

在建立平衡方程时，所有使结构产生绕 J 点转动趋势的力都要列入其中。在简支梁的受力分析中，我们规定顺时针方向的力矩为负值，逆时针方向的力矩为正值。请记住，力矩由对应的力沿着与力臂方向垂直作用时产生（$M=F\cdot D$）。因此，平衡方程中每一项力矩都由力乘以其作用线到转动中心 J 的垂直距离表示。本例中桁架的几何尺寸见图 12-42。

$$\begin{gathered}\sum M_J=0\\-(F_K\times 8\text{ ft})+(R_{Ly}\times 16\text{ ft})=0\\-(1000\text{ lb}\times 8\text{ ft})+(R_{Ly}\times 16\text{ ft})=0\\R_{Ly}=500\text{ lb}\end{gathered}$$

我们最终得到 L 点处竖向支座反力为 500 lb，如果得到的结果为负值，则说明我们在画受力图时在 L 点假定的支座反力方向与实际情况相反。当然，如果我们得到的支座反力数值为负，我们可以在受力图中将表示该反力的箭头方向调转，这样我们就可以得到数值为正的支座反力。

第三步：求解 R_{Jy}。接下来的一步是求解点 J 处的竖向支座反力。所有作用在 y 轴方向上或是在 y 轴方向上有分量的外力与支座反力都要包含在同一个平衡方程中，并且以笛卡儿坐标系为参照确定每一个外力的数值正负。在这个例子中，所有的竖直方向支座反力都指向上方，而 K 点处作用的外力（F_K）指向下，故规定 F_K 代入方程的数值为负。将 F_K 实际数值大小代入方程之后，我们只需求解一个未知量（F_{Jy}）。

$$\begin{gathered}\sum F_y=0\\R_{Jy}+(-F_K)+R_{Ly}=0\\R_{Jy}-1000\text{ lb}+500\text{ lb}=0\\R_{Jy}=500\text{ lb}\end{gathered}$$

我们最终得到 J 点处竖直方向上的支座反力为 500 磅，且数值为正，也就说明我们在画受力图时对 J 点处竖直方向上的支座反力方向的假定是正确的。

第四步：求解 R_{Jx}。现在我们该求解最后一个支座反力了，也就是 J 点处水平方向上的支座反力 R_{Jx}。所有作用在 x 轴方向上的外力或是在 x 轴方向上有分量的外力与支座反力都要包含在下列平衡方程中。凑巧的是，在这个简单的例题中，所有的外力都是作用在 y 轴方向的。由于我们将桁架看作一个刚体并且不会发生变形，故 J 点处水平方向上的支座反力为零。

$$\sum F_x = 0$$
$$R_{Jx} = 0$$

第五步：计算各构件的内力。现在我们已经计算出了桁架所受到的全部支座反力，在此基础上就可以开始计算桁架内部各构件的受力情况了。构件的内力是因桁架受到外力的作用，并且该外力在桁架结构内部传递而产生的。工程师正是根据内力的大小确定桁架构件的材料与尺寸。

第六步：为每一个桁架节点画一个受力图。在求解构件内力之前，我们需要为每一个桁架节点画出受力图，但这一次我们需要将构件的内力也表示在图中。你可以从图 12-44 中看到，所有表示构件内力的箭头都指向背离节点的方向，这就意味着所有构件都处在受拉的状态。为了前后描述的一致性，我们总是在求解内力之初假定所有的构件都处在受拉状态。虽然这一假定与实际情况不可能完全相符，但是这一假定却使得我们在通过平衡方程求解力矢量时可以采用完全相同的方法。在本章中，如果得到的力是负值，也就意味着该构件实际处于受压状态；而如果得到的力为正值，则表示我们先前对该构件处于受拉状态的假设是正确的。

图 12-44 该受力图表示出作用在桁架上的全部外力和作用在桁架内部的力。

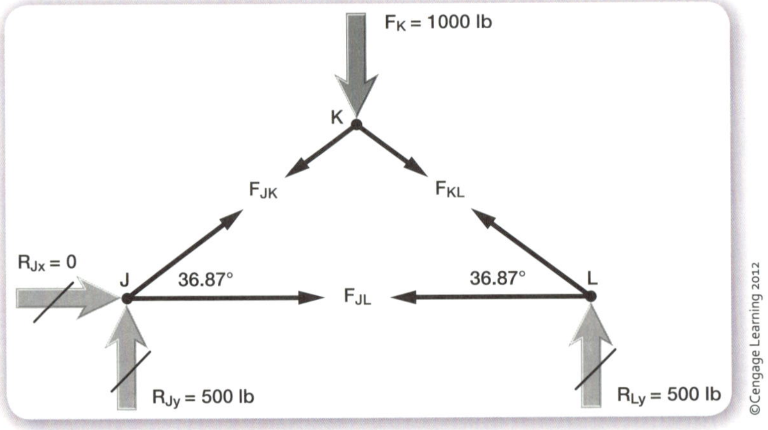

第七步：决定从哪里入手。你还记得我们先前假定每一根构件只承受拉力或者压力，而未承受扭力（或弯力），因此我们对每一个节点只建立两个平衡方程。我们可以选择沿 x 方向作用的合外力为零（$\sum F_x = 0$）或是沿 y 方向作用的合外力为零（$\sum F_y = 0$）。

下面的表格中显示了为每个节点建立这两个平衡方程时包含的未知量个数。由于我们每次求解的未知量个数不能多于一个，故我们需要从 J 节点或 L 节点 y 方向的平衡方程入手。

节点编号	平衡方程	未知量个数
J	$\sum F_x=0$	2
J	$\sum F_y=0$	1
K	$\sum F_x=0$	2
K	$\sum F_y=0$	2
L	$\sum F_x=0$	2
L	$\sum F_y=0$	1

第八步：求解构件内力。为了保持每次求解步骤的一致性，我们总是从桁架结构受固定铰支座约束的点开始求解，故我们先画 J 节点的受力图。注意要确保在图中画出支座反力、力 F_{JK} 的角度以及所有构件内力和支座反力的编号。

平衡方程$\sum F_{Jy}=0$ 的含义是：作用在 J 节点处的所有力在 y 轴方向上的合外力为零。由于 J 节点本身处于平衡状态，故作用在该点处的全部力是相互平衡的。对 y 方向上的力求和意味着将 J 点上所有沿 y 方向的力或是在 y 方向上的分力相加。通过对 y 方向上的力求和，我们就可以计算出构件 JK 的内力。构件 JK 与水平面之间的夹角为 36.87°，所以我们需要计算出该构件的内力在 y 方向上的分力，这可以通过将构件 JK 的内力与 36.87° 的正弦值相乘得到。沿 y 轴方向作用在 J 节点处的支座反力 R_{Jy} 是 J 节点处除了构件内力外唯一一个作用在 y 轴方向上力。

图 12-45　J 节点受力图。

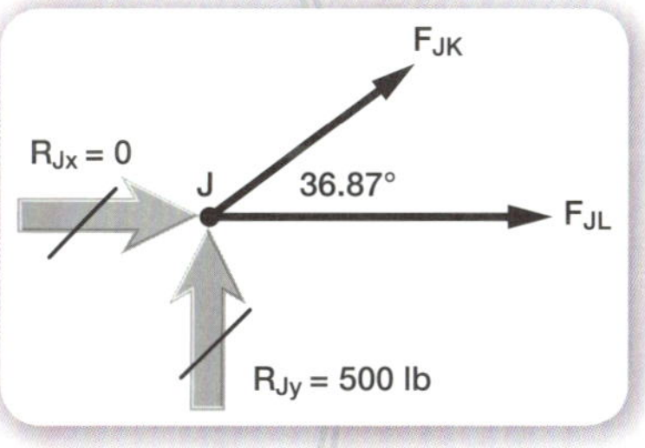

平衡方程 $F_{Jk}(\sin 36.87°)+R_{Jy}=0$ 是通过图 12-45 中所示的受力图建立的。由于力 F_{Jk} 沿 y 方向上的分力与支座反力 R_{Jy} 都是指向上方，故二者均为正。如果你对某一个力到底应当取正或取负并不确定，那么你可以通过笛卡儿坐标系进行判别。

$$\sum F_{Jy}=0$$
$$R_{Ly}+F_{JKy}=0$$
$$500\ \text{lb}+F_{JK}\sin(36.87°)=0$$
$$F_{JK}=-833.33\ \text{lb}\ （受压）$$

通过计算最终得到构件 JK 中的内力为 −833.33 lb，得到的结果为负说明我们最初对该构件内力为拉力的假设是错误的，实际上构件 JK 处于受压状态。暂且不必调整受力图中构件 JK 内力的方向，我们只需心中明确大小为 −833 lb 的内力表示该构件实际上处于受压状态即可。

我们在 J 节点处还有第一个未知的力需要求解，即 F_{JL}。由于构件

JL 是沿着 x 轴方向的，我们可以通过平衡方程 $\sum F_{Jx}=0$ 解得 F_{JL}。

$$\sum F_{Jx}=0$$
$$R_{Jx}+F_{JKx}+F_{JL}=0$$
$$0-833.33\ \text{lb}\times\cos(36.87°)+F_{JL}=0$$
$$F_{JL}=666.67\ \text{lb}$$

经过计算得到的构件 JL 的内力为 666.67 lb，且为正值，说明我们对该构件处于受拉状态的假定是正确的（如图 12-46 所示）。现在我们可以进一步对其他节点进行求解。

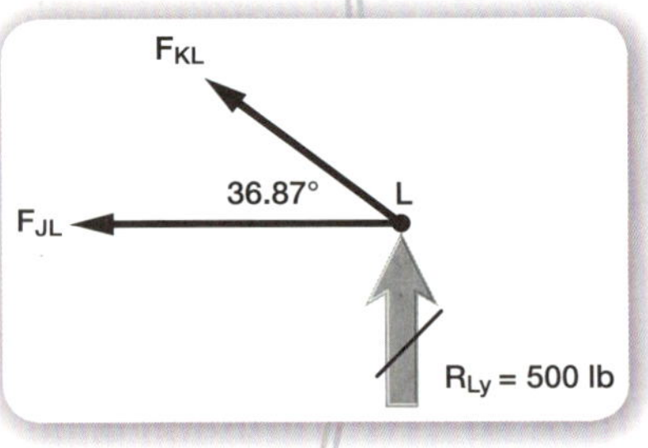

图 12-46　L 节点受力图。

接下来我们将要求解构件 KL 的内力（F_{KL}）。在这个例子中，我们通过对 K 节点或者 L 节点建立平衡方程都可以得到 F_{KL}，因为现在平衡方程中仅剩下一个未知量。我们选择对 L 节点建立沿 y 轴方向的平衡方程（$\sum F_{Ly}=0$）进行求解。

$$\sum F_{Ly}=0$$
$$R_{Ly}+F_{KLy}=0$$
$$500\ \text{lb}+F_{KL}\sin(36.87°)=0$$
$$F_{KL}=-833.33\ \text{lb}\ （受压）$$

构件 KL 的内力为 −833.33 lb，注意到该负值意味着我们就构件 KL 处于受拉的假定是错误的，该构件实际处于受压状态。

第九步： 重新在受力图中画出全部的力（如图 12-47 所示）。

图 12-47　桁架问题解答完毕，画出完整受力图。

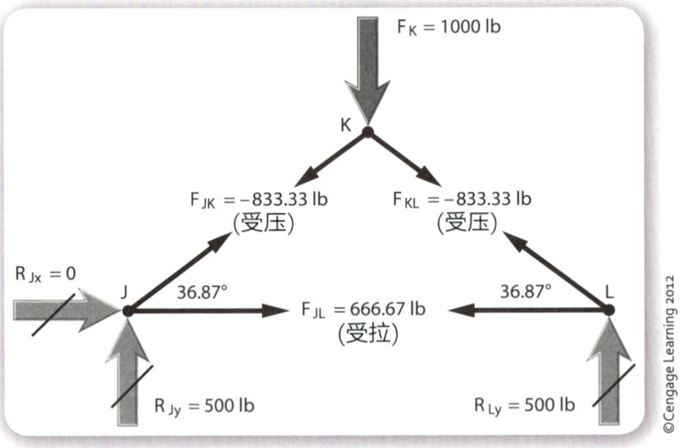

轮到你了

在纸上画出一个与例题类似的简单桁架，改变桁架所受外力的大小及桁架构件的长度，请对桁架受到的支座反力及各个构件中的内力进行求解。

趣味阅读

求解桁架问题的九个步骤：

1. 检查静定性。以本章介绍的方法对一个未知量个数超过平衡方程个数的问题进行求解是毫无意义的。超静定的桁架并非不稳定，只是它具有过多的未知量，以现有的三个平衡方程无法对其进行求解。

2. 画出整体桁架的受力图。对所有的节点进行编号，并用支座反力代替支座的符号（固定铰支座或滚动铰支座）。

3. 对固定铰支座所在点计算合力矩，得到其中一个支座反力。

4. 利用 x 方向和 y 方向上的受力平衡方程求得剩余的未知支座反力。

5. 对桁架节点绘制受力图，在图上将全部构件内力以拉力的形式表示出来。这一步可以用铅笔按照第二步中的桁架受力图很轻松地表示出来：将每一根构件的中间部分用橡皮擦掉一小段，然后将指向背离节点方向的箭头标在图中即可。

6. 从只包含一个未知量的节点入手进行分析。

7. 用 x 方向和 y 方向上的平衡方程（$\sum F_x=0$ 或 $\sum F_y=0$）求解出构件中全部未知内力。

8. 对其他节点重复上一个步骤，求解出剩下全部构件中的内力。

9. 将你的计算结果列成表格，或是重新绘制一个桁架受力图，并在图中将全部构件内力和支座反力重新表示出来。

例题12-7（如图12-48所示）

1. 静定性检查：

$2J=M+R$

$2\times4=5+3$

$8=8$

2. 画出包含支座反力在内的桁架整体受力图。

3. 通过对 A 点取力矩平衡求解 R_{Dy}。

$\sum M_A=0$

$-(F_C\times 12\text{ ft})+(R_{Dy}\times 17\text{ ft})=0$

$-(2400\text{ lb}\times 12\text{ ft})+(R_{Dy}\times 17\text{ ft})=0$

$R_{Dy}=1694\text{ lb}$

4. 通过对 y 方向上的力求和求解 R_{Ay}。

$\sum F_y=0$

$R_{Ay}+(-F_C)+R_{Dy}=0$

$R_{Ay}+(-2400\text{ lb})+1694\text{ lb}=0$

$R_{Ay}=706\text{ lb}$

（接下页）

例题12-7（接上页）

5. 通过对 x 方向上的力求和求解 R_{Ax}。

$\sum F_x = 0$

$R_{Ax} = 0$

6. 对桁架节点绘制受力图，在图上将构件的内力表示出来（如图 12-49 所示）。

图 12-48　例题 12-7 的分析对象。

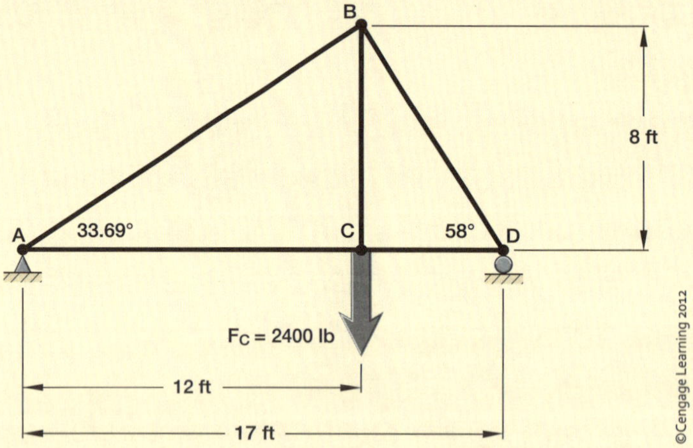

图 12-49　表示构件内力的受力图。

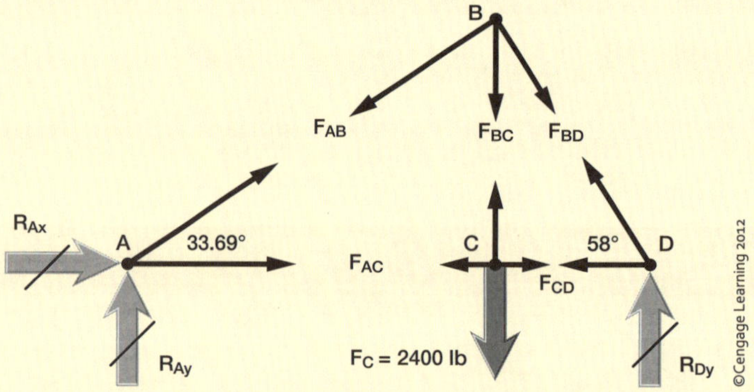

7. 从 A 节点入手求解构件 AB、AC 中的内力。

$\sum F_{Ay} = 0$

$R_{Ay} + F_{ABy} = 0$

$706\ \text{lb} + F_{AB}(\sin 33.69°) = 0$

$F_{AB} = -1273\ \text{lb}$（受压）

$\sum F_{Ax} = 0$

$R_{Ax} + F_{AC} + F_{ABx} = 0$

$0\ \text{lb} + F_{AC} + (-1273\ \text{lb} \times \cos 33.69°) = 0$

$F_{AC} = 1059\ \text{lb}$（受拉）

（接下页）

例题12-7（接上页）

8. 从 D 节点入手求解构件 BD、CD 中的内力。

$$\sum F_{Dy}=0$$
$$R_{Dy}+F_{BDy}=0$$
$$1694\ \mathrm{lb}+F_{BD}(\sin 58°)=0$$
$$F_{BD}=-1998\ \mathrm{lb}\text{（受压）}$$

$$\sum F_{Dx}=0$$
$$-F_{CD}+(-F_{BDx})=0$$
$$-F_{CD}+1998\ \mathrm{lb}\times\cos 58°=0$$
$$F_{CD}=1059\ \mathrm{lb}\text{（受拉）}$$

9. 从 C 节点入手求解构件 BC 中的内力。

$$\sum F_{Cy}=0$$
$$F_{C}+F_{BC}=0$$
$$-2400\ \mathrm{lb}+F_{BC}=0$$
$$F_{BC}=2400\ \mathrm{lb}\text{（受拉）}$$

总结

- 力学囊括了对力及其效应的研究，力学的两个主要领域分别是静力学与动力学。静力学研究处于静止状态的对象，动力学研究处于运动状态的对象。
- 结构是由一组可相互连接的构件组成的稳定体系，可以承受荷载的作用。
- 桁架是一种将构件按照三角形结构组合的刚性整体，通常由钢材或木材制成。
- 土木工程师负责设计和建造道路、桥梁、民用建筑、机场、水渠、供水和污水处理设施。
- 结构内部某个构件受到其他构件的推力或拉力被称作构件内力。
- 静荷载通常是由于重力产生的荷载，包括结构自身的重力和其他静止不变的荷载；动荷载是由运动而产生的荷载。
- 标量只有数值大小而没有方向，而矢量不仅具有数值大小，还具有方向及明确的指向。
- 力系是指同时被考虑的两个或多个力的组合。
- 如果一个物体在受到外力作用时不会发生形状的改变或者大小的变化，则我们称这样的物体为刚体。
- 力矩是一种使得物体产生扭转或旋转趋势的作用。
- 受力图（FBD）是一个将刚体、机构或质点从环境中分隔出来，并将其受到的力全部标明出来的受力简图。
- 悬臂构件是指一端固定、另外一端不受任何支承的构件。

课后作业

提示：利用图 12-50 求出下列各题中的合矢量。

1. $F_1 = 50$ N；$F_2 = 20$ N
2. $F_1 = 1000$ lb；$F_2 = 1000$ lb
3. $F_1 = 800$ N；$F_2 = 300$ N
4. $F_1 = 1200$ lb；$F_2 = 1500$ lb
5. $F_1 = 3$ t；$F_2 = 4$ t

提示：求解图 12-51 中所示的 A 点处作用力（F_A）在 x 方向和 y 方向的分量。

6. $F_A = 400$ lb；$\theta = 20°$

课后作业

7. $F_A = 1200$ N；$\theta = 60°$

8. $F_A = 150$ lb；$\theta = 80°$

9. $F_A = 2800$ N；$\theta = 33°$

10. $F_A = 9000$ lb；$\theta = 15°$

提示：利用本章中列出的分析步骤求解以下几个问题。

11. 一架梯子斜靠在离地面 14 ft 高的墙面上，梯子与地面间的夹角为 80°，请计算：
 （a）梯子的长度；
 （b）梯子底部到墙角的距离；
 （c）梯子与墙壁之间的夹角。

12. 利用图 12-52：
 （a）画出整根梁的受力图；
 （b）计算出 A、B 两点处的支座反力。

13. 利用图 12-53：
 （a）画出整根梁的受力图；
 （b）求出 1kip（1kip=1000 lb）力在 x、y 方向上的分力；
 （c）计算出 A、B 两点处的支座反力。

14. 一辆卡车处于大桥的中点处：
 （a）画出整体桁架的受力图；
 （b）计算支座反力；
 （c）计算出全部构件的内力。

图 12-50 利用这幅图求解题目 1—5。

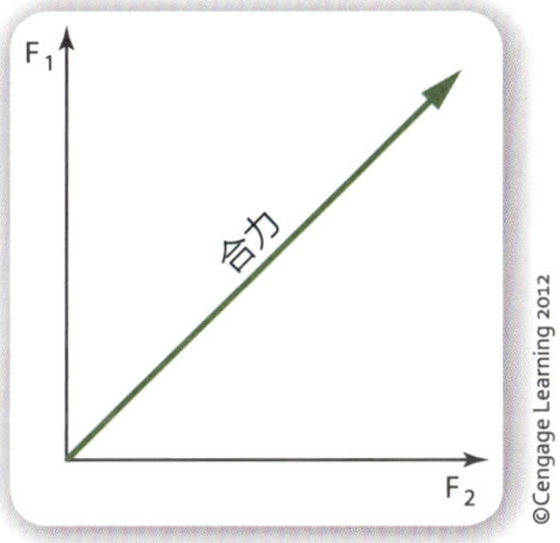

图 12-51 利用这幅图求解题目 6—10。

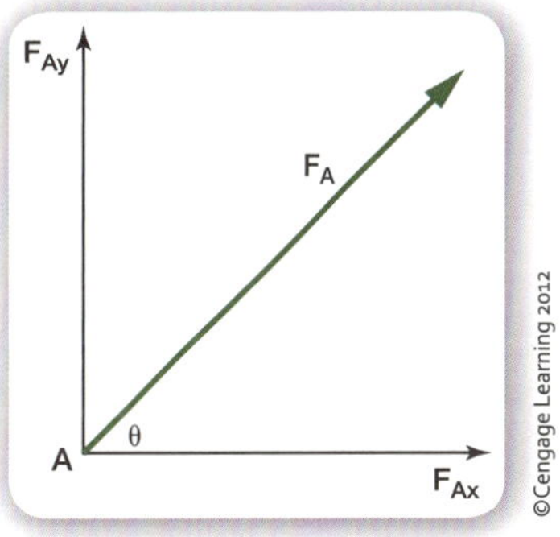

图 12-52

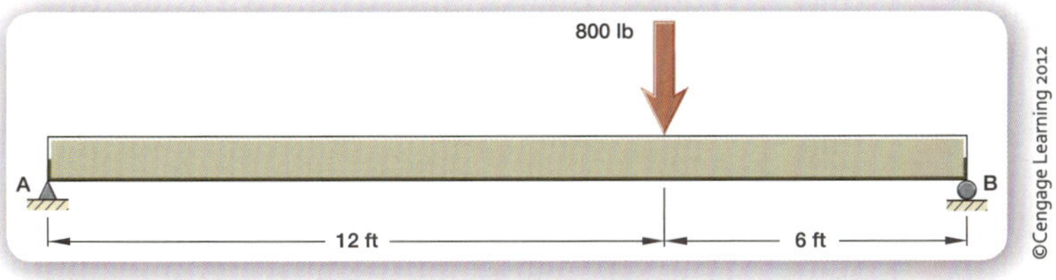

图 12-53

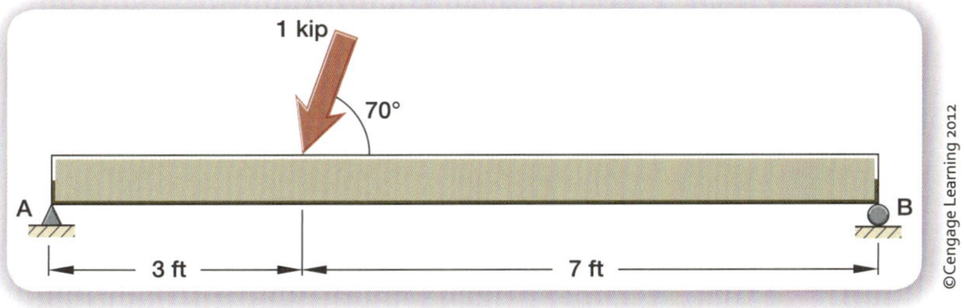

第13章
运动学与运动轨迹

GPS DELUXE

Menu | START LOCATION | DISTANCE | END LOCATION

头脑准备

在学习本章的概念时，请思考下面的问题：

1. 什么是力学？
2. 动理学与运动学之间有什么不同之处？
3. 基本的运动学术语有哪些？
4. 矢量与标量之间有什么不同之处？
5. 为什么水平抛出的物体的运动轨迹为一条抛物线？
6. 运动学在我们的日常生活中有哪些应用？

≫ 引 语

大多数大学阶段的工程类专业的学生都需要学习**力学**课程。力学是一门关于运动、力以及力作用在物体上产生的效应的科学。力学浓缩了历史上诸如牛顿、伽利略等伟大物理学家、数学家的发现，被广泛地应用于工程学中，与实物的设计、功能、运动等方方面面相关。

力学（mechanics）： 力学是一门关于运动、力以及力作用在物体上产生的效应的科学。

我们很难想象如今的专业高尔夫球手都需要学习力学课程；事实上，任何想成为专业级运动员的高尔夫球手都需要学习如何精确、连贯地控制高尔夫球的飞行（如图 13-1 所示），而力学的学习能够极大地帮助高尔夫球手掌握这一技巧。

图 13-1　高尔夫球手可以运用运动学原理控制球的飞行。

Image copyright photogolfer, 2010.
Used under license from Shutterstock.com.

运动学（kinematics）： 运动学是力学的一个分支，是在不考虑物体受力的情况下对物体运动状态的研究。

特别地，高尔夫球手必须熟练地掌握力学领域的一大分支，即**运动学**。运动学是在不考虑物体受力的情况下对物体运动状态的研究。

高尔夫球手根据击球距离的远近选择不同形状的球杆，在这一过程中就需要用到运动学的知识。每一种球杆都具有特定的角度，击打时可以使高尔夫球产生不同的飞行轨迹（如表 13-1 所示）。

发球杆可以击打出最远的距离，该球杆具有一个陡峭的击球斜面、该面与竖直面的夹角仅为 7°，几乎是竖直的；与之相反，高抛挖起杆的击球面最平缓，其中的某些击球面与竖直面的夹角达到 63°（如图 13-2 所示）。劈起杆主要用于短距离内击球。

从运动学角度描述，高尔夫球手挥杆的速度为高尔夫球的飞行提供了初速度。经过数年的练习，高尔夫球手可以准确地保持每次出球速度相同，由此他们就可以根据球杆击球的角度精确地估计出

表 13-1　高尔夫球杆型号及其对应的杆面倾角列表。

表 13-1　标准高尔夫球杆杆面倾角表

球杆	杆面倾角范围
发球杆（1 号木杆）	7° ~13°
2 号木杆	12° ~15°
3 号木杆	12° ~17°
4 号木杆	15° ~19°
5 号木杆	20° ~23°
6 号木杆	22° ~25°
7 号木杆	25° ~28°
1 号铁杆	15° ~18°
2 号铁杆	18° ~20°
3 号铁杆	21° ~24°
4 号铁杆	25° ~28°
5 号铁杆	28° ~32°
6 号铁杆	32° ~36°
7 号铁杆	36° ~40°
8 号铁杆	40° ~44°
9 号铁杆	45° ~48°
劈起杆	47° ~53°
中继挖起杆	50° ~54°
沙坑杆	54° ~58°
高抛挖起杆	58° ~62°

©Cengage Learning 2012

图 13-2 球杆击球角度与高尔夫球飞行距离的关系。

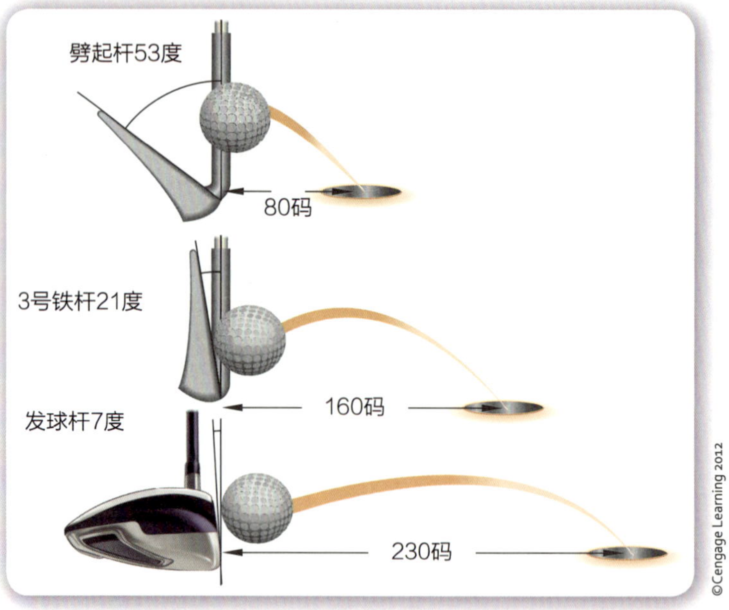

图 13-3 力学分支。

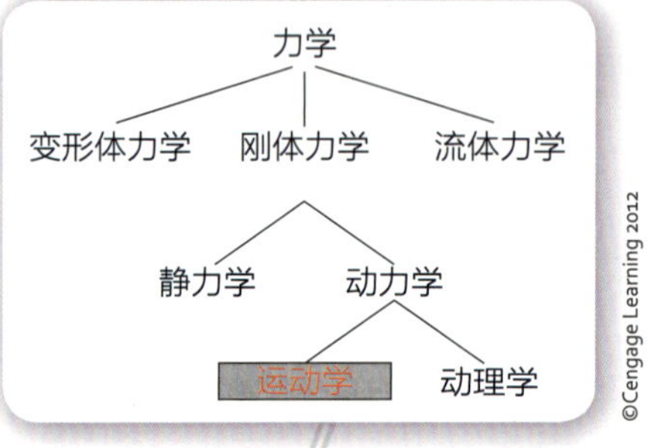

球可以飞行的距离。

运动学可以应用于任何一个涉及物体或运动员脱离地面运动的项目中，如橄榄球、足球、跳水、射击、自由式摩托车越野、水气球发射、棒球等。在本章中，我们将用运动学的语言对具有不同初速度（包括大小和方向）的物体所产生的不同运动轨迹进行描述。工程师将运动学用于航空航天、国防、机械工业等领域，这里仅仅是举几个简单的例子。

力学学科

力学所涵盖的范围极为广泛，很难用一门课程完全包含。因此，工程类专业的大学生在最初几年会学习以下三类力学课程（如图 13-3 所示）：

1. 变形体力学
2. 刚体力学
3. 流体力学

在接下来的部分，我们将重点讨论刚体力学。**刚体**指的是受到外力作用时形状和大小不会发生改变的物体。本书中的绝大部分内容都是针对刚体进行描述的，刚体力学又可以进一步分为静力学（已经在本书第 12 章中讨论过）和动力学。

动理学（kinetics）： 动力学的一支，研究导致物体运动的力。

动力学研究物体的运动以及力的作用对刚体运动产生的影响。动力学可进一步划分为动理学和运动学。动理学研究导致物体运动的力。而运动学则单纯研究物体的运动本身，不涉及力。

基本的运动学术语

3

我们常用一些描述性的词语如快、慢、转弯、下落、停止、加速等对物体的运动加以描述。在物理学中，我们用 **加速度** 、**速率** 、**速度** 、**距离** 等词描述物体的运动。为了能够理解运动学的内容，你首先需要了解以上这些词语的含义。

下面的术语在运动学中将经常遇到：

- **距离** 是指两个物体或两点之间的远近；
- **速率** 是物体单位时间内通过的距离；
- **速度** 是包含了物体运动速率与运动方向的物理量；
- **加速度** 由速度的变化量除以发生该变化所对应的时间得到；
- **重力** 是物体所受到的地球引力，方向指向地球中心；
- **重力加速度** 是物体在地球上自由下落过程中的加速度，是一个常量；该常量的大小为 9.8 米 / 秒 ^{2} 或 33.2 英尺 / 秒 ^{2}。

大小与方向

4

我们可以为上述运动学物理量赋值，而这些物理量又可分为两类：标量和矢量。**标量** 是只有大小、没有方向的量，如质量和时间，如图 13-4（a）所示，标量可以回答类似于“多大”的问题。**矢量** 是同时具有大小和方向的量，如速度和力；矢量可以同时回答类似于“多大”、“朝着哪个方向”的问题（如图 13-4b 所示）。

标量（scalar）： 只有大小、没有方向的量。

矢量（vector）： 同时具有大小和方向的量。

图 13-4 （a）标量的例子。这辆汽车以 55 英里 / 时的速率在道路上行驶（只能表示大小）。（b）矢量的例子。这辆汽车以 55 英里 / 时的速率在道路上向西行驶（不仅表示大小，还表示方向）。

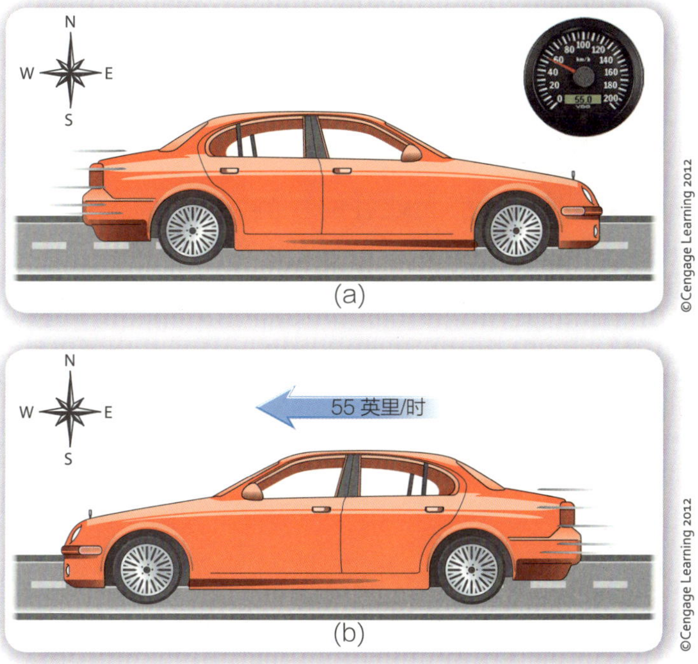

轮到你了

请指出图 13-5 中所示温度计和风速计测得的量是矢量还是标量，并对你的结论作出相应的解释。

图 13-5 （a）可以同时显示摄氏度和华氏度的温度计。（b）风速计。

(a)

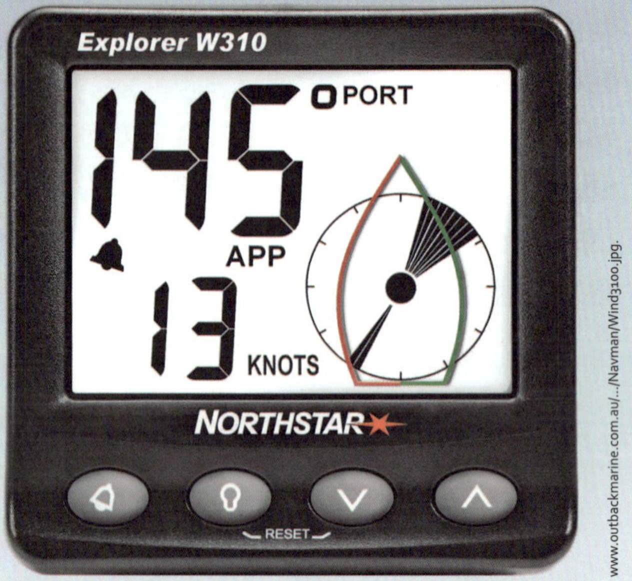

(b)

抛体运动的特性

抛体（projectile）： 抛体是指仅受重力作用且同时在水平和竖直两个方向上进行运动的物体。

抛体是指仅受重力作用且同时在水平和竖直两个方向上进行运动的物体。在这里，空气阻力的影响被忽略了。为了对抛体的运动进行分析和预测，我们需要将该物体的水平运动和竖直运动分开考虑。

水平运动

想象我们站在亚利桑那大峡谷的一侧，用一门人体大炮将你发射到峡谷的另一侧。假设重力并不存在，并且峡谷的另一侧与我们所在的这一侧高度相同或是略低一些，那么你可以仅做水平运动并以不变的速度到达峡谷的另一侧。你的这段飞行恰恰可以验证牛顿第一定律，即物体在不受外力作用时将保持静止状态或是保持匀速直线运动状态（如图 13-6 所示）。

竖直运动

如果你蹦极时径直跳下悬崖，那么你将因重力的作用而自由下落。

图 13-6　匀速直线运动状态与牛顿第一定律的直观描述。

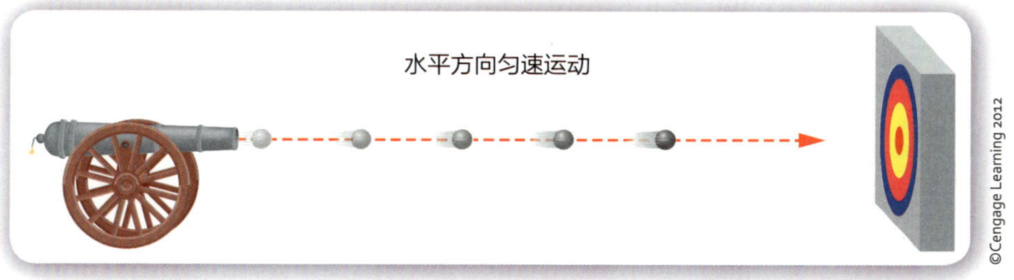

在这一过程中你将体会到重力加速度的存在，直到绳子绷紧。重力加速度大小是 9.8 米 / 秒 ^{2}（32 英尺 / 秒 ^{2}）。

如果人体大炮竖直向上将你发射出去将会是怎样的情形呢？重力的作用将使得你以 9.8 米 / 秒 ^{2} 的加速度向上作减速运动，直到你的速度变为零并达到某一高度；在此之后，你将在重力作用下自由下落。

图 13-7　重力对竖直方向运动影响的直观描述。

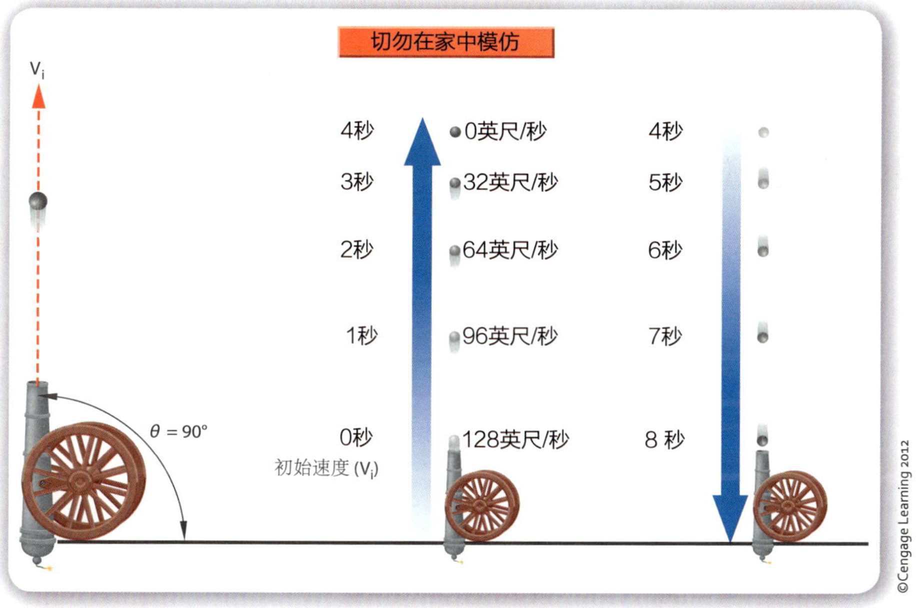

水平和竖直运动

前文已经解释了重力仅对竖直方向的运动有影响，并且要注意我们在这一分析中始终忽略空气阻力的存在。这时由于除了重力作用之外物体并不受到其他力的作用，故抛体在水平方向上的速度将在飞行过程中保持不变。回到之前飞越大峡谷的人体大炮例子，抛体（你）在运动过程中始终具有不变的水平方向速度与竖直方向加速度。虽然最终你会落到地面上，但是由于你具有水平方向的速度，所以你的下落轨迹将是一条弧线（如图 13-8 所示）。

表 13-2 总结了抛体在水平方向和竖直方向上的受力、加速度和速度信息。

图 13-8　水平方向运动速度与竖直方向运动的加速度固定不变。

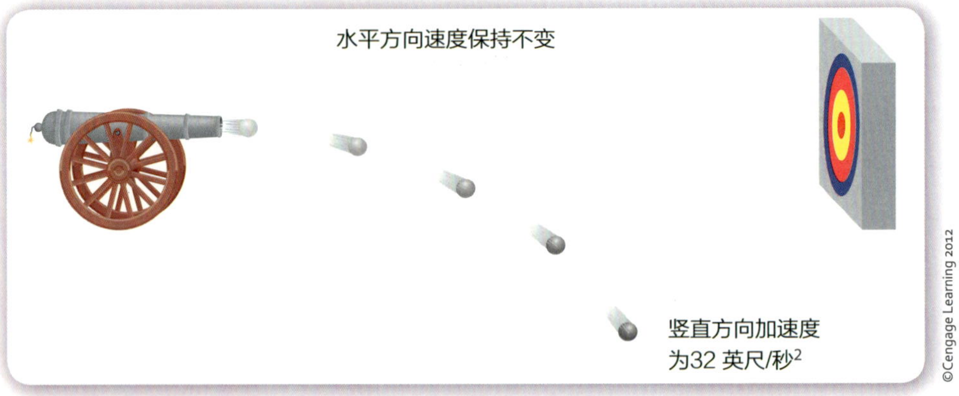

表 13-2　水平方向运动与竖直方向运动。

	水平方向运动（忽略空气阻力）	竖直方向运动
受力	无	重力
加速度	无	重力加速度9.8米/秒²或32英尺/秒²，方向向下
速度	固定不变	时刻变化

5 抛体与抛物线

图 13-9 所示为抛体的运动轨迹（飞行路径），该轨迹是一条抛物线。这是由于抛体的水平速度分量保持不变而竖直方向的速度分量时刻变化。

图 13-9　抛体的抛物线轨迹。

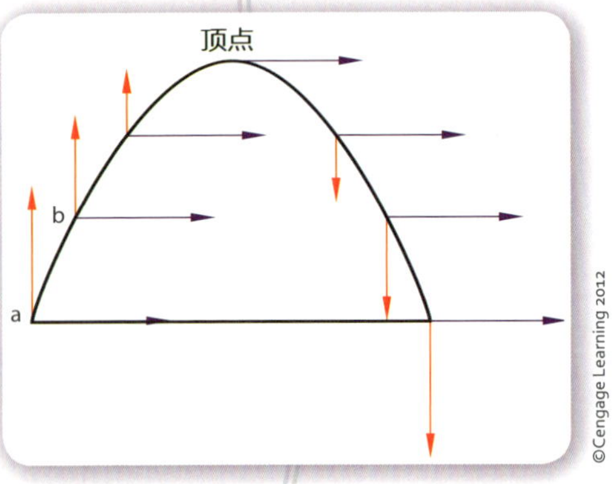

在图上的 *a* 点处，红色的箭头表示了抛体在 *y* 方向（竖直方向）上的速度，而蓝色的箭头则表示抛体在 *x* 方向（水平方向）上的速度。正如我们在第 12 章中所介绍的那样，这两个分速度的合速度将是一条倾斜的箭头。在 *b* 点处，红色箭头的长度较 *a* 点的短，意味着抛体在这一点的竖直方向分速度已经在重力的影响下变小。重力的存在将仅仅影响到 *y* 方向的速度，而水平方向的速度不会发生改变。*b* 点处水平和竖直方向的两个分速度构成的合速度将仍然为一条倾斜的箭头，但该箭头的倾斜角已经较 *a* 点处变小。这一趋势将一直保持下去，直到抛体到达曲线的顶点处。在曲线的顶点处，抛体不再具有竖直方向的运动。而一旦通过了顶点，抛体将开始下落，这一变化可以通过图中红色箭头方向的改变看出来。在下落阶段，大小为 32 英尺 / 秒^2 的重力加速度将使得抛体在竖直方向上的速度不断增大，相应的红色箭头的长度也不断增大。在整个过程中，我们应注意到抛体在水平方向上的速度大小与方向都始终保持不变。

抛体运动分析

现在我们已经了解了抛体运动的一些特性，接下来我们将在这个基础上尝试对一些抛体运动进行分析，通过这些例子我们可以得到抛体运动分析的几个关键公式。在我们开始解决这些问题之前，我们将制作如下的表格以便记录所有已知量和未知量，这是解决所有数学问题的一个有效方法。值得注意的是，在解决这些问题的过程中，我们假定所有抛体的着陆点与抛出点处于同一水平面上。

已知量	未知量

抛体运动示例

在这个例子中，我们已知抛体的发射角和初速度。抛体以 30° 的角度（θ）被射出，其初速度（v_i）为 50m/s（如图 13-10 所示）。请尝试求解以下这些未知量：

- 水平初速度；
- 竖直初速度；
- 抛体到达轨迹顶点所需要的时间；
- 抛体所能达到的最大高度；
- 抛体飞行的总时间；
- 抛体着陆点与发射点之间的距离。

图 13-10　初始速度的大小和方向。

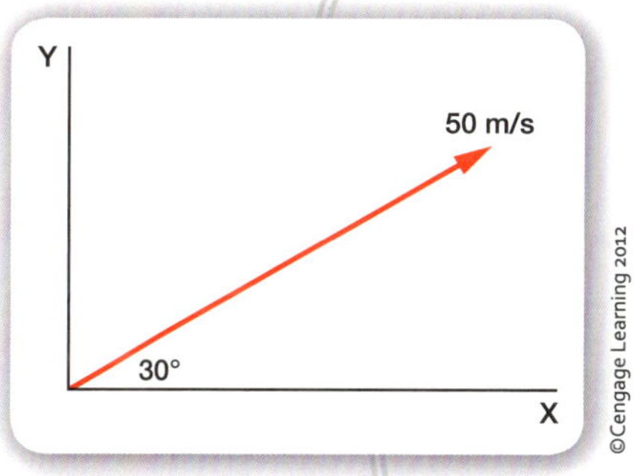

注意：图中红色的箭头表示一个矢量（矢量由箭头表示），因为该箭头同时表示出了物理量的大小与方向。在图表 13-3 的未知量一栏中，v_{ix} 代表 x 方向的初速度，v_{iy} 代表 y 方向的初速度。

表 13-3　已知量与未知量表格。

已知量	未知量
$v_i = 50$m/s	v_{ix}
θ 或初始角 30°	v_{iy}
	t_{max}
	d_y
	飞行总时间
	d_x

图 13-11　求解水平初速度 v_{ix}。

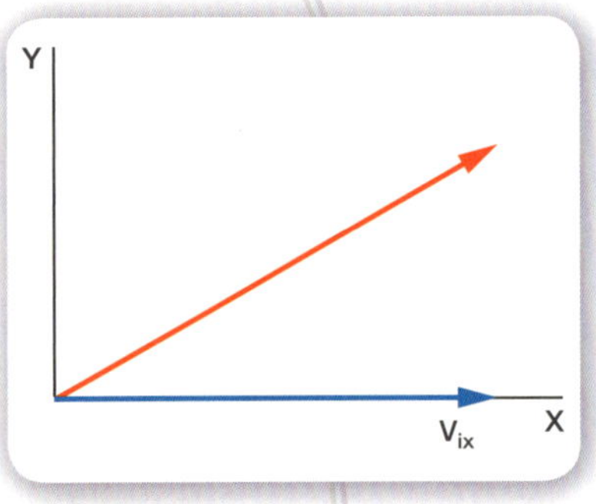

©Cengage Learning 2012

求解水平初速度　为了求解 x 方向的初速度（如图 13-11 所示），我们可以利用毕达哥拉斯定理：

$$v_{ix} = v_i \cos\theta \qquad (13\text{-}1)$$

在这一问题中，$v_i = 50\ \text{m/s}$，$\theta = 30°$，所以，

$$\begin{aligned} v_{ix} &= 50\ \text{m/s} \times \cos 30° \\ &= 50\ \text{m/s} \times 0.866 \\ &= 43\ \text{m/s} \end{aligned}$$

轮到你了

抛体以 15° 的角度被射出，其初速度为 120 m/s。其水平初速度是多少？（写出全部计算过程。）

图 13-12　求解竖直初速度 v_{iy}。

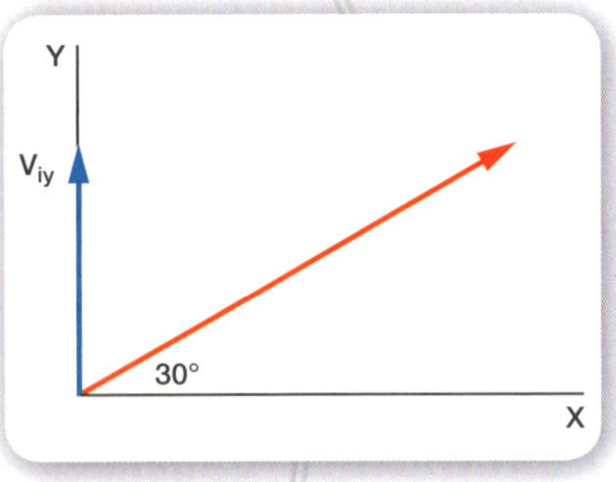

©Cengage Learning 2012

求解竖直方向的初速度　为了求解 y 方向的初速度（如图 13-12 所示），我们可以利用公式（13-2）：

$$v_{iy} = v_i \sin\theta \qquad (13\text{-}2)$$

在这一问题中，$v_i = 50\ \text{m/s}$，$\theta = 30°$，所以，

$$\begin{aligned} v_{iy} &= 50\ \text{m/s} \times \sin 30° \\ &= 50\ \text{m/s} \times 0.5 \\ &= 25\ \text{m/s} \end{aligned}$$

轮到你了

抛体以 15° 的角度被射出，其初速度为 120 m/s。其竖向初速度是多少？（写出全部计算过程。）

求解 t_{max}　t_{max} 代表抛体从发射至到达最大高度所需要的时间。

抛体在竖直方向的速度在到达最高点时减小为零，若将其定义为 v_f，则 $v_f = 0\ \text{m/s}$。重力加速度 g 是一个矢量，因为重力方向向下，公式中的重力加速度 g 用 $-9.8\ \text{m/s}^2$ 或 $-32\ \text{ft/s}^2$ 代入；而公式中的 $-g$ 则用 $9.8\ \text{m/s}^2$ 或 $32\ \text{ft/s}^2$ 代入，因为负值矢量的反方向为正值。

为计算 t_{max}，我们可以利用公式 13-3。

$$v_f = v_{iy} + gt_{max} \quad (13\text{-}3)$$

分离未知量和已知量得：

$$t_{max} = \frac{v_f - v_{iy}}{g} = \frac{(0\ \text{m/s} - 25\ \text{m/s})}{-9.8\ \text{m/s}^2} = \frac{-25\ \text{m/s}}{-9.8\ \text{m/s}^2} = 2.55\ \text{s}$$

图 13-13 抛物体到达最高点所用的时间是 t_{max}。v_f 为抛体在最高点时的竖向速度，值为零。

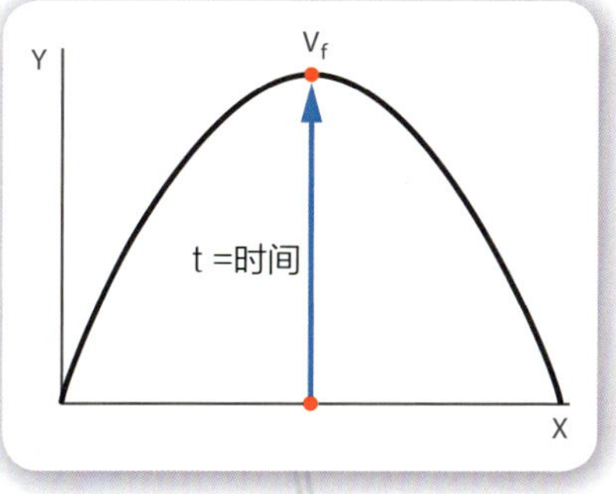

轮到你了

根据前一个例子给出的条件：抛体以 15° 的角度被射出，其初速度为 120 m/s。求解 t_{max}。（写出全部计算过程。）

求解抛体所能达到的最大高度

由于所求解的是在竖直方向上的位移，故可以通过公式 13-4 求解抛体所能达到的最大高度（d_y）：

$$d_y = v_{iy}t_{max} + \frac{1}{2}gt_{max}^2 \quad (13\text{-}4)$$
$$= 25\ \text{m/s} \times 2.55\ \text{s} + 0.5 \times (-9.8\ \text{m/s}^2) \times (2.55\ \text{s})^2$$
$$= 63.75\ \text{m} - 31.86\ \text{m}$$
$$= 31.89\ \text{m}$$

图 13-14 （a）已知量与未知量表格；（b）抛体达到的最大高度 d_y。

已知量	未知量
$v_i = 50\text{m/s}$	$d_y =$ 距离
$t_{max} = 2.55\text{s}$	
$g = 9.8\text{m/s}^2$	
$v_{iy} = 25\text{m/s}$	

(a)

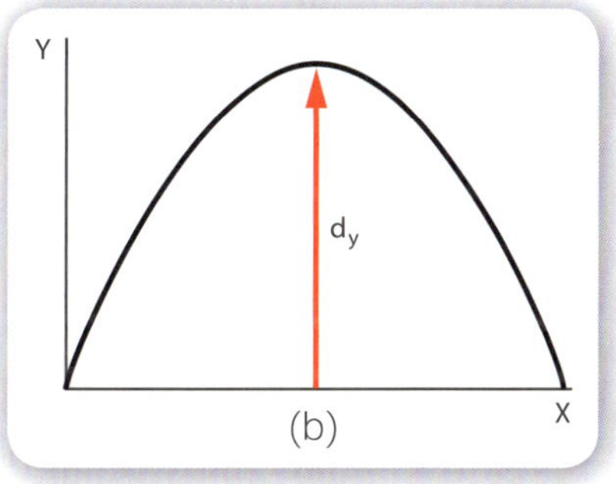

(b)

轮到你了

根据前一个例子给出的条件：抛体以 15° 的角度被射出，其初速度为 120 m/s。求解抛体所能到达的最大高度。（写出全部计算过程。）

求解抛体飞行的总时间　抛体在落回地面前飞行的总时间是多少呢？因为抛体受到的重力加速度是固定不变的，所以我们可以通过将抛体达到 v_f 所需的时间翻倍而得到抛体飞行的总时间 t。前面我们已经计算出抛体达到最高点所需时间为 2.55 s，故有：

$$t = 2 \times 2.55\ \text{s}$$
$$= 5.1\ \text{s}（抛体飞行的总时间）$$

求解抛体的射程　抛体在 x 方向飞行的总距离称为射程（d_x），如图 13-15a 所示。我们已经知道，抛体在水平方向上的运动速度始终保持不变，而射程正是抛体在水平方向的运动速度在其总运动时间内通过的距离。因此，我们可以利用公式 13-5 计算 d_x：

图 13-15　（a）射程计算；（b）已知量与未知量表格。

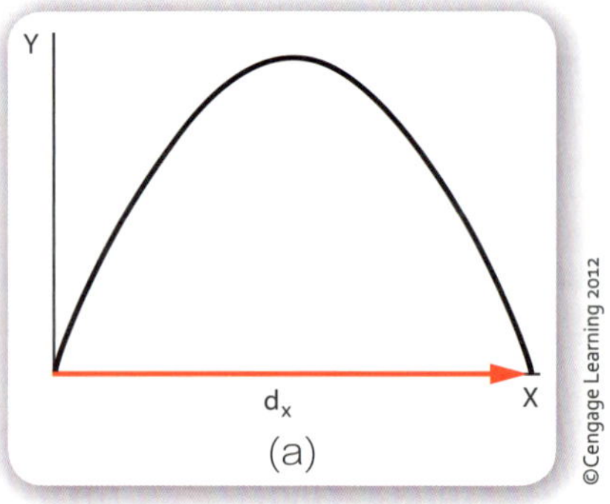

已知量	未知量
$v_{ix} = 43.3$ m/s	$d_x = x$ 方向上的运动距离
$t = 5.1$ s	

(b)

$$d_x = v_{ix}t \qquad (13\text{-}5)$$
$$= 43.3\ \text{m/s} \times 5.1\ \text{s}$$
$$= 220.83\ \text{m}$$

轮到你了

利用前一个例子给出的条件：抛体以 15° 的角度被射出，其初速度为 120 m/s。求解抛体的射程。（写出全部计算过程。）

到目前为止，我们已经完整地求解了一个抛体运动问题。在给定初始发射角和初速度的情况下，我们可以求解六个未知量。在这一过程中，我们运用了一系列公式以求解不同的未知量；而通过将上面的过程重新整合，我们可以得到一些新的公式，从而减少不必要的步骤。下面我们就用不同的公式求解抛体运动的其他问题。

求解抛体初速度

抛体以 26° 的角度被射出，其射程为 290 ft，重力加速度为 32 ft/s^2。求解抛体的初速度。

图 13-16　计算抛体的初速度。

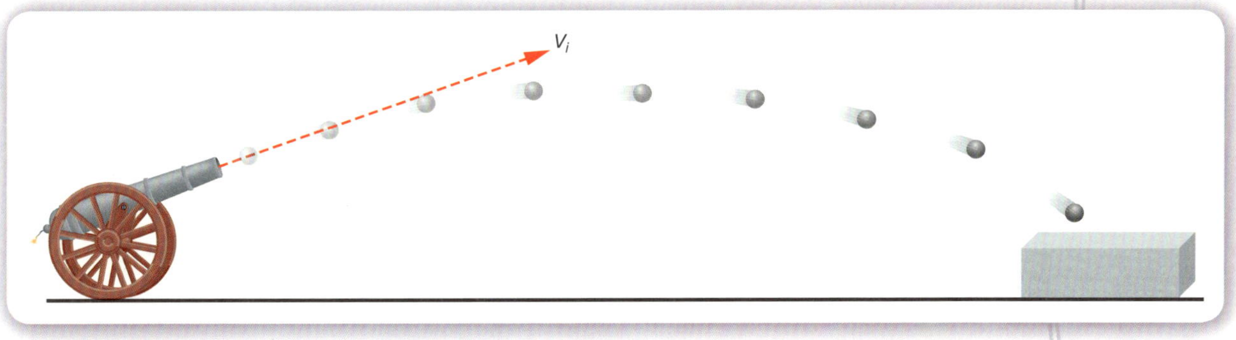

为了求解初速度 v_i，我们需要用到公式 13-6：

$$v_i = \sqrt{\frac{-gx}{\sin 2\theta}} \qquad (13\text{-}6)$$

$$= \sqrt{\frac{32\ \mathrm{ft/s^2} \times 290\ \mathrm{ft}}{\sin(2\times 26°)}}$$

$$= \sqrt{\frac{9280\ \mathrm{ft^2/s^2}}{0.788}}$$

$$= 108.52\ \mathrm{ft/s}$$

轮到你了

假如抛体以 35° 的角度（θ）被射出，其射程为 315 m，重力加速度为 9.8 $\mathrm{m/s^2}$。求抛体的初速度。（写出全部计算过程。）

求解抛体的射程

抛体的初速度为 500 ft/s，以 15° 的角度被射出，求解抛体的射程。

图 13-17　计算抛体的射程。

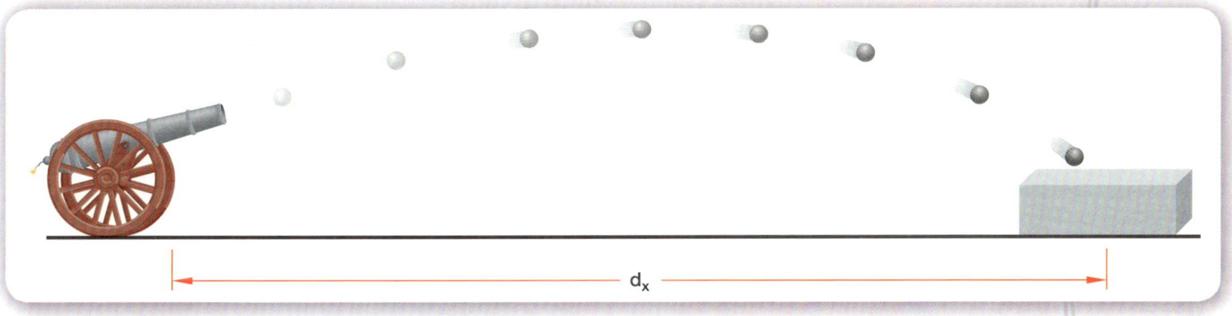

为了求解抛体的射程 d_x，我们需要用到公式 13-7：

$$d_x = \frac{v_i^2(\sin 2\theta)}{-g} \qquad (13\text{-}7)$$

$$= \frac{(500\ \mathrm{ft/s})^2 \times \sin(2\times 15°)}{32\ \mathrm{ft/s^2}}$$

$$= \frac{125000\ \mathrm{ft^2/s^2}}{32\ \mathrm{ft/s^2}}$$

$$= 3906.25\ \mathrm{ft}$$

求解抛体的发射角

如果抛体两次发射角夹角的角平分线为 45° 角所在的直线，那么在初速度相同的情况下，抛体两次的射程是相同的。下面我们将计算两个射程均为 3906.25 ft 的抛体运动，其中一个的发射角小于 45°，另一个的发射角大于 45°；它们的初速度均为 500 ft/s。

为求解发射角小于 45° 的情况，我们需要用到公式 13-8：

$$\theta_{<45°}=\frac{\arcsin\left(\frac{-gd_x}{v_i^2}\right)}{2} \tag{13-8}$$

$$=\frac{\arcsin\left(\frac{32\ \mathrm{ft}/\mathrm{s}^2\times 3906.25\ \mathrm{ft}}{(500\ \mathrm{ft}/\mathrm{s})^2}\right)}{2}$$

$$=\frac{\arcsin\left(\frac{125\,000\ \mathrm{ft}^2/\mathrm{s}^2}{250\,000\ \mathrm{ft}^2/\mathrm{s}^2}\right)}{2}$$

$$=\frac{\arcsin 0.5}{2}$$

$$=\frac{30°}{2}$$

$$=15°$$

为求解发射角大于 45° 的情况，我们需要用到公式 13-9：

$$\theta_{>45°}=90°-\frac{\arcsin\left(\frac{-gd_x}{v_i^2}\right)}{2} \tag{13-9}$$

$$=90°-\frac{\arcsin\left(\frac{32\ \mathrm{ft}/\mathrm{s}^2\times 3906.25\ \mathrm{ft}}{(500\ \mathrm{ft}/\mathrm{s})^2}\right)}{2}$$

$$=90°-\frac{\arcsin\left(\frac{125\,000\ \mathrm{ft}^2/\mathrm{s}^2}{250\,000\ \mathrm{ft}^2/\mathrm{s}^2}\right)}{2}$$

$$=90°-\frac{\arcsin 0.5}{2}$$

$$=90°-\frac{30°}{2}$$

$$=90°-15°$$

$$=75°$$

注意：在以上两个例子中，前一个抛体的飞行轨迹比后一个低。

轮到你了

运用本章中介绍的公式，分别求解以 15° 和 75° 的角度射出，初速度均为 500 ft/s 的两个抛体运动的 t_{max} 和 d_y。画出两个发射角不同的抛体运动的轨迹，并解释不同发射角对应的 t_{max} 和 d_y 之间的关系。（写出全部计算过程。）

案例研究

高尔夫球的运动学历史

高尔夫球最初作为一种绅士的休闲运动起源于苏格兰东海岸。当时的运动装备都以在那个时代流行的材料制作，如球杆用木材制作，对木质高尔夫球杆的记载可以回溯至 1550 年。随着时间的推移，高尔夫球装备制作工艺的不断改进也带动了这项运动的不断变化，而这一趋势在今后仍将延续。接下来我们就一起看看在历史上高尔夫球都发生了哪些变化。

“羽球”是第一个由手工制作而成的高尔夫球，出现于 1618 年（见图 13-18）。该球内部以鹅毛填充，因而得名。当时的人们将羽毛在水中浸湿，然后将其填充到牛皮或马皮制成的球中。随着球内浸湿的羽毛变干燥，便会出现两种变化：一是外面的皮革会收缩、变硬，二是内部的羽毛会变疏松膨胀，由此整个球就会变硬。然后工匠在球上描画彩绘，并将自己的专属标记留在球上。那时高尔夫球的质量与工匠的手艺有密切的关系，而由于高尔夫球都是手工制成的，故其价格往往超出一般人所能承受的范围。

©Cengage Learning 2012

图 13-18　用羽毛制成的高尔夫球。

渐渐地，高尔夫球手发现，有一定磨损的球反而可以飞得更远。这一发现导致了 1848 年由杜仲树胶制成的高尔夫球的出现，这种球被称为“古塔球”。古塔球由热带杜仲树的树胶制成，这种树胶在加热之后很容易形成球形。如果这种古塔球受到了损坏，还可以将它再次加热并重新塑型。新制成的古塔球表面很光滑，相比之下，磨损过的羽球可以飞得更远。在 1880 年，第二代古塔球出现了，该球表面增加了圆形小凸起，并且是由模具制作而成。这些小凸起使得古塔球可以飞得更远，用模具生产的球的制作成本更低、规格更一致、质量更好。

哈斯克尔（Coburn Haskell）于 1898 年研究出了一种以整块橡胶为核心的高尔夫球（如图 13-19 所示）。先用橡皮筋把固态橡胶芯表面缠绕一遍，然后将其装入杜仲树胶制成的球皮中。哈斯克尔球随后通过米尔森（W. Millison）的线缠绕机大量生产，这使得高尔夫球的成本进一步降低并为大多数普通人所接受。

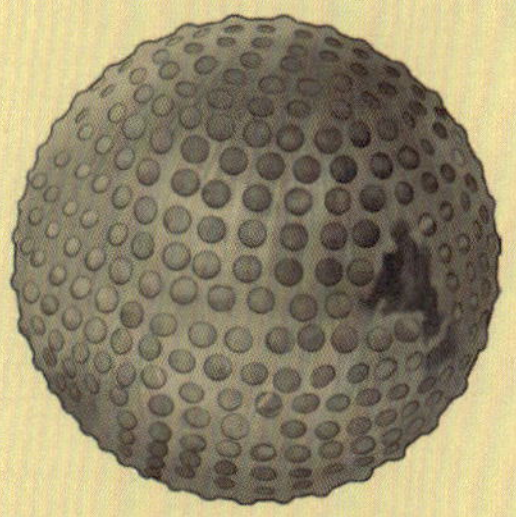

©Cengage Learning 2012

图 13-19　哈斯克尔球。

在 1921 年，美国高尔夫球协会和圣安德鲁斯皇家古老高尔夫球俱乐部两个高尔夫球规则制定机构对高尔夫球的质量和尺寸大小进行了限制，以便规范高尔夫球的制作。

高尔夫球上的凹痕的作用

高尔夫球上的凹痕使得球体更符合空气动力学规律。高尔夫球在飞行中受到的阻力分为两种，第一种是摩擦阻力，这一阻力对高尔夫球的影响相对较小；另一种阻力来源于高尔夫球在飞行过程中使气流分离，称为“压差阻力”。

图 13-20（a）所示的高尔夫球表面光滑，空气在该球的 12 点钟和 6 点钟位置分离。该球后方气流的速度是固定不变的，称为“层流”；如图 13-20（b）所示，通过在高尔夫球表面增加凹痕，

（接下页）

案例研究

（接上页）

球背后的空气流速是变化的，称为“湍流”。凹痕使得球表面变得粗糙，也就使得层流变为湍流。湍流比层流具有更多的能量，由此可以在更大的范围内与球贴合，从而可以减小飞行阻力；同时，这一现象使得空气在球正后方的分离范围变小，也就意味着高尔夫球在飞行过程中受到的压差阻力更小，从而可以飞得更远。

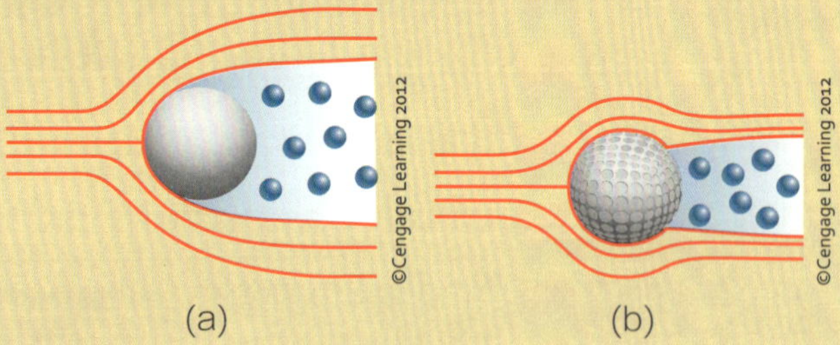

图 13-20 （a）球体周围的层流；（b）球体周围的湍流。

高尔夫球上的凹痕还可以协助控制球的飞行轨迹。如果以合适的方式击打，球可以产生反向旋转。这种旋转可以使得球在飞行过程上部受到的气压变小，从而可以使得球在飞行过程中被气流抬升，飞得更高。这一现象可以为高尔夫球手带来两点好处：一是在高尔夫球在飞行的前半段可以飞得较低，缩短受风力影响的时间；二是高尔夫球的飞行路径在后半段可以迅速抬升并几乎垂直下落，由此使得球更好控制（反弹更轻），如图 13-21 所示。如果用铁杆或是具有更大击球角的球杆击球，就可以令球产生足够强的反向旋转，使得球在落到地面后不再向前反弹、甚至可以朝着击球者的方向反向反弹。

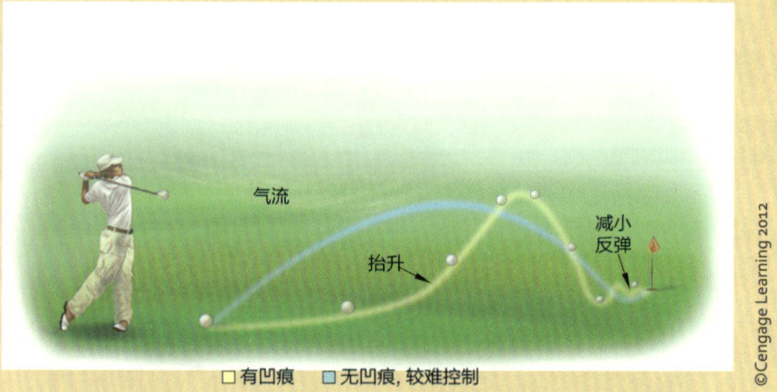

图 13-21 有无凹痕的高尔夫球飞行路径对比。

例题

设想你是一名职业高尔夫球运动员，将首次在一个新高尔夫球场进行比赛。为了针对比赛进行球场改造，球场的所有者在赛前举办了一场“一杆进洞”比赛，并邀请你参加。图 13-22 所示的就是比赛场地。在已知球洞的距离与高度的情况下，你的球童建议你选用沙坑杆进行击打。沙坑杆的杆面倾斜角为 55°。在理想的情况下，高尔夫球的初速度应为多少才能做到“一杆进洞”？

图 13-22 3 号洞口的距离、高度及球所需要的初速度。

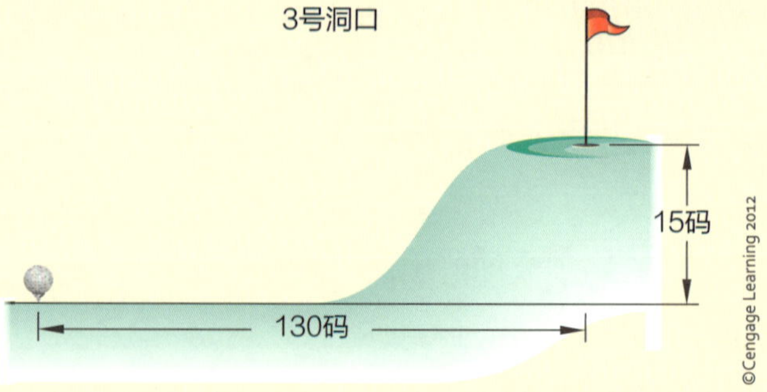

（接下页）

例题（接上页）

第一步：1 码等于 3 英尺。将开球点作为坐标原点（0,0），以英尺为单位计算出球洞的 x，y 位置坐标：

$$x=\frac{3\ \text{ft}}{1\ \text{yard}}\times 130\ \text{yard}$$
$$=390\ \text{ft}$$
$$y=\frac{3\ \text{ft}}{1\ \text{yard}}\times 15\ \text{yard}$$
$$=45\ \text{ft}$$

第二步：确定 x 方向和 y 方向上的运动方程：

$$x=(v_{ix})t=(v_i\cos\theta)t$$
$$y=(v_{iy})t-\frac{1}{2}gt^2=(v_i\sin\theta)t-\frac{1}{2}gt^2$$

第三步：从 x 方向的运动方程中分离出变量 t，以得到关于 t 的方程，将已知量代入其中：

$$x=(v_{ix})t=(v_i\cos\theta)t$$
$$t=\frac{x}{v_i\cos\theta}$$
$$=\frac{390\ \text{ft}}{v_i\cos 55°}$$

第四步：由于时间 t 是未知量，我们可以用前面介绍过的公式将时间代入到 y 方向的运动方程中：

$$y=(v_i\sin\theta)t-\frac{1}{2}gt^2$$
$$y=v_i\sin\theta\frac{x}{v_i\cos\theta}-\frac{1}{2}g\left(\frac{x}{v_i\cos\theta}\right)^2$$

第五步：将已知量代入新的 y 方向运动方程中以求解初速度 v_i：

$$y=v_i\sin\theta\frac{x}{v_i\cos\theta}-\frac{1}{2}g\left(\frac{x}{v_i\cos\theta}\right)^2$$
$$45\ \text{ft}=v_i\sin 55°\times\frac{390\ \text{ft}}{v_i\cos 55°}-\frac{1}{2}\times 32.2\ \text{ft/s}^2\times\left(\frac{390\ \text{ft}}{v_i\cos 55°}\right)^2$$
$$45\ \text{ft}=\sin 55°\times\frac{390\ \text{ft}}{\cos 55°}-16.1\ \text{ft/s}^2\times\left(\frac{390\ \text{ft}}{v_i\cos 55°}\right)^2$$
$$45\ \text{ft}-390\ \text{ft}\times\tan 55°=-\frac{16.1\ \text{ft/s}^2\times 152\ 100\ \text{ft}^2}{v_i^2(\cos 55°)^2}$$
$$45\ \text{ft}-390\ \text{ft}\times\tan 55°=-\frac{2\ 448\ 810\ \text{ft}^3/\text{s}^2}{v_i^2(\cos 55°)^2}$$
$$512\ \text{ft}=\frac{2\ 448\ 810\ \text{ft}^3/\text{s}^2}{v_i^2(\cos 55°)^2}$$
$$v_i^2(\cos 55°)^2=\frac{2\ 448\ 810\ \text{ft}^3/\text{s}^2}{512\ \text{ft}}$$
$$v_i^2(\cos 55°)^2=4783\ \text{ft}^2/\text{s}^2$$
$$v_i^2=\frac{4783\ \text{ft}^2/\text{s}^2}{(\cos 55°)^2}$$
$$v_i^2=14\ 538\ \text{ft}^2/\text{s}^2$$
$$v_i=\sqrt{14\ 538\ \text{ft}^2/\text{s}^2}$$
$$v_i=121\ \text{ft/s}$$

总 结

- 力学是研究物体运动的学科。
- 力学主要分为三大类：变形体力学、流体力学和刚体力学。
- 刚体是指受到外力后其形状和大小不发生改变的物体。
- 动力学研究物体的运动状态及作用在刚体上的力对刚体运动产生的影响。
- 运动学是研究刚体运动状态的学科。
- 运动学的基本术语包括加速度、速度、距离。
- 重力是物体受到的地球引力，方向指向地球中心。
- 标量是只有大小、没有方向的量。
- 矢量是既有大小、又有方向的量。
- 抛体是指仅在重力作用下同时在水平和竖直两个方向上进行运动的物体。
- 由于抛体在水平方向上不受到外力的作用，故抛体在运动过程中水平方向上的速度始终保持不变。
- 重力仅作用在竖直方向，并使得抛体在竖直方向受到大小为 9.8 米 / 秒 ^{2} 或 32 英尺 / 秒 ^{2} 的加速度的影响。
- 抛体在仅受到重力作用时的飞行轨迹是一条抛物线。
- 在表格中列出已知量和未知量是求解运动学问题的一种有效方法。
- 有些运动学方程是根据毕达哥拉斯定理列出的。
- 在求解抛体运动问题中的未知量时可以选择不同的运动学方程。

课后作业

1. 解释动理学与运动学之间的不同之处。
2. 列出三个矢量。
3. 请解释为什么抛体的运动轨迹是一条抛物线。
4. 抛体在运动过程中，其哪一项速度始终保持不变？
5. 如果有一个物体从悬崖上下落，那么 4 秒后该物体下落的速度是多少？
6. 以“从前……”为开头编撰一个关于运动学的小故事，在其中说明背景、人物、运动学已知量，并求解未知量。写出全部过程，并解释运动学是如何体现“反败为胜”的场景的。
7. 高尔夫球上的凹痕是如何影响其飞行轨迹的？

补充作业

问题陈述：高中里的“活力周”系列活动通常在赛前动员会上就可以达到小高潮，高年级学生会参加一些友谊赛，通过游戏和比赛激发观众的学校荣誉感。现在，赛前动员会的组织者正在考虑如何将工程创新与传统的动员会结合起来。

设计要求：请为投掷充水气球环节设计一台可以自动投掷充水气球的机器，该机器需要满足以下一些条件：

- 便于安装和拆卸；
- 利用机械方式提供动力（严禁使用气压或化学反应提供动力）；
- 可以以固定的初速度、从不同的角度投射水气球；
- 可以在 45° 与 90° 之间任意调整水气球的发射角。

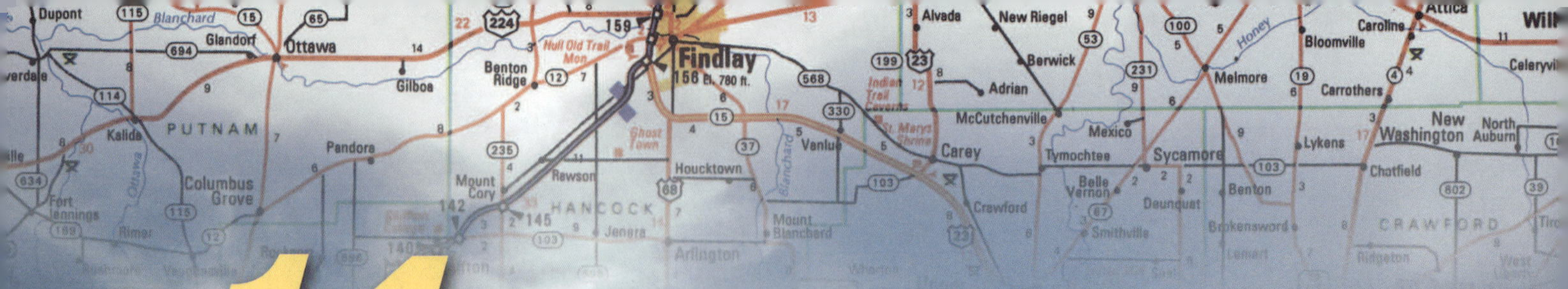

第 14 章 测量、统计与产品质量

GPS DELUXE

Menu

START LOCATION | DISTANCE | END LOCATION

头脑准备

在学习本章的概念时，请思考下面的问题：

1. 为什么建立一套标准的测量体系是非常重要的？
2. 工程师最常使用的两套测量体系分别是什么？
3. 用科学计数法如何表示数字？
4. 哪一种线性测量工具使用最为普遍？工程师如何判断哪一种测量工具适用于当下的任务呢？
5. 一组数据的平均值、中位数、众数、极差之间有什么不同？
6. 什么是标准差？如何计算标准差？
7. 什么是产品质量？为什么它在工程领域中相当重要？
8. 工程师是如何控制产品质量的？
9. 哪些统计方法被用来评估产品质量？

≫ 引 语

想象一下如果你买了一个飞盘，但是即便你用尽浑身解数、没有任何操作失误，它仍然不能沿着直线飞行。进一步仔细观察，你发现那个飞盘本身并不是圆形，这时你就会认为这个产品质量低下。

图 14-1　质量的好坏会影响产品的顾客满意度，就连飞盘这种简单的产品也会受影响。

《朱兰质量手册》(*Juran's Quality Handbook*) 是一本工业质量标准参考书，书中提出了对“质量”一词的两项规定：(1) 产品的特征可以满足使用者的需求；(2) 没有瑕疵。两者都是让使用者对产品感到满意。在前述飞盘的事例中，使用者对产品并不满意，但是这种不满意是因为飞盘有瑕疵还是因为设计出的飞盘性能无法满足使用者的需求呢？

在电子产品专卖店挑选数码相机的过程是顾客满意程度受到质量导向的又一个例子。想象一下如果有两台数码相机摆在你面前，其中较贵的一台相机功能更多、像素更高且可调焦范围更广；然而较便宜的那台也许更受欢迎，因为它更符合消费者需求，比如它更为小巧，并且易于操作。两台相机都没有瑕疵，否则它们的质量便会受到质疑。本章中将重点关注“没有瑕疵”这一原则。

(a)　　(b)

图 14-2　一些顾客认为图(a)中的单反相机质量更高，因为该相机具有很多复杂的功能；而另一些客户则认为图(b)中的傻瓜相机更加符合他们的需求。两台相机都必须做到没有瑕疵以满足本章节对“质量”一词的定义。

质量(quality)：
(1) 产品的特征可以满足使用者的需求；
(2) 没有瑕疵。

第二次世界大战后，质量管理体系的概念被引入到了商业领域，这也进一步强调质量并非是不可控制的，相反地，质量是可以通过计划得

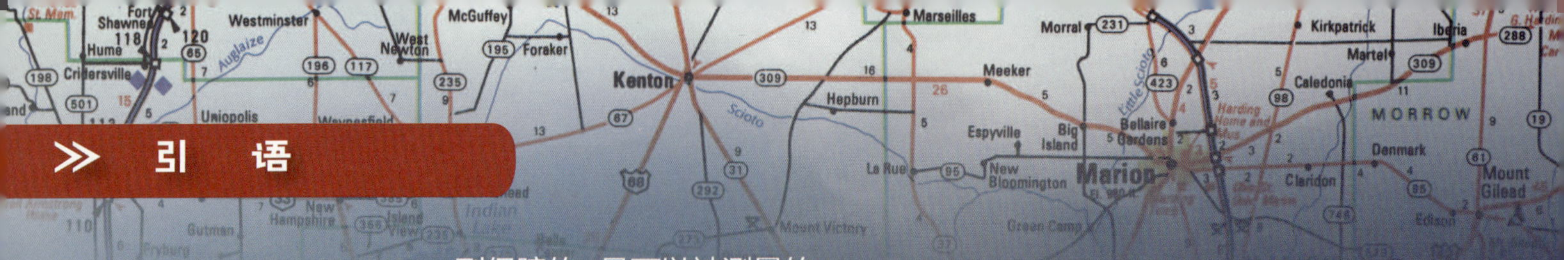

≫ 引　语

到保障的，是可以被测量的。

作为质量控制体系的一部分，在加工生产过程中可以获取相应数据，通过对它们进行分析可以评估已生产产品的质量，甚至对生产工艺进行评估。这一分析可以为工程师的判断提供依据，他们将从这些信息中判断最终产品的质量是否在可接受范围之内。在生产过程中进行数据分析是很有必要的，因为该分析过程可以提示生产者在必要的时候作出调整。

在本章中，你将学习标准计量体系和工程师在获取数据时常用的精确测量仪器的使用方法。同时，你将在这个过程中对质量的理解更加深入，并了解工程师和制造商是怎样保证他们设计、生产和销售的商品都是合格的。

1 标准计量体系

回想一下计量术语在我们的日常生活中有多么常用。比如我们去买一打面包圈，用英里记录里程数，抱怨每加仑的汽油又涨价了。可以想象一下，如果这个世界上每一个人对这些计量术语的理解各不相同，那么我们的生活将会是怎样？

如果所有的测量工作都由同一个人以固定不变的方式完成，那么就算缺乏标准的测量工具也没有什么关系。这种现象常常发生在古代，如

图 14-3　一腕尺是指一个人前臂的长度。

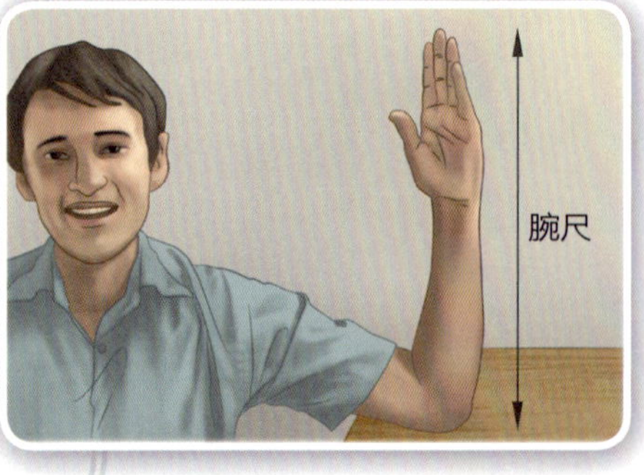

©Cengage Learning 2012

图 14-4　步长是距离的单位，一步长是指走路过程中同一只脚两次触地之间的距离。

©Cengage Learning 2012

腕尺曾一度作为长度测量的单位。尽管测量腕尺长度的方法是统一的，但是每一个人的腕尺标准却是不同的。如图 14-3 所示，腕尺的长度是指一个人前臂的长度，从手肘的端部到中指指尖的距离。另一个在历史上常用的长度测量的单位量是步长，一步长比腕尺的长度更大。一步长是指走路过程中同一只脚两次触地之间的距离（如图 14-4 所示）。

以人体某一部分的几何尺度为基础的计量体系的最大问题在于没有哪两个人身体的各个部位的几何尺度是完全相同的。当两个不同群体的人想要互相进行商业贸易时，对标准计量体系的需求也就自然而然地产生了。

在 13 世纪，英国国王爱德华一世在人类建立标准计量体系的道路上进行了颇具意义的探索，他下令制作一根永久性的铁棒作为国内长度计量的统一标准。爱德华一世规定，一英尺的标准长度为该铁棒长度的三分之一，而一英寸的标准长度为一英尺长度的十二分之一。这些在 800 多年前制定的计量法则至今仍被美国等一些国家使用着。

现代计量体系

在现代，工程师的工作环境早已突破了部门、公司甚至是国家的界限。在这种情况下，与他人的有效沟通就有赖于统一的计量体系。目前世界上常用的计量体系有**美制（英制）**和**公制**两种。

美国至今仍使用英制标准进行计量。美国的开国元勋在建国之时，认为计量体系将对国家的发展产生重大的影响，赋予了国会制定计量标准的权力，并将其写入美国宪法。

英制标准长度单位共有四个：英寸、英尺、码、英里。然而科学界和工业领域极少采用英制单位，主要原因在于这些单位之间没有固定的进制关系：1 英尺等于 12 英寸，1 码等于 3 英尺，1 英里等于 5280 英尺。

公制又被称为国际标准单位制（SI），是法国在 18 世纪 90 年代建立的。该体系是一个基于十进制的计量体系，也就是说，该计量体系相邻的两个单位中，后一个单位对应的数量是前一个单位对应数量的 10 倍。例如，公制中长度的基本单位是米，1 米等于 10 分米、1 分米等于 10 厘米。

在公制体系中，根据计量对象的数值大小，可在其基本单位前添加不同的词头以便进行描述，某些带有词头的单位已经形成了固定的使用习惯（如表 14-1 所示）。例如一瓶苏打水的体积，通常都是以毫升作为单位。

表 14-1 公制单位的词头，十进制数表达及幂指数表达。

词头	十进制数表达	幂指数表达	词头	十进制数表达	幂指数表达
皮	0.000 000 000 001	10^{-12}	无词头	1.0	10^{0}
纳	0.000 000 001	10^{-9}	十	10.0	10^{1}
微	0.000 001	10^{-6}	百	100.0	10^{2}
毫	0.001	10^{-3}	千	1000.0	10^{3}
厘	0.01	10^{-2}	兆	1 000 000.0	10^{6}
分	0.1	10^{-1}	吉	1 000 000 000.0	10^{9}

趣味阅读

你是否知道在 18 世纪末的一次美国大陆会议期间，公制单位仅仅以一票之差错过了被美国采用的机会？

美国宪法第一条第八款赋予了美国国会“制定度量衡的标准”的权力。1789 年，美国第一任国务卿杰斐逊（Thomas Jefferson）向国会提议采用十进制的计量体系。杰斐逊体系与公制计量体系类似，但对每一个单位采用与公制中不同的名称，即没有使用带有词头形式的单位。最终杰斐逊体系没有被美国国会采纳。

随着 19 世纪中期商业贸易的蓬勃发展，公制计量体系迅速在欧洲大陆流行开来。在 1866 年，美国国会将公制单位在美国的使用合法化，但并没有限制或禁止英制单位的使用。到目前为止，美国的建筑行业、房地产交易、零售商业、气象、教育等领域仍普遍应用着英制计量体系。

3 科学计数法

科学计数法（scientific notation）： 用一个介于 1 和 10 之间的数和一个 10 的幂数的积（如 1.5×10^{2}）表示一个特别大或是特别小的数。

你也许已经注意到表 14-1 最右侧一列中的数字是用幂指数形式表达的，这种表示方法被称为**科学计数法**。科学计数法是一种为了精确表达特别大或是特别小的数字而采用的表示方法。这种方法用一个介于 1 和 10 之间的数和一个幂指数（或者说是 10 的幂数）的积表示一个数。如数字 1230 亿以展开形式表达为 123 000 000 000，而以科学计数法表达则为 1.23×10^{11}。这里的第一个数 1.23 是一个介于 1 和 10 之间的数；第二个数是基数，因为我们采用了十进制体系，所以该基数为 10；第三个数是幂指数，或者说是 10 的指数，在这个例子中指数是 11。

从另一个角度考虑，我们可以认为科学计数法中的指数提供了将小数点向哪一方向移动多少个数位的信息。数值为正的指数表示将小数点向右移动，而数值为负的指数表示将小数点向左移动。在这里 0 表示占位符。

例题

问题： 用科学计数法表示 0.000 001。

第一步： 将小数点位置向右移动，直到小数点左边有一位非零的数字。

第二步： 数出小数点移动的位数，并注意小数点移动的方向。在这一例子中，小数点向右移动了六位。向右移动小数点意味着幂指数为负数，而向左移动小数点意味着幂指数为正数。故：0.000 001 用科学计数法表示为 1×10^{-6}。

轮到你了

问题：将以下数字用科学计数法表示。

543 000	32 000 000	2 030 000
0.000 065	0.104	0.00 007 050

采用科学计数法表示特别大或特别小的数字的优点在于可以避免数学计算中的错误，通过指数将大量的 0 合并起来，这可以防止你在书写过程中产生遗漏。

测量工具与技术

在工程领域通常需要对距离进行比英寸、英尺、码、英里更为精确的测量，因此测量工具的测量精度要更高。我们先从两种计量体系中均会用到的基本测量工具开始学习。

分数刻度尺

1 英寸可以被二等分、四等分、八等分、十六等分，等等。如图 14-5 所示的标准英寸尺的测距精度可以达到 1/16 英寸，亦即在该尺上 1 英寸被刻度线平均分为 16 份。如果你从零刻线开始数 4 小格，那么测量的结果就是 1/4 英寸。

图 14-5 标准英寸尺的测距精度可以达到 1/16 英寸。

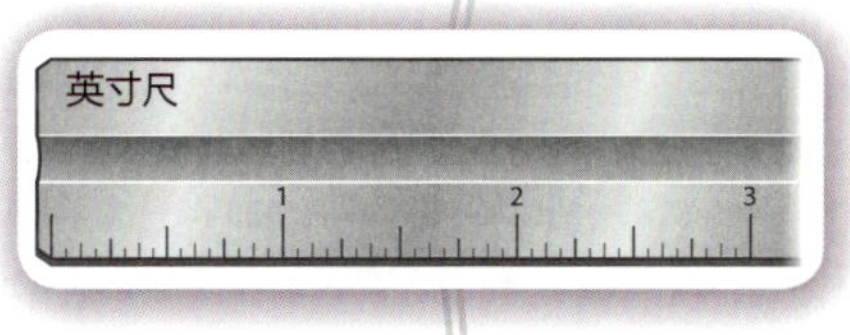

©Cengage Learning 2012

图 14-6 十进制刻度尺上的每一英寸被标有数字的刻度线均分为 10 小格。

©Cengage Learning 2012

十进制刻度尺

十进制英寸刻度尺上的每一英寸被刻度线均分为 10 小格，

每一条刻度线上都有逐渐增大的数字标记（如图 14-6 所示）。相邻两条刻度线之间的距离为 1/10 英寸，或 0.1 英寸。每个 1/10 英寸的小格又进一步被分为 5 个小格，这些最小的刻度之间的距离为 1/50 英寸，或 0.02 英寸。

图 14-7　米尺是以十进制为基准进行测量的，并在每一个厘米刻度线处都标有数字刻度。

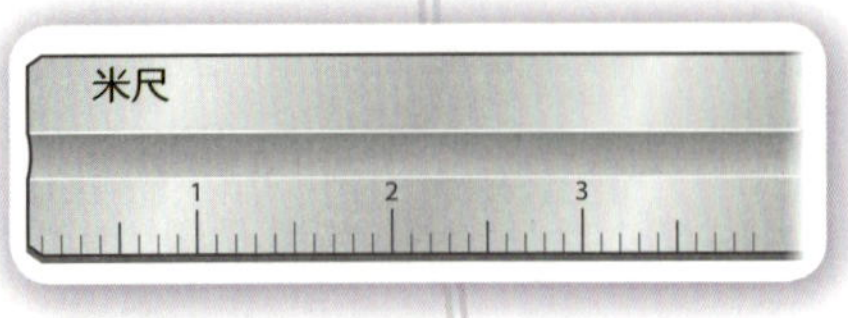

©Cengage Learning 2012

米尺

米尺是以十进制为基准进行测量的，标准的米尺在每一个厘米刻度线处都标有数字刻度。米尺上的每一厘米又进一步被分为十等份，每一个小格代表 1 毫米（如图 14-7 所示）。

图 14-8　分数刻度尺与米尺的对比。

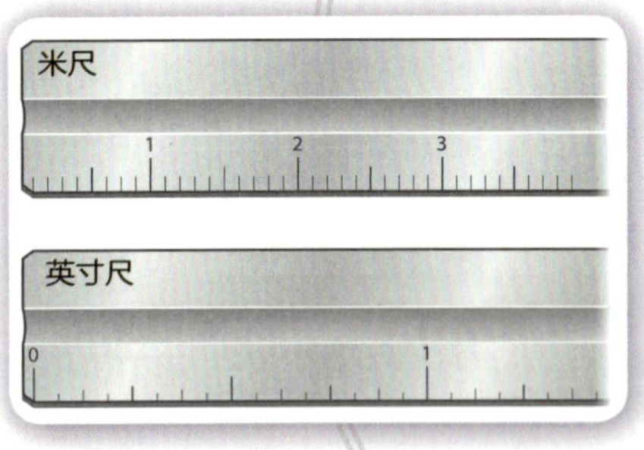

©Cengage Learning 2012

单位换算方法及换算率

工业领域目前采用的计量体系尚未完全统一，也正因如此，工程师在使用不同的测量工具或是与制造商讨论产品的几何尺寸时常常需要用到单位之间的换算和换算率。例如，工程师可能需要将分数表示的英寸换算成以小数表示的英寸，或者将一个计量体系内的单位换算成另一个计量体系内的单位，如从英制中用小数表示的英寸换算成公制中的毫米。让我们将英制下的分数刻度尺和公制下的米尺放在一起来看（如图 14-8 所示），将英寸换算为毫米，对应的换算率为 1 英寸 = 25.4 毫米。

例题

问题： 将 $4\frac{1}{2}$ 英寸换算成以毫米为单位。

第一步： 将分数转化成小数：

$\frac{1}{2} = 1 \div 2 = 0.5$ 英寸，然后在此基础上加上整数部分，得：

$4\frac{1}{2}$ 英寸 $= 4.5$ 英寸

第二步： 将英寸单位下对应的数值乘以 25.4 毫米 / 英寸（换算率）：

4.5 英寸 × 25.4 毫米 / 英寸 = 114.3 毫米

第三步： 如果要将毫米单位换算成以英寸为单位的话，则要除以换算率：

114.3 毫米 ÷ 25.4 毫米 / 英寸 = 4.5 英寸

很多建筑行业目前仍然将分数表示的英寸数值作为长度测量的基准单位，为了将以分数表示的英寸数值转化为小数表示的英寸数值，只需要用分子（分数线上方的数字）除以分母（分数线下方的数字）即可。

$$\frac{1}{8} = 1 \div 8 = 0.125$$

尽管在实际应用过程当中，很少将以小数表示的英寸数值换算成以分数表示的英寸数值，但这里还是提供两种常用的换算方法：

方法一：除法 从小数点开始，数出小数点后有几位数字。如果小数点后有一位数字，那么就将小数点后的数字作为分子，以 10 作为分母，然后化简；如果小数点后有两位数字，那么就将小数点后的数字作为分子，以 100 作为分母，然后化简；如果小数点后有三位数字，那么就将小数点后的数字作为分子，以 1000 作为分母，然后化简。以此类推。

$$0.75=\frac{75}{100}=\frac{3}{4}$$

方法二：换算表 如果不通过数学计算进行单位换算，还可以通过表 14-2 所示的分数到小数换算表进行单位间的换算。

表 14-2 分数到小数换算表。

分数	小数	分数	小数
1/64	0.015625	33/64	0.515625
1/32	0.03125	17/32	0.53125
3/64	0.046875	35/64	0.546875
1/16	**0.0625**	**9/16**	**0.5625**
5/64	0.078125	37/64	0.578125
3/32	0.09375	19/32	0.59375
7/64	0.109375	39/64	0.609375
1/8	**0.125**	**5/8**	**0.625**
9/64	0.140625	41/64	0.640625
5/32	0.15625	21/32	0.65625
11/64	0.171875	43/64	0.67185
3/16	**0.1875**	**11/16**	**0.6875**
13/64	0.203125	45/64	0.703125
7/32	0.21875	23/32	0.71875
15/64	0.234375	47/64	0.734375
1/4	**0.25**	**3/4**	**0.75**
17/64	0.265625	49/64	0.765625
9/32	0.28125	25/32	0.78125
19/64	0.296875	51/64	0.796875
5/16	**0.3125**	**13/16**	**0.8125**
21/64	0.328125	53/64	0.828125
11/32	0.34375	27/32	0.84375
23/64	0.359375	55/64	0.859375
3/8	**0.375**	**7/8**	**0.875**
25/64	0.390625	57/64	0.890625
13/32	0.40625	29/32	0.90625
27/64	0.421875	59/64	0.921875
7/16	**0.4375**	**15/16**	**0.9375**
29/64	0.453125	61/64	0.953125
15/32	0.46875	31/32	0.96875
31/64	0.484375	63/64	0.984375
1/2	**0.50**	**1**	**1.00**

精密测量仪器

精确(precision): 指十分准确或完全相同。

精确性 在工程领域中至关重要，精确性意味着十分准确或是完全相同。工程师在设计一个方案时，他的测量必须保证足够精确以便生产出合格的产品。为了保证测量的精确性，工程师必须使用特殊的测量仪器。

用游标卡尺进行测量

图 14-9　游标卡尺。

Image provided courtesy of the Brown & Sharpe TESA Division of Hexagon Metrology, Inc.

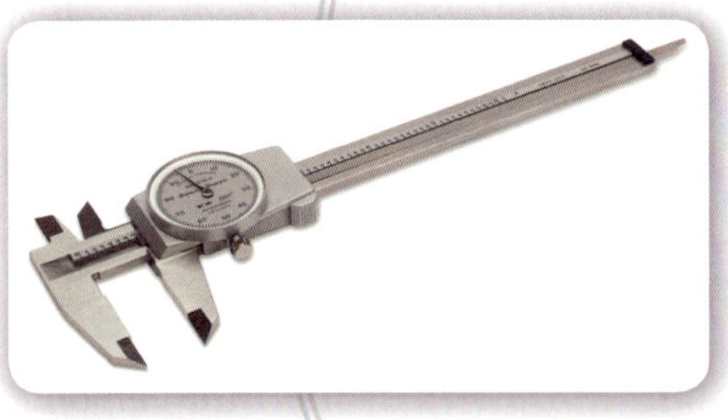

游标卡尺 是工程领域中使用最多的测量工具之一(如图 14-9 所示)。在精密测量仪器里，或许它的功能最多、使用最方便，它的测量精度可以达到 0.001 英寸。

使用游标卡尺时，用大拇指推动游标在主尺上前后移动，直至测量爪张开的距离恰好容纳你所测量的对象。例如，如果你想要测量一根螺栓的长度，那么你需要将螺栓放在两支外测量爪之间，然后用大拇指缓缓推动游标直至测量爪内表面将螺栓夹紧。注意在推动游标过程中不要用力过猛，以免损坏游标卡尺。

如图 14-10 所示，一个游标卡尺可以测量四种不同类型的长度，它们分别是：线段长度、小孔深度、圆孔内径和圆孔外径。

图 14-10　游标卡尺可测量的四种不同类型长度：(a)线段长度，(b)小孔深度，(c)圆孔内径，(d)圆孔外径。

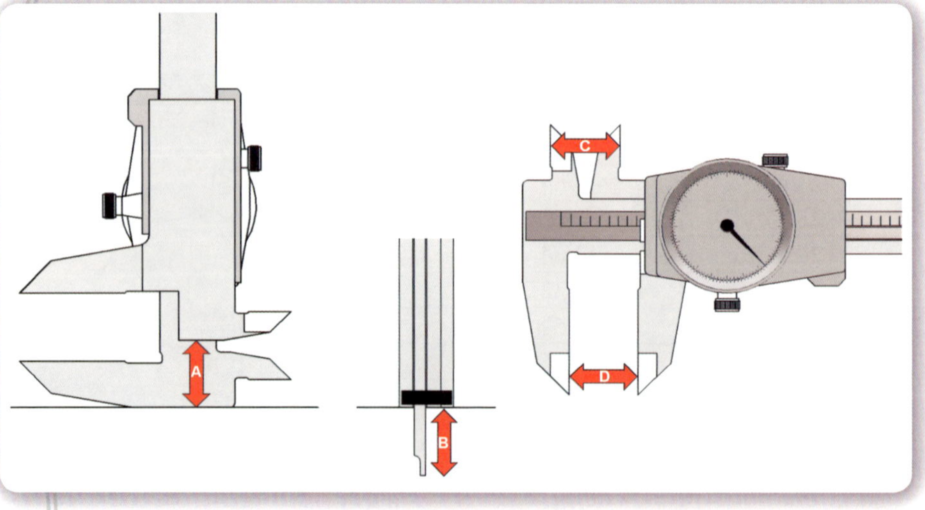

©Cengage Learning 2012

游标卡尺读数

游标卡尺上共有两组刻度，一组在主尺上，一组在游标上。例如，有一根游标卡尺量程为 6 英寸，故主尺上的主刻度的读数是从 0 到 6；其中的每一英寸又进一步十等分，每个等分刻度上分别标有 0 到 9 的数字。主尺上相邻的两个十等分刻度线之间的距离等于 1/10 英寸，或 0.1

英寸。在游标上的刻度共被一百等分，每两个刻度线之间代表 1/1000 英寸，即 0.001 英寸。

不论用游标卡尺测量线段长度、小孔深度、圆孔内径、或圆孔外径中的哪一类距离，读数的方法都是相同的。

1. 在主尺上读出测量结果的整数部分；
2. 读出整数部分右侧的十分位数值；
3. 将游标上的指针读数乘 0.001；
4. 将以上读数全部相加得到最终读数；
5. 重复以上过程以确保读数无误。

例题

问题： 读出图 14-11 所示游标卡尺上的读数。

第一步： 在主尺上读出测量结果的整数部分：

0.000 英寸

第二步： 读出整数部分右侧的十分位数值：

0.500 英寸

第三步： 将游标上的指针读数乘 0.001：

0.025 英寸

第四步： 将以上读数全部相加得到最终读数：

0.000 英寸 + 0.500 英寸 + 0.025 英寸 = 0.525 英寸

第五步： 重复以上过程以确保读数无误。

图 14-11　游标卡尺。

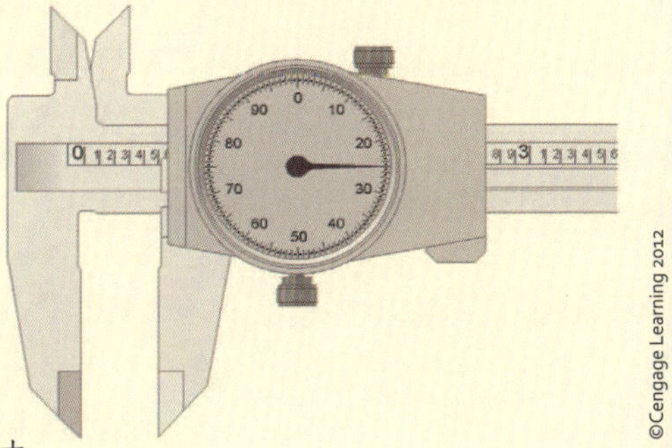

轮到你了

问题 1：读出图 14-12 所示游标卡尺上的读数。
问题 2：读出图 14-13 所示游标卡尺上的读数。

图 14-12　游标卡尺。

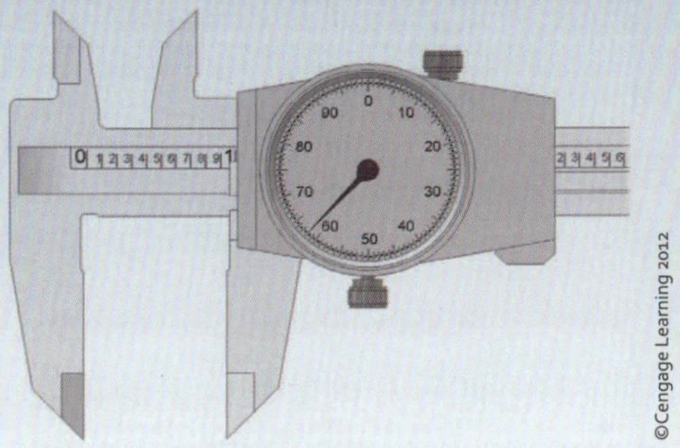

图 14-13　游标卡尺。

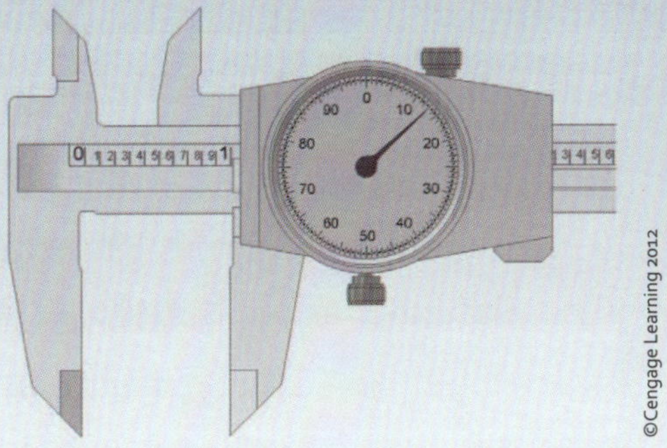

用千分尺进行测量

千分尺 是用来测量平板物体（如纸张或铝箔）厚度或是圆形物体（如螺杆或钢钻头）直径的仪器。千分尺主要由尺架、测量砧、测微螺杆、固定套管、微分筒、锁紧旋钮等组成（如图 14-14 所示）。测量时，将待测物体放置在测量砧和测微螺杆之间，旋转移动套管直至物体被轻轻夹住。

图 14-14　量程为 0 至 1 英寸的外径千分尺。

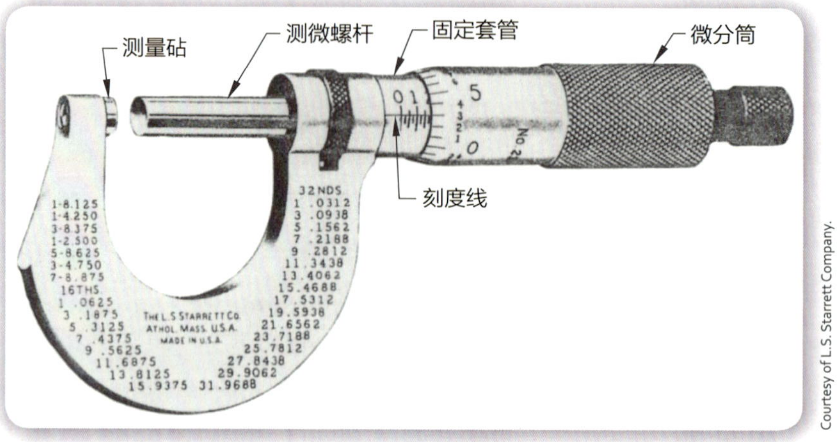

常用的千分尺的测量精度都达到 0.001 英寸以上，有些千分尺的测量精度甚至可以达到 0.0001 英寸。千分尺本身的大小可能各不相同，但其最大量程均为 1 英寸。如图 14-14 所示的千分尺是一种工厂中常用的类型，量程为 0～1 英寸，它只能用来测量尺寸不超过 1 英寸的物体。而量程为 1～2 英寸的千分尺，则只能用来测量尺寸介于 1～2 英寸之间的物体。

千分尺读数

固定套筒上标有 0、1、2、3、4、5、6、7、8、9 几个数字（如图 14-15 所示），意味着将一英寸十等分，相邻两个数字之间代表 0.100 英寸。相邻两个较大刻度线之间有三个较小的刻度线（如图 14-15 所示），这些小刻度线进一步将 0.100 英寸四等分，每一份相当于 0.025 英寸。使用者通过旋转微分筒增大或减小测量砧与测微螺杆之间的距离，微分筒每转一圈代表 1/40 英寸，也就是将测量砧向前或向后移动 0.025 英寸。在微分筒边缘圆周上的每两条刻线之间代表着 0.001 英寸。

千分尺的读数步骤如下：

1. 读出固定套管上 1/10 英寸刻度线代表的数值；
2. 读出 1/10 英寸刻度线右侧四等分刻度线代表的数值；
3. 读出微分筒上与零刻线最为接近的 1/1000 英寸刻度；

4. 将以上读数全部相加得到最终读数；

5. 重复以上过程以确保读数无误。

例题

问题：读出图 14-15 所示千分尺上的读数。

图 14-15　0～1 英寸千分尺。

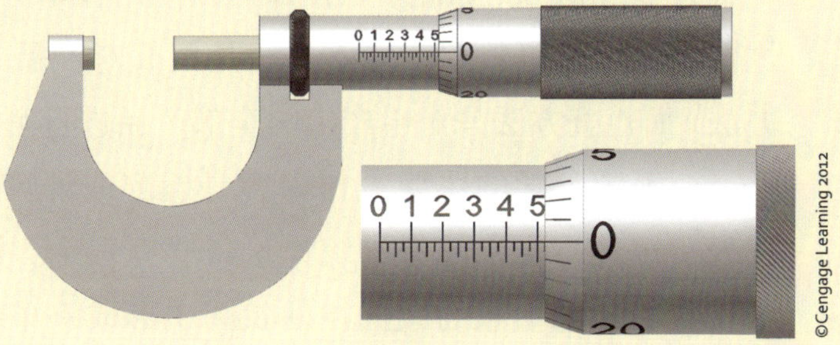

第一步：读出固定套筒上 1/10 英寸刻度线代表的数值：

0.500 英寸

第二步：读出 1/10 英寸刻度线右侧四等分刻度线代表的数值（每一小格＝0.025 英寸）：

0.025 英寸

第三步：读出微分筒上与零刻线最为接近的 1/1000 英寸刻度：

0.000 英寸

第四步：将以上读数全部相加得到最终读数：

0.500 英寸＋0.025 英寸＋0.000 英寸＝0.525 英寸

第五步：重复以上过程以确保读数无误。

轮到你了

问题：读出图 14-16 所示千分尺上的读数。

图 14-16　0～1 英寸千分尺。

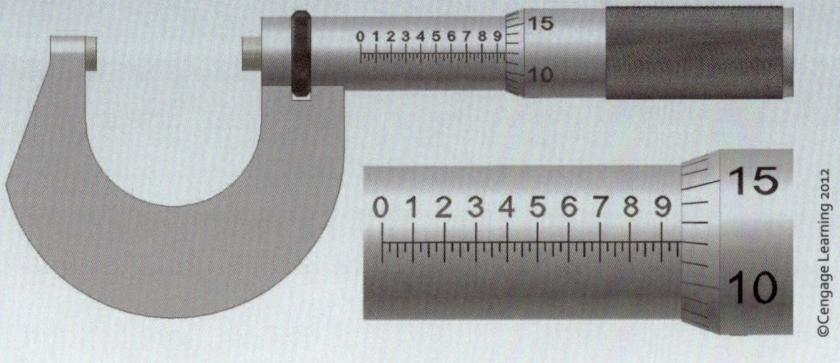

5 数据统计分析基础

统计学 的主要内容是数据的采集、分析与解释。数据是通过观察、实验、预设等手段获得且经过整理的信息。在工程领域，这一类信息一般是通过测量获得的。我们通常将一组数据称为一个数据集，而数据集通常是由质量控制工程师采集得到的。

为了得到一组数据，工程师可以使用样本方法搜集数据，也可以通过普查方法搜集数据。样本方法是仅仅对产品中的一部分进行测量的方法，而普查方法是对生产出的全部产品进行测量的方法。

初等统计学的主要工作内容是确定或计算一组数据的集中趋势。代表一组数据集中趋势的统计量主要有三个，分别是：众数、中位数、平均值。如果抽取的数据在柱状图中形成一条钟形曲线，那么我们就称这一组数据“正态分布”。以“正态分布”的数据为基础计算得到的众数、中位数和平均值这三个数值应相等。

众数

众数 是一组数据中出现次数最多的数。

例题

数据集：13，7，8，23，14，13，21，25

第一步：将数据集中的各个数据按由小到大顺序重新排列：

7，8，13，13，14，21，23，25

第二步：找出出现次数最多的数：

7，8，**13**，**13**，14，21，23，25

众数 = 13

如果在一个数据集中，有两个以上数据的出现次数相同且出现次数多于其他任何数据，则该数据集呈多峰分布。含有两个众数的数据集为 **双峰分布** 数据集；含有三个众数的数据集为 **三峰分布** 数据集。

例题

数据集：7，3，4，34，12，45，4，34，5，8，21

第一步：将数据集中的各个数据按由小到大顺序重新排列：

3，4，4，5，7，8，12，21，34，34，45

第二步：找出出现次数最多的数：

（接下页）

例题（接上页）

3, **4**, **4**, 5, 7, 8, 12, 21, **34**, **34**, 45

众数 = 4, 34

在这组数据中，4 与 34 两个数据出现的次数相同（各出现两次）且出现次数高于其他数据，因此该数据集是双峰分布的。

中位数

中位数 是一组从小到大排列的数据中处于中间位置的数。在一个含有奇数个数据的数据集中，中位数两侧的数据个数应相同。如果一个数据集中含有偶数个数据，则中位数等于处于中间位置的两个数据的平均值。

例题

数据集：12, 1, 7, 20, 2, 8, 4, 18, 6, 15, 10

第一步：将数据集中的各个数据按由小到大顺序重新排列：

1, 2, 4, 6, 7, 8, 10, 12, 15, 18, 20

第二步：找出处于中间位置的数：

1, 2, 4, 6, 7, **8**, 10, 12, 15, 18, 20

中位数 = 8

例题

数据集：1, 6, 4, 3, 5, 2

第一步：将数据集中的各个数据按由小到大顺序重新排列：

1, 2, 3, 4, 5, 6

第二步：找出处于中间位置的数：

1, 2, **3**, **4**, 5, 6

第三步：将中间位置的两个数据求和并除以 2：

$3 + 4 = 7$

$7 \div 2 = 3.5$

中位数 = 3.5

平均值

求解一组数据的 **平均值** 时需要将全部数据相加，并将求和结果除以该数据集中数据的个数。

例题

数据集：12，14，23，7，9，10

第一步： 数出该数据集中数据的个数：

数据个数 = 6

第二步： 将该数据集中的各个数据相加求和：

12 + 14 + 23 + 7 + 9 + 10 = 75

第三步： 将求和结果除以该数据集中数据的个数：

75 ÷ 6 = 12.5

平均值 = 12.5

极差

尽管一个数据集的极差（R）并不反应数据集的集中趋势，但它仍是一个非常有用的统计量。极差是一组数据中最大值与最小值之间的差值，该统计量使得质量控制工程师可以直观地看出产品或样本的变化范围。

例题

数据集：12，14，23，7，9，10

第一步：找出该组数据中的最大值和最小值：

最大值 = 23

最小值 = 7

第二步：用最大值减去最小值：

23−7 = 16

极差（R）= 16

6

计算标准差

标准差：（standard deviation）
一组数据的标准差代表了该组数据相对于平均值的离散程度。

一组数据的 **标准差** 代表了该组数据相对于平均值的离散程度。标准差值较小意味着该组数据中的各个数据与平均值的差别较小，而标准差值较大则意味着该组数据中的各个数据与平均值的差别较大。

统计学中通常利用平均值和标准差在柱状图上将从正常生产过程中采集的数据分为几组。采集来的数据会在柱状图上形成一条钟形曲线，而该组数据中的数据会按照一定比例落在柱状图上距离平均值 ±1、±2、±3 倍标准差的范围内（如图 14-17 所示）。

一条正态分布曲线通常画出 6 倍标准差的范围，并且平均值（通常是产品的目标尺寸）位于正态分布曲线中央。统计学家发现：有 68% 的数据将落在距离平均值 ±1 倍标准差的范围内；95% 的数据将落在距离平均值 ±2 倍标准差的范围内；99% 的数据将落在距离平均值 ±3 倍标准差的范围内。

图 14-17 正态分布曲线（钟形曲线）表示出数据会按照一定比例落在图上距离平均值 ±1 倍、±2 倍、±3 倍标准差的范围内。

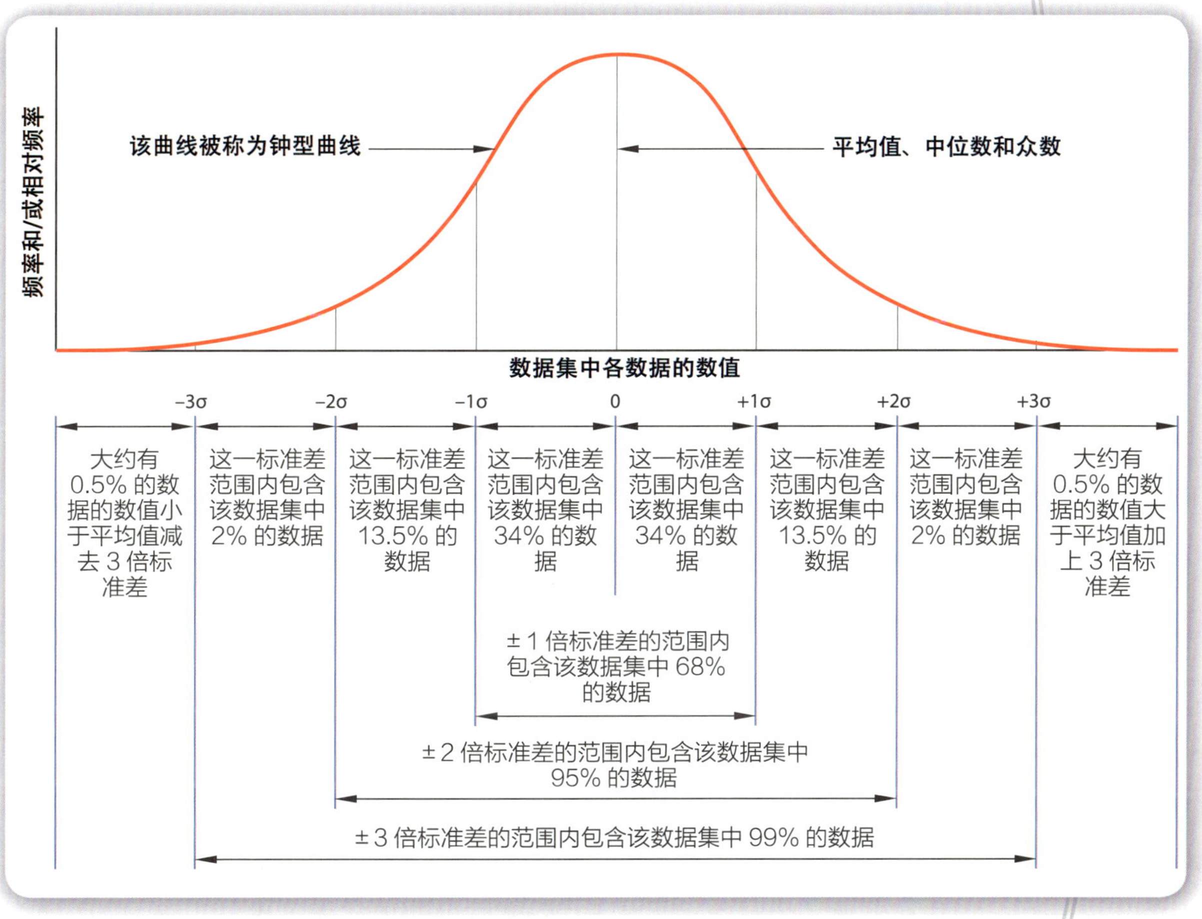

©Cengage Learning 2012

例题

计算以下一组数据的标准差：

$$x_1=5,\ x_2=6,\ x_3=8,\ x_4=9。$$

第一步： 利用公式 14-1 计算该组数据的平均值（$\bar{x}$）

$$\bar{x}=\frac{\sum x}{n} \qquad (14\text{-}1)$$

其中：

$\sum x$ = 该数据集中所有数据之和

n = 该数据集中数据的个数

（接下页）

例题（接上页）

$$\bar{x}=\frac{x_1+x_2+x_3+x_4}{n}$$
$$=\frac{5+6+8+9}{4}$$
$$=7$$

第二步：利用公式 14-2 计算该组数据的标准差（S）：

$$S=\sqrt{\frac{\sum(x-\bar{x})^2}{n-1}} \tag{14-2}$$

将 $n=4$，$\bar{x}=7$ 代入：

$$S=\sqrt{\frac{\sum(x-7)^2}{4-1}}$$

用数据集中的每一个数据代替 x：

$$S=\sqrt{\frac{(5-7)^2+(6-7)^2+(8-7)^2+(9-7)^2}{4-1}}$$
$$=\sqrt{\frac{(-2)^2+(-1)^2+(1)^2+(2)^2}{3}}$$
$$=\sqrt{\frac{10}{3}}$$
$$=1.8$$

轮到你了

为了体验数据搜集和分析的全过程，请看表 14-3 所示的加拿大多伦多市在 2007 年时各月份的最高气温。

问题：求解这组数据的众数、中位数、平均值以及标准差。

表 14-3　加拿大多伦多市在 2007 年时各月份的最高气温。

月份	温度（℉）	月份	温度（℉）
一月	29	七月	81
二月	31	八月	79
三月	40	九月	71
四月	55	十月	55
五月	65	十一月	45
六月	75	十二月	35

www.weatherunderground.com

当对一个正常的生产工艺计算标准差时，通常选用一组样本数据即可，而不必使用全部数据。为了补偿在样本数据选取中可能带来的误差，在计算样本数据的标准差时将各个数据与平均值之差的平方和除以 n-1（见公式 14-2），而不是除以 n。这样求得的样本数据的标准差比全体数据的标准差要略大一些，选取的正态分布曲线范围也宽一些。

7

质量

制造商总是面临着提高生产效率和降低生产成本的挑战，而与此同时，他们还需要进一步提升产品的质量或至少维持产品原有的品质。下面的几个例子充分说明了为什么产品质量必须被放在产品研发、生产工艺设计、加工制造等各项工作的首位。

首先，产品质量的重要性往往取决于该产品的功能。例如，报纸的印刷质量较差可能并不是一件生死攸关的事情，但如果生产出的武器装备是哑枪哑炮则绝对是人命关天的大事。在第二次世界大战中，军火质量不合格一直是一个巨大的隐患。为了能够尽早赢得战争、避免无辜的生命受到战争伤害，美国政府下决心解决军火质量不合格的问题。为了达到目的，军火商重新对其生产工艺进行检查，找出导致产品质量不达标的因素，然后做出相应调整以控制和提高产品质量。

再举一个例子，我们都听过一句话："一分价钱一分货。"如果两件商品外观相似价格却不相同，消费者很可能会认为便宜的商品质量相对较差，故很可能选择购买较贵的商品。可想而知，便宜的商品销量将会明显下降，慢慢地就会在商业竞争中逐渐被淘汰。

质量改进

产品质量改进的热潮在第二次世界大战后的日本首先兴起，因为当时的军火制造商普遍向民用领域转移。在最初的一段时间里，这些制造商生产出的产品质量极差。然而随着时间的推移，他们开始为提高产品质量寻找新的途径。他们向当时两位著名的质量控制专家戴明（W. Edwards Deming）和朱兰（Joseph M. Juran）寻求帮助，结果在 20 世纪 70 年代中期，日本已经在汽车及电子产品的生产质量方面享有很高的声誉，其产品质量甚至超越了美国当时同类产品的质量。这也让美国的制造商认识到了检测和控制产品质量的重要性。

8

质量管理体系

朱兰开创了一套质量管理体系，被称为"朱兰三部曲"。该质量管理体系可以帮助制造商达到其预期的目标：

工程师档案

给卫生保健的胳膊上打一针

帕苏帕蒂（Kalyan Pasupathy）从小喜欢数学，并且一直在探索自己的职业模式。然而，他最终进入了一个看似对于工程师来说并不合适的领域：卫生保健行业。帕苏帕蒂目前是密苏里大学健康管理与信息化专业的助理教授，主要从事机构运营与系统分析研究。

帕苏帕蒂，密苏里大学医学院机构运营与系统分析工程师

谈到他自己的研究领域时，帕苏帕蒂介绍说，"这一领域主要关注如何配置雇员与系统硬件，并最终将工作完成。"这一研究方向可以追溯到上世纪末促进美国制造业变革的动作与时间研究，"其研究目的就是使得工作过程更加流畅、更加高效并且失误更少。"

像沃尔玛及丰田等零售业早已引入了这一技术，而卫生保健行业却在这方面没有跟上潮流。帕苏帕蒂指出："传统上，医生、护士以及其他的卫生保健从业人员都是分别在不同的学校接受各自的专业训练，但是他们却没有接受过如何在相互之间进行有效配合的训练。接下来我们将致力于为他们提供相应的训练。"

工作内容

帕苏帕蒂最初是通过美国红十字会进入医疗卫生行业的，他当时参与的项目为该组织在一年之内节省了 70 万美元。"我们所做的事情就是仔细观察每一家单位是如何运作的，然后我们利用搜集到的信息建立了一个模型，以使得每一家单位的资源能够得到更充分的利用。"

从那之后，帕苏帕蒂将他积累的技能用于更为广阔的医疗卫生领域，包括乳腺癌的检查、药物的管理等。"目前，我们在与一所大学的附属医院合作，我们监测那些用药方面的失误，查找治疗过程中哪些环节容易出现差错。当你步入一家医院的药物中心时，你会发现电话总是不时地响起，这些干扰最终很容易导致错误和医疗事故的出现。我们在寻找问题发生的根源，以改善医疗质量，提高安全保障。"

职业启蒙

与很多工程师一样，帕苏帕蒂小时候是一个数学天才，但他特别提起他高中时代的一位老师亚伯拉罕（Elizabeth Abraham），正是这位老师使得帕苏帕蒂心中的点滴灵感最终喷涌而出。"她在鼓励学生方面做得非常好，她鼓励学生根据自己的才能探索属于自己的学习方法。而同样作为一位教育者，我总是将她作为自己的榜样。"

教育经历

帕苏帕蒂在本科生阶段主修机构运营，但是他在弗吉尼亚理工大学的研究生阶段从事的是被他称为"精益求精的科学"的研究——用分析的方法提高机构的运营效率。"在弗吉尼亚理工大学所学的课程在我脑海中播下了工程的种子，使得我头脑中经常闪过这样的念头：'我该如何改进这些工作呢？'"

对学生的建议

如果让帕苏帕蒂对未来的工程师传授一些经验，那么他最想说：现在的工程师可以从事世界上任何领域的工作。"我们早已不仅仅在建造房屋桥梁、或是在工厂中操作机器了。工程师完全可以在一个全新的领域工作，工程和医疗卫生行业也不再是毫不相关的了，目前有一些大学正在从事不可思议的研究。准备好迎接惊喜与挑战吧！"

1. 质量策划

2. 质量控制

3. 质量改进

换句话说，你需要事先做好充分的准备，然后在生产过程中引入合理的质量控制方法，最后在对产品质量评估过程中寻求改进的方法。为了能够更加具体地对“朱兰三部曲”进行诠释，我们不妨以饼干烘焙为例进行说明。

1. 质量策划：确定自己想要制作哪一种饼干，然后准备相应的原料、厨房用具，以及其他的辅助用具。

2. 质量控制：在调配原料和烘焙饼干过程中，使用合适的量杯和勺子来称量各类原料，将烤箱进行合理的设置以保证加热的时间和温度适宜。

3. 质量改进：通过品尝最终的饼干成品，判断它们是否满足你最初的预期。作为反馈，你可能会需要对口味作出调整（改变原料），缩短原料准备和烘焙时间（改变过程），或是在保证饼干口感不变的前提下尽量避免厨房变得一团糟（减少浪费）。

现在我们已经对“朱兰三部曲”有了一个大致的了解，下面我们将对其进行更加深入的解读。

质量策划

质量策划过程包括以下几个重要步骤：

1. 启动项目

2. 确定目标客户

3. 了解客户的需求

4. 设计产品

5. 设计生产工艺

6. 设计质量控制方法，并将其付诸实施

为了进一步实施以上这些步骤，我们将以生产飞盘为例进行说明。

启动项目　启动项目包含两项内容，分别是：（1）确定产品是什么（飞盘）；（2）为这个项目组建一个团队，团队中的每一个成员有着自己固定的角色和职责。例如，航空工程师的职责是确保该飞盘可以平稳地飞行，而人体工程学家则需要确保该飞盘在使用过程中不会对使用者造成伤害。

确定目标客户　为了确保生产出的产品广受欢迎，项目团队需要确定其潜在的客户人群。就拿飞盘来说，其潜在客户中包含了业余休闲爱好者和专业运动员，这些不同的客户对该飞盘的功能和外观显然有着不同的需求。项目团队中应当包含市场分析人员，他们将负责确定潜在客户并调查这些客户愿意出多少钱购买他们中意的产品。

了解客户的需求 一旦确定了潜在客户，那么紧接着下一步就是要确定他们的需求。市场分析人员需要对客户进行采访，并搜集他们对于产品需求的信息。这些信息包含客户对产品外观的需求，以及客户对目前市面上现有同类产品的哪些方面感到满意，哪些方面感到不满意。一旦搜集到这些信息，就需要将它们进行分析，并按照重要性顺序排序，然后才能开始产品设计研发。

设计产品 优秀的设计可以降低产品生产加工的难度，可以增加产出、减少废品率以减少浪费，这些都有助于降低产品的生产成本同时保证产品质量。在对消费者需求进行分析和排序后，就需要开始考虑其他方面的问题了。为了做出优秀的设计，设计者或工程师必须做到对产品的生产工艺了然于胸。在设计产品的过程中必须要考虑到安全方面的因素，如尽量避免出现尖角等，还要考虑尽量减小对环境的影响。

产品的设计必须符合相关部门的规定，同时也需要满足行业规范的要求，如**国际标准化协会**（ISO）就颁布了一系列标准。ISO目前拥有157个会员国，是世界上最大的规范标准发布者。ISO作为一个非政府组织团体，其任务是为公众和商业领域的需求服务。

产品设计完成后，其相关信息将被录入到一份关于产品说明或产品要求的文件当中，该文件将详细记录产品的功能、外观和结构。

在现实当中，很少出现生产出的所有产品在几何尺寸上一模一样的情况，因此在产品策划环节中还需要确定尺寸偏差范围，这些偏差被称为公差。公差的允许范围主要取决于产品的功能和对产品质量的要求。例如，儿童玩具的公差允许范围就比外科医生使用的手术用具的公差允许范围要大得多。

生产工艺（manufacturing process）：
使得产品最终能够被生产出来的一系列操作过程。

设计生产工艺 质量策划的下一步是设计**生产工艺**，或者说是设计一系列操作过程，使得产品最终能够被生产出来。在这一过程中需要确定生产工具、生产任务、材料供应商等因素。产品生产线上的先后步骤也需要仔细全面地考虑，以保证最终的产品质量达标。

建立一份文件将材料的采购需求以图形或表格的形式记录下来，这可以帮助你买到合适的材料。一旦这些材料被买进，需要对这些材料进行全面的检查和检验，以保证最终产品的质量符合要求。高质量的产品是绝不可能用劣质材料生产出来的。

设计质量控制方法，并将其付诸实施 产品质量不能是随机的，而必须是可控的。设计质量控制方法是为了确保生产设备生产出的产品能够符合预期的产品各方面性能要求。为了做到这一点，生产区域内的一切操作都需要满足生产条例，以保证全套生产工艺在可控的范围内。

生产策划的最后一步就是对质量控制的方法进行设计，并将其付诸实施。控制产品质量的方法多种多样，例如可以制订和实行标准操作程序（SOP）。这些标准程序就像菜谱一样，可以在产品加工的每一个环节中给出具体的操作指示。除此之外，还有很多质量控制方法，例如可以为一线生产工人提供岗位培训；或是通过夹持装置将产品固定，以避免工人在对产品进行操作时产生人为偏差等。

质量控制

若要生产出质量合格的产品就不能仅仅止步于质量策划环节，而需要进行生产过程的质量控制，包括对生产过程进行监测并找出造成质量问题的因素，并在此基础上寻求解决问题的方法并最终付诸实施。

为了使得生产和加工过程处于可控范围内，通常需要引入一定的监测手段，这些手段可以应用在整个生产过程末尾或是贯穿整个生产过程。贯穿整个生产过程的监测是相对较有效的方法，而监测手段同样又是多种多样的，如破坏测试（将产品破坏并对其破坏过程、破坏结果进行分析）、非破坏测试（如X射线探伤、超声波探伤、照片分析等）以及基础测量。在某些情况下，适时适当地引入控制手段，就可以减少甚至无需对产品生产过程进行监测。

质量改进

质量改进是“朱兰三部曲”中的最后一步。质量改进是指做出比质量控制环节中大得多的调整，包括修改设计参数、调整生产工艺以提高产品质量、提高生产效率或降低成本。

统计学在工程领域中的应用

产品的生产加工过程中往往存在一个不争的事实，那就是生产出残次品与生产出合格品所需花费的成本基本不相上下。而合格品与残次品之间的最大差别就在于制造商无法将残次品卖出，也就是说，生产出的残次品是一种巨大的浪费。如果A公司因无法控制其产品的生产工艺而生产出过多的残次品，那么该公司生产单位产品的成本就会被迫提高，而这一成本的提高最终需要由消费者埋单。如果B公司作为A公司的竞争者，可以在同样的情况下不致产生过多的浪费，那么B公司销售同样商品的价格就必然低于A公司并最终将A公司淘汰出局。为了避免出现类似的情况，生产加工过程中常常引入统计学方法以减少残次品的数量。

效率、精密性和准确性

为了在产品的质量和价格上赢得优势，公司需要确保其生产工艺的高效和经济，这也就意味着在时间、材料、加工过程等方面尽量减少甚至是完全避免浪费。同时，生产过程中要尽量保持精密性，也就是生产出的产品要达到事先确定的标准和要求。最后，公司的生产工艺要具有准确性，使得每一批产品之间的差别不大。

当我们谈到生产制造时，我们常常用图 14-18 中所示的四种靶图直观地对“精密性”和“准确性”这两个概念进行诠释：

▶ 靶图（a）：小球全部远离靶心，且没有明显的群聚现象，即不具备“准确性”的特征。如果某一生产过程制造出的产品和该图所示的情况类似，则说明该生产过程既没有精密性，也没有准确性。

▶ 靶图（b）：如果某一生产过程制造出的产品和该图所示的情况类似，则说明该生产过程的准确性较高，但精密性较差，因为统计结果与目标之间仍有较大差距。

▶ 靶图（c）：如果某一生产过程制造出的产品和该图所示的情况类似，则说明该生产过程的准确性和精密性均较高。

图 14-18 在生产制造领域中经常用这四种靶图直观地对“精密性”和“准确性”这两个概念进行诠释：（a）说明对应的生产过程精密性和准确性均较差；（b）说明对应的生产过程准确性较高，但精密性较差，因为统计结果与目标之间差距较大；（c）说明对应的生产过程精密性和准确性均较高；（d）说明对应的生产过程精密性较高，但准确性较差。

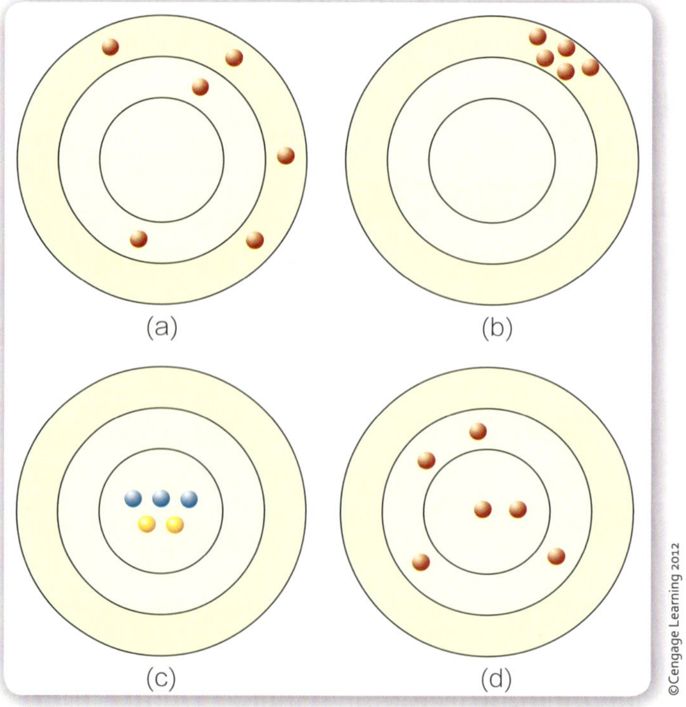

▶ 靶图(d)：如果某一生产过程制造出的产品和该图所示的情况类似，则说明该生产过程的精密性较高，但准确性较差。如果某公司的产品照这个样子生产下去，那么这些产品中将有相当一部分是不合格的。

工程师通过引入统计学过程控制方法保证所生产的产品价格低廉、质量上乘，且生产过程具有高效性、精密性和准确性，因此，引入统计学过程控制方法的生产商都尽量使得其生产出的产品与靶图(c)情况类似。

数据中错误的来源

经过统计得出的结论仅针对产生数据的样本对象有效。而不准确的数据常常是由测量仪器未经校准、测量仪器选择不合理或是人为失误造成的。

仪器校准 对于经过 ISO 认证的质量合格的生产企业来说，一项最基本的要求是定期将测量仪器送至第三方机构并接受检验和校准。**校准**是指利用某一标准的、固定不变的参照物对测量仪器进行检查和调整的过程。举例来说，如图 14-19 所示的量块是一种被打磨成长度尺寸极为精准的钢块，它们常常被用来校准游标卡尺和千分尺。

图 14-19 用来对游标卡尺和千分尺进行校准的量块。

Getty Images/Science and Society Picture

趣味阅读

量块的表面是无比光滑的，以至于当将它们放在一起时，连空气中的各类分子都无法进入到其相互接触的两个表面之间。因此，两个量块可以在没有任何胶水或其他黏结剂的情况下“黏”在一起。

测量仪器的不合理选用 在测量过程中，选用合理的测量仪器对于避免错误数据的产生至关重要。比如说，如果用一把标准的十六等分英寸尺测量同样一批新生产的铅笔的长度，那么测得的所有铅笔应该几乎是一样长的。但是如果用游标卡尺来进行测量，那么不同的铅笔长度就会有明显的差异，而这正是因为游标卡尺可以测量出标准英寸尺最小刻度的 1/60 的长度。这个例子也说明了一个道理，并非所有时候都需要用最为精密的测量工具采集数据。

所选用的测量仪器的测量精度应当达到被测对象最大允许公差的 1/10，一把测量精度为 0.001 英寸的游标卡尺较为适合对精度要求在

图 14-20 最大允许总误差为 0.020 英寸时对应的误差范围为 ±0.010 英寸。

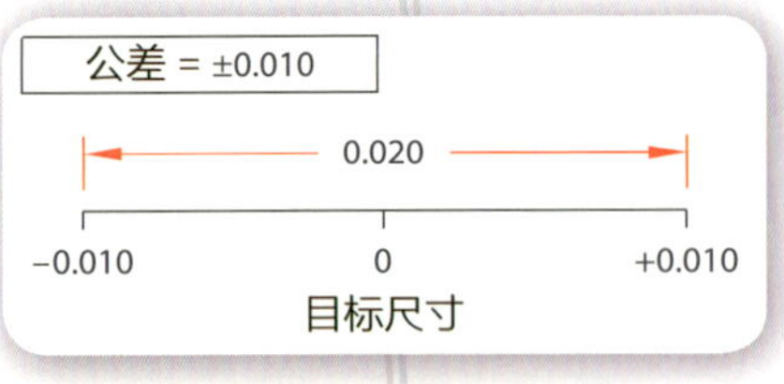

±0.010 英寸的对象（如圆孔直径）进行测量。这一对象的最大允许公差为 0.020 英寸（如图 14-20 所示），对应于最大允许公差 1/10 的长度是 0.002 英寸。然而，如果测量对象的最大允许公差要求更为严格，如仅仅为 0.002 英寸，那么就需要用比游标卡尺更为精密的测量仪器进行测量。

人为失误 在测量过程中选用不合理的测量仪器，或是选用了未经校准的测量工具等行为，都属于**人为失误**的范畴。人为失误是指由于人为疏忽或是意外事故导致的错误行为或错误决定。在生产合格产品过程中存在的偏差中，人为失误是最有可能导致数据偏差和数据出错的因素。

人为失误（human error）：
指由于人为疏忽或意外事故导致的错误行为或错误决定。

偏差的存在是正常的

图 14-21 看起来尺寸相同的金属销轴，在如激光干涉测量法等极为精密的测量手段下，同样会呈现明显的偏差。

差异存在于所有的事物之中，即使那些同一规格的工业产品也是如此。那些看起来尺寸相同的物体，例如图 14-21 所示的金属销轴，在如激光干涉测量法等极为精密的测量手段下，同样会显现出巨大的差异。然而，如果批量生产出的零部件中有一个尺寸过大或过小，并不一定意味着需要对生产过程进行调整。对生产过程的改变或调整应当基于对测量数据的统计分析结果。比如说，如果一组样品（三个或三个以上样品）的平均尺寸落在**控制极限**（控制极限是一个通过计算得到的量，与公差极限的概念不同）之外，那么就需要对生产该样品的机器进行必要的调整。

控制极限（control limit）：
经过统计和计算得到的上限和下限值。

对于生产过程中的偏差，有以下四点准则普遍适用：

1. 没有任何两个对象是完全相同的。

2. 在测量人员受过良好的训练，并且正确地使用经过校准的测量工具的情况下，产品的偏差是可以通过测量得到的。

3. 一条生产线上生产出的每个产品的最终指标是不能精确预测的。

4. 可以通过搜集一条生产线上的产品数据并进行分析，从而得出某些规律，再借助这些规律对该生产线的运转状态进行精确预测。

属性数据和变量数据

数据共分为两大类：属性数据和变量数据。其中，**属性数据**仅有是或否、好或坏、行或不行之分，不对数据的准确性进行考虑。例如，一种材料是否为黑色金属。我们可以通过将该材料放在磁场当中而得出明确的结论：如果该材料受到一定的吸引力，则该材料是黑色金属；否则该材料就不是黑色金属。

变量数据（或模拟量）是指处于某一可接受范围内的量。工程图上的长度尺寸和公差正是属于这一类变量数据。**公差**是指一组可以接受的尺寸变动范围，只要产品指标在这一范围内，就不至于影响其正常工作。

公差（tolerance）： 指一组可以接受的尺寸变动范围，只要产品的指标在这一范围内，就不至于影响其正常工作。

引起数据偏差的原因

两个被设计成完全相同的物体在生产过程中会因以下两种原因而产生一定程度的差异：偶然原因和可指定原因。**偶然原因**是指那些造成数据偏差的，无法定量描述的甚至有时无法辨别的因素。偶然原因通常是由系统层面的因素造成的。管理者和工程师要负责对系统做出调整以降低偶然因素的发生。

可指定原因是与生产流程无关的那些造成产品质量不合格的原因，因此，它们是间歇性出现的、不可预测的和不稳定的。可指定原因通常可以被操作员或机器发现并修正，而不需要通过管理者进行调整。例如，如果铣床上的立铣刀损坏了，这一状况显然会导致机器生产出的产品尺寸出现较大偏差。

数据编码

如果数的位数很多，那么就会很麻烦，很难处理。质量工程师经常会采用编码技术将复杂的数据变得易于处理。

例题

问题：对五个样本进行测量得到了以下一组数据：

五个样本的实测尺寸：

1.001 英寸，0.999 英寸，1.003 英寸，1.002 英寸，1.000 英寸。

该组测量结果的目标尺寸是 1.000 英寸，请对这组数据进行编码。

第一步：用实测尺寸减去目标尺寸，这样可以得到测量尺寸和目标尺寸之间的偏差：

a. 1.001 英寸 −1.000 英寸 = +0.001 英寸

b. 0.999 英寸 −1.000 英寸 = −0.001 英寸

c. 1.003 英寸 −1.000 英寸 = +0.003 英寸

d. 1.002 英寸 −1.000 英寸 = +0.002 英寸

e. 1.000 英寸 −1.000 英寸 = 0.000 英寸

五次测量的实测尺寸与目标尺寸之间的偏差为：

+0.001 英寸，−0.001 英寸，+0.003 英寸，+0.002 英寸，0.000 英寸。

第二步：在前一步的基础上将目标尺寸定为 0，并将偏差值变为整数，同时保持正负号不变：

基于目标尺寸处理后的偏差数据：

+1，−1，+3，+2，0。

（接下页）

例题（接上页）

对编码后的数据进行简单的运算可以不再使用计算器。例如，如果你需要直接对五次测量得到的实测尺寸进行求和计算，那么恐怕你得借助计算器以得到最终的结果——5.005 英寸；然而，如果你只需要对编码后的数据进行求和，那么你即使不用计算器也可以轻易求得结果为 5。考虑到编码后的数据中，单位 1 代表着实测尺寸的 0.001 英寸，同时注意到目标尺寸是 1.000 英寸，那么在不借助计算器的情况下也可以轻松地求出实测尺寸之和为 5.005 英寸。数据编码技术同样可以用于快速辨别有多少实测结果超出了允许公差的范围。例如，如果允许偏差为 ±0.002 英寸，那么也很容易就可以看出，以上五个数据中有四个数据落在了允许公差范围以内。

轮到你了

某公司受委托生产一大批边长为 2 英寸的铝板，并且在该铝板上距某一边固定距离处开一直径为 0.5 英寸的圆孔（如图 14-22 所示）。从产品中抽取了 35 个样品进行检测，以得到开孔位置的实际精度，测量数据罗列在表 14-4 中。请以 1.375 为目标尺寸，对表 14-4 中的数据进行编码。

图 14-22 标有目标尺寸为 1.375 英寸的铝板。

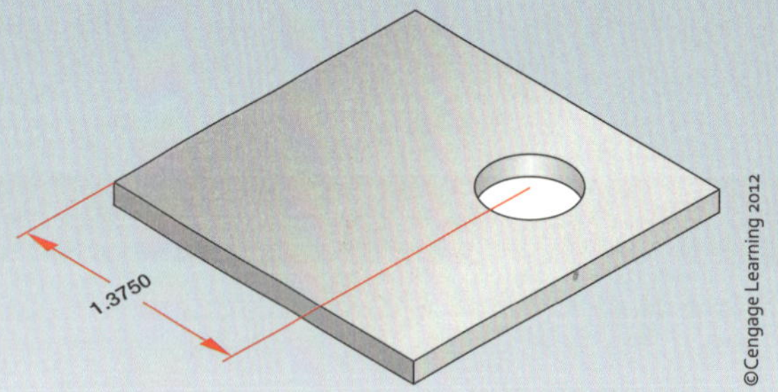

表 14-4 样品开孔中心到某一边实测距离列表。

1.378	1.376	1.377	1.376	1.376	1.378	1.377
1.378	1.372	1.376	1.375	1.379	1.377	1.380
1.376	1.374	1.374	1.375	1.375	1.372	1.379
1.375	1.375	1.370	1.377	1.371	1.374	1.374
1.375	1.373	1.373	1.373	1.374	1.375	1.375

生产能力

一名生产商如何能够知道车间里的机器能够生产出符合工程标准的合格产品呢？或者他怎么能够知道生产出的产品可以为他带来多少利润呢？为了回答这些问题，必须对每一台生产机器进行评估。

每一台机器都会重复地生产同一种零件，在这一过程中需要对每一个零件的尺寸进行严格的测量，最终测量的结果便组成一个数据集。该机器的生产能力可通过对该数据集中的数据进行计算后得出。术语**生产能力**（*Cp*）是描述数据分布规律的参数，同时能够反映出生产出的产品的参数与蓝本（BP）标准（公差）的相符程度。正如本章前面所述，如果生产过程中采集到的数据的 6 倍标准差范围（其中 3 个在均值以上、3 个在均值以下）可以涵盖 99% 以上的数据，那么我们就认为该组数据是“正常的”。计算 *Cp* 的方法如公式 14-3 所示：

生产能力（process capability）：
描述数据分布规律的参数，同时能够反映出生产出的产品的参数与蓝本（BP）标准（公差）的相符程度。

$$Cp=\frac{\text{总公差}}{6\text{倍标准差}} \tag{14-3}$$

在图 14-22 中，如果以 1.375 英寸为目标尺寸，圆孔中心的允许公差为 ±0.010 英寸，那么可接受的尺寸范围就是从 1.365 英寸到 1.385 英寸，其中包含了大小为 0.020 英寸的总公差。同时，表 14-4 中所有样本测量数据的标准差为 0.0023 英寸。根据以上信息，可以分析得出该开孔机器的生产能力，由此可以判断该生产过程对生产商来说将是盈利的还是亏损的。

例题

计算为图 14-22 中所示铝板开孔的机器的生产能力。假定开孔的公差为 ±0.010 英寸，所有样本测量数据的标准差为 0.0023 英寸。

$$\begin{aligned} Cp &= \frac{\text{总公差}}{6\text{倍标准差}} \\ &= \frac{0.020\ \text{in}}{6\times 0.0023\ \text{in}} \\ &= \frac{0.020\ \text{in}}{0.0138\ \text{in}} \\ &= 1.449 \end{aligned}$$

Cp 值的分级标准如表 14-5 所示。如果某一生产过程的 *Cp* 值大于 1.33，则表明该生产过程可以保证产品的变化在公差的范围以内；在这种情况下可以将该生产过程评价为“优异”，因为该生产过程不太可能生产出报废的零件。在这个例子中，任何一种在平板上开孔精度要求在 ±0.010 英寸内的生产任务都可以为该生产商带来利润。

表 14-5 *Cp* 值的分级标准。

生产能力	
大于1.33=	优异
1至1.33之间=	一般
小于1=	较差

如果将这个例子中的开孔公差改为 ±0.007 英寸，则该生产过程对应的 *Cp* 值变为 1.018。如果一个生产过程的 *Cp* 值介于 1 和 1.33 之间，则可以将该生产过程评价为“一般”。换句话说，在该生产过程中将可能产生个别报废零件。在这种情况下，生产商就需要仔细斟酌是否承接这样一笔订单了。

进一步来说，如果将这个例子中的开孔公差改为 ±0.005 英寸，则该生产过程对应的 Cp 值变为 0.727。如果某生产过程的 Cp 值低于 1，则该过程被评价为“较差”，也就意味着机器不能保证生产出的零件偏差不超出公差的范围。这样的话，生产过程中会产生大量的报废产品，并最终导致生产商亏损。

生产商为了提高产品质量和盈利，需要对生产过程进行改进。可采取的措施包括生产更为优质的零件、调整生产过程以便于操作、降低废品率、减小对反复检查的依赖性以及提高生产效率。如果生产商发现机器不能够生产出合格的产品，那么他就需要从以下三个方面做出抉择：对现有设备做出调整、彻底更换现有设备或是放弃这一单生意而将其拱手让给自己的竞争对手。

控制表格与过程统计控制 **过程统计控制**主要是指以改进生产过程为目的的数据采集，如缩小产品之间的差异。差异缩小意味着废品率降低，而废品率降低则意味着成本降低。控制表格是在过程统计控制中用于记录生产性能的方法，它可以显示出某一生产过程在何时发生了改变，何时需要对该生产过程进行调整。例如，控制表格记录了和生产性能相关的历史数据。而随着时间的推移，机器的性能将会退化。通过将记录的数据进行推演，制造商可以预测机器是否可以继续保留并使用或何时需要被更换。

$\bar{x}/R$ 表 生产过程中常用到一种控制表用来记录每一个子群（3 到 10 个样本组成一个子群）中的样本算术平均值 $\bar{x}$ 和样本的极差 R。在采集某一机器或是某一生产过程的数据并建立 $\bar{x}/R$ 表时，需要遵从以下一些准则：

1. 生产线需要在最佳状态下进行运转，确保没有特殊因素而导致偏差的产生。

2. 需要选择合适的指标作为数据采集的对象（如产品某个部位的尺寸）；不能在毫无关联的几何特征之间作比较。

3. 在采样过程中不能对生产过程做任何调整。

从 $\bar{x}/R$ 表中可以看出某一生产过程（或某台机器）是否在可接受的限制范围内工作。但是这类表格只能在确保生产过程正常的情况下使用。若要鉴别某一生产过程是否正常，首先需要将从该过程中采集的已编码样本数据绘制在直方图中进行判别：如果这些数据在直方图上形成一条钟形曲线，并且曲线的峰值出现在全部数据的平均值处，则可以判定该生产过程处于正常状态。

在建立了一张 $\bar{x}/R$ 表格之后，出现以下三种情况之一时，就需要对生产过程进行调整：

1. 如果某一个数据点落在了最高或最低统计极限之外，则需要对生产过程做出调整；

2. 如果连续测得的七个平均值全部落在了全体数据平均值水平的同一侧，那么就说明该生产过程的平均值发生了偏移，需要对该生产过程进行调整；

3. 如果连续测得的七个平均值保持递增或递减的趋势，则需要对该生产过程进行调整。

公式 14-4 和公式 14-5 可以用来计算 $\bar{x}$ 表格中的控制上限 UCL 和控制下限 LCL：

$$UCL_{\bar{x}} = \bar{\bar{x}} + A_2\bar{R} \qquad (14\text{-}4)$$

$$LCL_{\bar{x}} = \bar{\bar{x}} - A_2\bar{R} \qquad (14\text{-}5)$$

各个子群平均值的总平均值被称作生产过程的平均值，该数值同时又被称为“$\bar{\bar{x}}$”（见公式 14-6）。

$$\bar{\bar{x}} = \frac{\sum \bar{x}}{n} \qquad (14\text{-}6)$$

A_2 是一个与每个子群中样本数目有关的统计学常量，A_2 的值可从表 14-6 的统计表中查得。计算控制上限和控制下限时同样考虑了子群极差的平均值。

极差表（R 表）可以直观地显示出各个子群样本之间极差的差异。对于极差表来说，只需要计算出控制上限即可，计算该极限的公式如 14-7 所示：

$$UCL_R = D_4\bar{R} \qquad (14\text{-}7)$$

D_4 是一个与每个子群中样本数目有关的统计学常量，D_4 必须通过查阅表 14-7 中的表格取值。计算控制上限时同样要考虑各个子群极差的平均值。如果某一个数据点落在了极差表的控制上限之上，则说明有 99.7% 的概率该生产过程中的某一环节发生了变化。

$\bar{x}/R$ 表格可以让质量工程师了解到某一生产过程（或某台机器）是否在可以接受的范围内工作。该表格不能用于判断该子群中哪个零件超出公差范围。如果生产过程发生了改变（或是对某一机器做出调整），那么相应的控制极限也需要重新计算。

表 14-6　用于计算 UCL 和 LCL 的 A_2 取值（与子群大小有关）。

每个子群中样本数目	A_2 的取值
3	1.023
4	0.729
5	0.577
6	0.483
7	0.419
8	0.373
9	0.337
10	0.308

表 14-7　用于计算 UCL_R 的 D_4 取值（与子群大小有关）。

每个子群中样本数目	D_4 的取值
3	2.574
4	2.282
5	2.114
6	2.004
7	1.924
8	1.864
9	1.816
10	1.777

综合应用

一位女质量工程师接到一项新的任务，对一台已经使用多年的用于生产圆柱体零部件的电脑数控车床进行评估，生产经营者已注意到该机器生产出的产品中有大量不合格产品。质量工程师仔细询问了该电脑数控车床的操作员，该操作员说他自己会定期对该机器进行调试，以尽量避免生产出不合格的产品。质量工程师告诉操作员，产品尺寸的偏差是必然会出现的，尽管是出于好意，但不断调整机器参数最终会导致更严重的产品尺寸偏差。质量工程师告知操作员她在分析机器性能时需要得到哪些方面的帮助，她将通过分析决定是否需要对生产过程做出调整或是对机器进行维修。质量工程师让操作员依次生产出五个圆柱体零件，对它们的尺寸进行测量（其目标尺寸为 2.000 英寸，公差为 ±0.003 英寸），并将测量结果记录在表格当中。在这一过程中，即便生产出的产品超出公差范围，操作员都不可以对机器做出任何调整。质量工程师选择了合适的测量仪器，并教会操作员如何正确有效地使用该仪器进行相应测量。当操作员测得七组数据之后（如表 14-8 所示），他将这些信息交给质量工程师。

表 14-8 子群中样本的尺寸。

样本数据组						
组 1	组 2	组 3	组 4	组 5	组 6	组 7
1.997	2.003	2.000	1.999	2.001	2.002	2.000
1.999	2.000	2.001	1.998	2.002	2.000	2.000
1.999	2.001	1.999	2.000	2.002	2.000	1.999
1.997	2.002	1.999	1.996	2.000	1.999	2.001
1.998	1.998	2.000	2.001	2.000	2.001	1.998

利用操作员提供的表格中的数据、同时以目标尺寸 2.000 英寸为基础，质量工程师对这一批尺寸数据进行编码，并将编码后的数据放在一张新的表格当中（如表 14-9 所示）。其中，新增加了求和、平均值、极差三个项目，将其分别计算后也同样填写在新的表格中。

表 14-9 经过编码的样本数据。

	样本数据组						
组号 i	1	2	3	4	5	6	7
x_{i1}	-3	3	0	-1	1	2	0
x_{i2}	-1	0	1	-2	2	0	0
x_{i3}	-1	1	-1	0	2	0	-1
x_{i4}	-3	2	-1	-4	0	-1	1
x_{i5}	-2	-2	0	1	0	1	-2
求和 $\sum x_i$	-10	4	-1	-6	5	2	-2
平均值 $\bar{x}_i = \frac{\sum x_i}{n}$	-2	0.8	-0.2	-1.2	1	0.4	-0.4
极差 $R = x_{i\max} - x_{i\min}$	2	5	2	5	2	3	3

接下来，质量工程师将编码后的数据绘制在直方图中，以判断该生产结果是否形成一条正态分布曲线（如图 14-23 所示）。如果该生产结果不满足正态分布，那么就不需要进行后续的数据统计分析了。

图 14-23　以表 14-9 所列编码后的数据绘制的直方图。

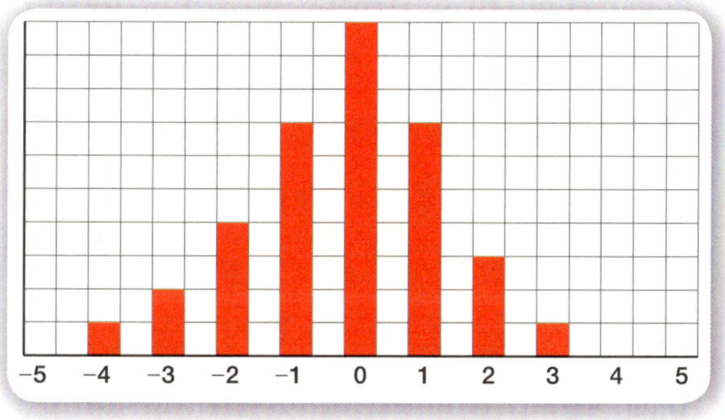

通过直方图，可以判断该生产结果是满足正态分布的。接下来，质量工程师通过各子群数据的平均值和极差计算出了生产过程的平均值（$\bar{\bar{x}}$）和极差平均值（$\bar{R}$）。将这些计算结果填入到其各自对应的空格当中。

$$\bar{\bar{x}}=\frac{\sum\bar{x}}{n}=\frac{[(-2)+0.8+(-0.2)+(-1.2)+1+0.4+(-0.4)]}{7}$$
$$=-0.23$$
$$\bar{R}=\frac{\sum R}{n}=\frac{2+5+2+5+2+3+3}{7}$$
$$=3.14$$

紧接着，质量工程师利用生产过程的平均值和极差的平均值计算得到$\bar{x}$表格中的控制上限和控制下限：

$$UCL_{\bar{x}}=\bar{\bar{x}}+A_2\bar{R}$$
$$=-0.23+0.577\times3.14$$
$$=1.6$$
$$LCL_{\bar{x}}=\bar{\bar{x}}-A_2\bar{R}$$
$$=-0.23-0.577\times3.14$$
$$=-2.0$$
$$UCL_R=D_4\bar{R}$$
$$=2.114\times3.14$$
$$=6.6$$

随后，质量工程师在平均值表格中画出三条水平线，分别代表着生产过程的平均值、控制上限和控制下限，同时在极差表格中画出一条水平线，代表着控制上限。最后，将编码后的每一子群平均值数据和极差数据画在相应的表格之中，并用直线将相邻各个点连接起来（如图 14-24 所示）。

从编码后的数据来看，质量工程师可以轻易发现该电脑数控车床至少生产出了一个超出 ±0.003 英寸公差的产品。这也就意味着，该机器可能生产出其他尺寸过大或是过小的产品，并导致至少一个产品需要报废。然而，通过 $\bar{x}/R$ 表格却可以看出，该机器的生产过程是始终保持在可接受范围内的。子群中数据的平均值没有一致形成递增或递减的趋势，也没有同时处于平均线的同一侧。因此，尽管该机器在生产过程中产生了至少一个废品，但是从统计学的角度讲却没有理由对该老旧的机器进行调整。至此，这位质量工程师将她得出的结论整理成一份技术报告，并分别向生产经营者和车床操作员进行汇报。

图 14-24 所示的控制表格显示出各个子群数据的确存在偏差，但这些生产过程中的偏差全部处于通过所采集的数据计算得到的控制极限之内。同时，绘图得到的信息并没有显示整体上有着递增或是递减的趋势，也没有七个点同时处于平均线同一侧的情况发生。

图 14-24 以表 14-8 和 14-9 中数据为基础绘制的 $\bar{x}/R$ 表格。

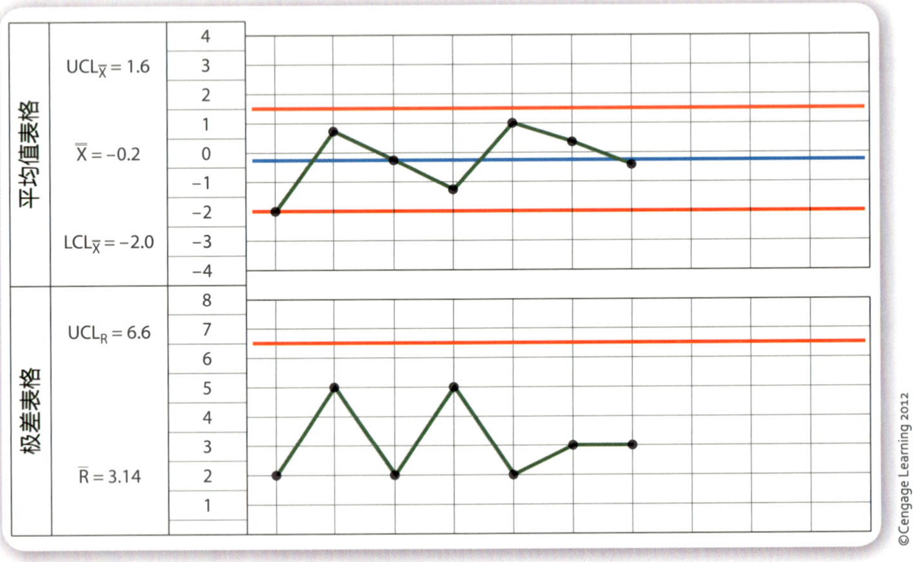

工程师档案

邦迪

©Cengage Learning 2012

邦迪（William F. Bundy, Jr.）是一名美国海军中尉，他同时也是美国“汉普顿号”核潜艇上的主任工程师。“汉普顿号”核潜艇是目前同类潜艇当中性能最为先进的，但是要保证这一 360 英尺长的钢铁机器在大海中安全、悄无声息地运行却非易事。邦迪的主要工作就是负责该潜艇上核动力装置的保养、维修和操作。

关于加利福尼亚州圣迭戈军港的潜艇队员的工作，邦迪介绍道：“通常情况下，我们都在海上航行。大多数情况下，我们执行的都是附近海域的任务，每次出海两到四周不等。我们随时要为可能到来的战争做准备，也就是说我们经常要演练。我们已经和日本、新加坡、澳大利亚等国进行过联合军事演习，并且刚刚在菲律宾海域完成了一次军事演习。在这次演习中我们击毁了一艘航空母舰和一艘驱逐舰。当然，我们有时也会被航空母舰及其护卫舰击沉。”

工作内容

如果你认为邦迪的工作就是整天拨弄各类仪表盘，那么你就大错特错了。这个 29 岁的海军小伙子同样获得了宾夕法尼亚大学沃顿商学院的硕士学位。“我大多数时间都在开会，当潜艇上某一仪器损坏时，在我手下有一个 60 人组成的多功能团队会对这一故障进行处理。我们首先需要确认故障具体出现在哪里，然后从原理上搞清楚为什么会出现故障，然后再进行修复。同时，日常还有很多保养工作要做——每年要保养几千台仪器，以确保各类结构构件和电子系统全部正常运行。这个工作量的确很大。”

职业启蒙

对于小邦迪来说，他并不需要到处寻找职业启蒙的机会。他的父亲是一位有着三十年出海经验的老海军队员，现在在海军战争学院任教。但小邦迪却认为，比起父亲对他产生的影响来说，他所处的周边环境对他造成的影响反而更大些。“我经常与海军水手和军官们交流，他们让我真正对在海军中任职进行严肃的思考。”

当年，童子军拓展训练项目让邦迪开始考虑今后从事工程类职业：“我们社区中有一个‘了解工程’的活动，在四周的时间里，该活动为我们介绍了不同的工程领域。其中还包含了一些极具挑战性的活动，比如‘如何利用回形针和橡皮筋将空气从一处驱赶到另外一处’，我很享受这种自己产生想法并付诸实施的过程。”

教育经历

在过了将近 10 年之后，邦迪仍然对他在海军学院学到的东西印象深刻，他在那里主修的是系统工程。“这是一段令人难忘的教育经历，我在其中学到了很多有用的东西。例如做事情尽量简单化这个原则，我在工作中一直使用至今。当时在一次跨校竞赛中，我所在的团队设计和制作了一个无人水下航行器。我们在自己的参赛作品上面安装了陀螺仪、深度仪等各类仪器，但是最终获得第一名的队伍仅仅使用了简单的乐高处理器，它们的控制系统仅有简陋的螺旋桨和舵。”

给学生的建议

邦迪坚信每个人都可以从工程的学习中获益。“不论你今后是否想要成为一名工程师，工程学都将教会你如何思考问题。我在学校学习的静力学和材料学课程都极为简单，但我们却要始终遵循解决工程问题的顺序去学习——提出问题、做出假设、建立方程、解决问题。解决问题的方法是最重要的。一旦领会了其中的真谛，你就可以去着手解决世界上的任何问题。”

总 结

- 目前在世界范围内常用的计量体系有美制（英制）和国际标准单位制两种。
- 采用科学计数法表示特别大或特别小的数字的优点在于可以避免数学计算中的错误。
- 虽然分数刻度尺与十进制刻度尺的测量单位都是英寸，但是分数刻度尺用分数的形式描述位于两个整数之间的部分（如 $1\frac{1}{2}$ 英寸）；而十进制刻度尺用小数的形式描述位于两个整数之间的部分（如 1.5 英寸）。
- 换算率用于将一个计量体系内的单位换算成另一个计量体系内的单位。
- 游标卡尺和千分尺都是精密测量仪器。
- 数据统计分析的主要工作内容是确定和计算一组数据的众数、中位数、平均值。
- 众数是一组数据中出现次数最多的数。
- 中位数是一组从小到大排列的数据中处于中间位置的数。
- 求解平均值时需要将全部数据相加，并将求和结果除以该数据集中数据的个数。
- 极差是一组数据中最大值与最小值之间的差值。
- 一组数据的标准差代表了该组数据中每一个数据距离均值的离散程度。
- 数据集中包含的数据越多，则对数据的分析预测结果就越精确。
- 产品质量在第二次世界大战后引起重视，因为当时的军火制造商普遍向民用领域转移。
- 质量管理体系包括质量策划、质量控制、质量改进三个部分。
- 质量控制包括对生产过程进行监测并找出造成质量问题的因素，并在此基础上寻求解决问题的方法，最终付诸实施。
- 质量改进包括修改设计参数、调整生产工艺以提高产品质量、提高生产效率或降低成本。
- 工程师通过引入统计学过程控制方法保证高效、精密和准确地生产低成本、高质量的产品。
- 过程控制方法包括校准设备、选择合理的测量仪器，以及减少人为失误。
- 产品的偏差可以通过测量得到，如果该偏差没有超出公差的范围，那么就是可以接受的。
- 偏差通常由偶然原因或可指定原因引起。
- 数据编码是质量工程师采用的一种可以快速辨别哪些样本超出了公差范围的技术。

（接下页）

总　结

（接上页）

- "生产能力"（*Cp*）是对数据分布规律的测量，同时能够反映出生产过程中该机器能够保证产品的参数不超出蓝本标准（公差）的能力。
- 控制表是在过程统计控制中用于记录生产性能的方法，它们可以显示出某一生产过程在何时发生了改变、何时需要对该生产过程进行调整。生产过程中常用到的一种控制表是"$\bar{x}/R$表"。

课后作业

1. 为什么建立标准计量体系很重要？
2. 搜集历史上曾经试图建立标准计量体系的事例。
3. 为什么科学家常常采用科学计数法？
4. 与普通的刻度尺相比，游标卡尺具有哪些优点？
5. 一组数据的众数指的是什么？
6. 给出一组双峰数据的例子。
7. 哪一种统计量表示该组数据中每一个数据距离均值的离散程度？
8. 什么是直方图？
9. 日本是如何从生产低质量产品向生产高质量产品转变的？
10. 在测量时应该如何选用合适的测量仪器？
11. 哪一类数据仅有是或否、好或坏、行或不行之分？
12. 数据编码技术是如何减少错误发生的？
13. 术语"生产能力（*Cp*）"指的是什么？
14. 控制极限和公差之间的差别是什么？

补充作业

问题陈述：你需要对 X 公司进行评估和搜集数据，该公司想知道其生产线是否正常运行并能够生产符合要求的零件。

活动：用游标卡尺测量 50 个看似相同的建筑用砖，并用公式 14-3 计算其 *Cp* 值。

术语表（按照拼音字母顺序排列）

A

安全系数（factor of safety）： 材料极限应力和容许应力之间的比值。

B

BASIC Stamp： 一种微控制器，用 Parallax PBASIC 编程语言编程，能够与其他集成电路相连，和输入输出设备沟通，以及管理网络。

比例极限（proportional limit）： 在应力 - 应变曲线上的一个点，超过这个点之后，应力和应变将不再保持正比例关系。

闭环控制系统（closed-loop system）： 受输出信号影响，并根据输出信号做出相应调整的控制系统。

变形（deformation）： 在力、热或其他物理现象作用下，物体所产生的在尺寸上的变化。

变形体力学（deformable-body mechanism）： 应用力学的一个分支，重点研究固体在外荷载的作用下发生的变形。

标称尺寸（nominal size）： 物体上标记的尺寸，和其真实尺寸有一定的差异。

标距长度（gage length）： 拉伸试验中被测试件的初始长度，由两个相隔一定距离的小标记确定。

标量（scalar）： 只有数值大小的量。

标准（standard）： 由权威机构制订或者普遍认同的一种参考文件，作为比较和核查的技术基础。

标准差（standard deviation）： 一组数据的标准差代表了该组数据相对于平均值的离散程度。

C

材料（material）： 用来制造实体物品的有形物质。

材料加工（materials processing）： 将原材料转化为成品的过程。

材料疲劳（fatigue）： 材料在加载、卸载循环下发生的性质弱化。

常闭（normally-closed，NC）： 线圈断电时继电器闭合。

常开（normally-open，NO）： 线圈断电时继电器断开。

成型法（forming）： 一种制造工艺。通过施加一定的压力使材料发生永久的变形。

处理（process）： 一系列用于控制输出信息的系统行为。

传感器（sensor）： 对物理刺激（如热、光、声音、压力、磁力或特殊运动）做出响应并输出相应信号（用于测量或操作控制）的器件。

催化剂（catalyst）： 用于开启化学反应的物质。

脆性（brittleness）： 材料在较低应变下就发生破坏的力学性质。

D

等截面杆（prismatic bar）： 一根笔直的杆，横截面处处相同。

电磁铁（electromagnet）：一种由缠绕在铁芯上的导线线圈构成的装置，电流通过线圈时可产生磁场。

电可擦可编程只读存储器（electrically erasable programmable read-only memory，EEPROM）：可重写且不需要电维持其内容的记忆芯片。

电位差计（potentiometer）：一种可以手动改变回路电阻的模拟输入设备。

电阻（resistance）：（1）导体对电流的阻碍作用；以欧姆为单位。（2）对电流有阻碍作用的电子器件。

动荷载（dynamic load）：指在结构外部或者内部运动的物体所产生的荷载。

动理学（kinetics）：动力学的一支，研究导致物体运动的力。

动力学（dynamics）：对处于运动状态的对象的研究。

断面收缩率（percent reduction in area）：衡量拉伸试验试件在断裂面处横截面积的缩减。

锻造（forging）：一种加工金属的方法。通过控制金属的塑性变形，使之达到所需要的形状。

惰性（inert）：一种物质难以与其他物质发生化学反应的性质。

F

法规（code）：由法律规定的标准。

法向力（normal force）：沿着结构构件中心轴线方向的作用力，包括拉力和压力等。

反馈（feedback）：为了自我纠正而返回系统输入装置的信息。

非共点力系（nonconcurrent force system）：所有力的作用线并非汇交于同一点的力系。

非共面非共点力系（noncoplanar nonconcurrent）：体系中力的作用线并不都处在同一个平面内，也并不汇交于同一点。

非共面共点力系（noncoplanar concurrent）：体系中力的作用线并不都处在同一个平面内，但是其作用线却汇交于同一点。

非共面力系（noncoplanar force system）：所有力的作用线并非全部处在同一个平面内的力系。

复合材料（composite material）：复合材料由两种或多种完全不同的材料组成。这些材料通过分层或混合的方式进行组合，从而增强材料的某些性能。

G

刚体（rigid body）：指受到外力作用时不会发生形状改变或者大小变化的物体。

高分子（macromolecule）：非常大的天然或合成分子，由小分子链接而成。

工程应力－应变曲线（engineering stress-strain diagram）：展示某种材料的应力（纵轴）和应变（横轴）之间关系的曲线，假定材料的横截面积保持不变。

公差（tolerance）：指一组可以接受的尺寸变动范围，只要产品的指标在这一范围内，就不至于影响其正常工作。

公制（metric system）：一种单位制，以米、升和千克等单位衡量。

攻螺纹（tapping）：一种刻制内螺纹的加工工艺。

共点力系（concurrent force system）：所有力的作用线汇交于同一点的力系。

共面非共点力系（coplanar nonconcurrent）：体系中力的作用线都处在同一个平面内，但其作用线并不汇交于同一点。

共面共点力系（coplanar concurrent）：体系中力的作用线都处在同一个平面内并且汇交于同一点。

共面力系（coplanar force system）：所有力的作用线均处在同一个平面内的力系。

供求关系（supply and demand）：产品在市场上的供应量和消费者的需求量之间的关系。

构件（member）：构成结构的部件。

构件内力（internal member force）：在构件内部传递的力称作构件内力。

固化（curing）：材料从液体状态或可塑状态转化为永久固态的过程。

固化剂（hardener）：一种催化剂，使树脂中的高分子聚合物形成交联结构。

光电晶体管（phototransistor）：当光照上的时候产生输出的数字开关装置。

贵金属（precious metal）：比较稀缺，耐腐蚀性强的一些金属，因其颜色、光泽和延展性而具有很高的价值。如金、银、铂等。

国际标准化协会（International Organization for Standardization，ISO）：世界上最大的规范标准发布者。

过程控制（process control）：一种特殊的闭环系统，可监测工业过程使制造的产品统一化。

过程统计控制（statistical process control）：以改进生产过程（如缩小产品之间的差异）为目的的数据采集。

H

合成（synthetic）：用化学反应等人工方法生成材料的过程。

合金（alloy）：两种或多种元素的混合物，其中一种元素是金属。

荷载（load）：施加在物体上的外力；例如拉力、压力、剪力和扭矩。

桁架（truss）：桁架是由木材或钢材构件搭建而成的三角形刚性框架。

横截面（cross-section）：将物体沿着与长轴垂直的方向切开所得到的截面。

横截面面积（cross-sectional area）：横截面的表面积。

胡克定律（Hooke's law）：由英国科学家胡克于1678年发现的弹性定律，阐述了材料在受拉时，位于比例极限以内的区域中，应力和应变呈线性关系。

簧片开关（reed switch）：一种电磁控制的数字开关装置。

回弹模量（modulus of resilience）：单位体积的材料在不发生塑性变形时可吸收的应变能量。回弹模量的值等于工程应力-应变曲线上原点和屈服极限之间的曲线和横轴组成的面积。

J

机构（structure）：由一组可相互连接的构件组成的稳定体系，可以承受一定的荷载。

基体（matrix）：一种连续相的黏合剂，包围在增强体外面使增强体位置固定。

极限应力（actual stress limit）：超过这个限制，结构构件中的应力会导致结构出现永久变形甚至破坏；对于一种在实际应用中必须在弹性区工作的材料，极限应力往往是屈服极限。

挤压（extrusion）：一种用于制造均匀横截面零件的生产工艺。

加速度（acceleration）：在一定时间内物体运动速度的数值或方向的变化。

剪力（direct shear）：如果两个错开一定距离的力沿相反的方向撕扯物体，试图使物体沿着与力的方向平行的平面一分为二，就会产生剪力。

剪力（shear force）：受剪物体中传递的力。

剪切法（shearing）：一种生产工艺，在平板形坯料中切割出一个特定的形状。

剪应力（shear stress）：单元剪切面积所受的剪力。

简单支座（simple support）：一端固定，一端滑动的支座。

简支梁（simply supported beam）：一端是固定铰支座，另一端是滑动铰支座的梁。

焦炭（coke）：一种低硫烟煤，通过烘烤已经将水分、煤气和煤焦油都去除了，留下的绝大部分是碳。常用于炼钢。

铰孔（reaming）：钻孔工艺之后进行，可以精确地铰刮孔的表面，使其达到标准的尺寸。

截面惯性矩（area moment of inertia）：结构构件横截面的一种几何性质，反映了截面面积相对于形心轴的分布情况，也体现了截面抵抗沿中性面转动能力的强弱，也被称为第二面积矩。

校准（calibration）：利用某一标准的、固定不变的参照物对测量仪器进行检查和调整的过程。

金属（metal）：在室温下十分坚硬，具有光泽并且有良好的导电性和导热性的固体材料。

精确（precision）：指十分准确或完全相同。

颈缩（necking）：材料在拉伸破坏时，横截面会出现的明显缩小的效应。

静荷载（static load）：包括结构自重和其他静止不动的物体所产生的荷载。

静力平衡状态（static equilibrium）：作用在物体上的力相互之间保持平衡，使得物体保持静止的状态。

静力学（statics）：对处于静止状态的对象的研究。

距离（distance）：两个物体或两点之间的远近，不局限于直线。

聚合物（polymer）：一种天然存在或合成的高分子有机化合物，其链式分子由至少 100 个称作单体（或基体）的简单分子重复排列形成。

聚合作用（polymerization）：单体连结在一起成为聚合物的过程。

均布轴向应力（uniform axial stress）：构件横截面单位面积上的法向力。

K

开环控制系统（open-loop system）：系统的输入信号不受输出信号影响的控制系统。

科学计数法（scientific notation）：用一个介于 1 和 10 之间的数和一个 10 的幂数的积（如 1.5×10^2）表示一个特别大或是特别小的数。

可编程逻辑控制器（programmable logic controllers, PLC）：一种专业化的大型计算机系统，用于工厂车间、化工厂、仓库的流程控制。与传统的继电器逻辑控制器密切相关。

可持续设计（sustainable design）：也被称为绿色设计或生态设计，指的是在产品设计过程中，考虑产品对于生态环境的影响，并且提出合适的解决方案。

可锻性（malleable）：材料受到锤击或其他形式的压力后变形而不致断裂的性质。

可行性研究（feasibility studies）：告诉企业生产某种产品是否可行。

可指定原因（assignable cause）：是与生产流程无关的那些造成产品质量不合格的原因，它们是间歇性出现的、不可预测的和不稳定的。

控制极限（control limit）：（1）预先确定的、在产品制造过程中可以使用的详细参数合集；（2）由三个标准差计算的大于平均水平的上限和由三个标准差计算的小于平均水平的下限。

控制误差（control limits）：在制造产品过程中可以接受的一系列具体的、预设的参数。

控制系统（control system）：一组共同工作的元件，在处理器或计算机的指示下完成给定的任务。

矿（ore）：富含所需金属元素的原材料，这些金属元素和其他元素以化合物的形式存在，人们通过商业开发的形式取得矿石中的金属，如开采、冶炼及其他工艺。

L

拉法（drawing）：拉伸、挤压或弯曲坯料，使之穿过模具或绕模具运动，最后达到所需形状的加工方法。

拉力（tension）：当两个力沿着相反的方向向外拉拽一个物体时，就会产生拉力，拉力会让物体出现拉伸变形。

离心铸造法（centrifugal casting）：一种制造方法，利用离心力使熔融金属紧贴旋转模具内壁而成型。

力（force）：作用在物体上的推动或者拉动作用，可以引起物体运动、改变物体的运动状态或者造成物体的变形。

力矩（moment）：一种使得物体产生扭转或旋转趋势的作用。

力－位移曲线（force-displacement diagram）：对于一种特定材料，反映作用在它上面的力（纵轴）和它产生的变形（横轴）之间的关系，常用于反映破坏性实验的结果。

力系（force system）：合在一起考虑的两个或多个力的组合。

力学（mechanics）：一门关于运动、力以及力作用在物体上产生的效应的科学。

力学性质（mechanical property）：材料在承受外力时表现出来的一些性质，包括延性、弹性、硬度、展性、强度、韧性等。

炉渣（slag）：冶炼过程产生的不需要的杂质。

螺线管（solenoid）：一种机电装置，用电磁学原理控制执行机构的运动。

落叶树（deciduous tree）：在生长季节结束后叶片会掉落、以浆果或坚果的形式贮藏种子的树种。

M

美（英）制（U.S. customary system，或 English system）：以英寸、英尺、码、英里为基本度量单位的单位制。

模拟信号（analog signal）：连续的电信号，强度会随着时间而改变，并能够在给定范围内获得无数个值或级别。

模数转换器（analog-to-digital converter，ADC）：将模拟信号转化为数码信号（如二进制）的装置。

N

耐火材料（refractories）：可以抵抗极端高温（高于 1000℉）的非金属陶瓷材料。

牛顿第二定律（Newton's second law of motion）：物体受到的力等于物体自身的质量与物体加速度的乘积。

牛顿第三定律（Newton's third law of motion）：任何一个作用都同时存在一对作用力与反作用力，并且相互作用的两个物体之间的作用力和反作用力总是大小相等，方向相反，作用在同一条直线上。

牛顿第一定律（Newton's first law of motion）：任何物体都有保持静止状态或匀速直线运动

状态的惯性，直到外力作用迫使它改变原有的状态。

扭转（torsion）：当两个相隔一定距离的力、沿着相反的方向作用在一个物体上时，就会产生扭转。

O

偶然原因（chance cause）：造成数据偏差的无法定量描述的，甚至有时无法辨别的因素。

P

抛体（projectile）：抛体是指仅受重力作用且同时在水平和竖直两个方向上进行运动的物体。

疲劳（fatigue）：材料在重复加载和卸载下的力学性质退化。

平均值（mean）：将全部数据相加，并将求和结果除以该数据集中数据的个数就得到平均值。

破坏（fracture）：材料失效的总称；结构失效。

破坏性试验（destructive testing）：对被测试件施加荷载直到破坏试件，同时收集数据以分析材料的力学性质。

Q

千分尺（micrometer）：一种可精确测量长度的工具，可用于测量扁平材料的厚度与圆形材料的直径等。

强度（strength）：材料抵抗外部荷载能力的总称。

强度极限（ultimate stress）：材料在不破坏的情况下所能达到的最大应力值。

屈服极限（yield stress）：工程应力 - 应变曲线上的一点，超过它以后材料将会出现永久变形。

R

热固性塑料（thermosetting plastic）：一旦成形就固定不变形的塑料，不能重塑。

热敏电阻（thermistor）：它的阻值随着温度改变而改变，可作为模拟输入装置。

热塑性塑料（thermoplastic）：加热后可以重塑的塑料。

人为失误（human error）：指由于人为疏忽或意外事故导致的错误行为或错误决定。

韧性（toughness）：材料通过塑性形变吸收能量的能力。

韧性模量（modulus of toughness）：材料在不破坏的情况下单位体积可做的功。韧度模量的数值等于工程应力 - 应变曲线以下的所有面积。

容许应力（allowable stress limit）：用安全系数人为确定的应力极限；对于一种在实际应用中必须在弹性区工作的材料，容许应力小于屈服极限。

熔模铸造法（investment casting）：一种制造方法，通常叫做脱蜡铸造法，因为在铸造金属过程中，由蜡制成的模具会熔化。

S

三峰分布（trimodal）：含有三个众数的数据集为三峰分布数据集。

伸长计（extensometer）：一种机械测量仪器或机电传感器，可以持续测量试件在试验过程中的轴向变形，并且将这些信息反馈到计算机中。

伸长率（percent elongation）：衡量拉伸试验试件在最终拉断后的长度增加量。

生产工艺（manufacturing process）：使得产品最终能够被生产出来的一系列操作过程。

生产能力（process capability）：描述数据分布规律的参数，同时能够反映出生产出的产品的参数与蓝本（BP）标准（公差）的相符程度。

矢量（vector）：既有方向又有大小的量。

市场调研（market research）：对各类人群消费偏好的研究。

受力图（free-body diagram，FBD）：受力图展示了一个与四周环境无关的刚体、机构或质点及其受到的所有的力。

输出（output）：计算机或由计算机控制的机器的行动产生的信息。

输入（input）：将信息录入处理系统或计算机中。

属性数据（attribute data）：自然界中存在的二进制，无法进行更进一步的分析，如对与错、好与坏、走或不走。

树脂（resin）：一种类胶的固体或半固体黏性物质，含有高分子聚合物，在固化剂催化下会形成交联结构。

数模转换器（digital-to-analog converter，DAC）：将数字信号转换成模拟信号（如电压）的装置。

数字控制（numerical control）：一种控制系统，用数字信号控制铣床和车床等生产零件。

数字信号（digital signal）：一种在给定范围内有着整数个离散级别或离散值的电信号。

双峰分布（bimodal）：含有两个众数的数据集为双峰分布数据集。

伺服系统（servomechanism）：由传感元件、放大器和伺服电动机组成的反馈系统。

速度（velocity）：包含了物体运动速率与运动方向的物理量。

速率（speed）：物体单位时间内通过的距离。

塑料（plastic）：一类聚合物材料，最终状态为固体，制造过程的一些阶段为液体，在加热或受压时可变成不同的形状。

塑性变形（plastic deformation）：在材料的屈服极限以上发生的变形，直到破坏极限为止。

T

弹性（elasticity）：材料在卸荷之后回弹到初始状态的力学性质。

弹性变形（elastic deformation）：物体在荷载作用下产生尺寸或形状上的变形，当荷载卸除后，物体会回弹到初始的尺寸，这样的变形就是弹性变形。

弹性模量（modulus of elasticity）：在工程应力 - 应变曲线的弹性区域内，位于原点和比例极限之间的曲线的斜率被称为弹性模量。

弹性区域（elastic region）：工程应力 - 应变曲线上处于原点和屈服极限之间的区域，在此区域内，物体发生的都是弹性变形。

弹性体（elastomer）：天然或合成的聚合物，能够在室温下被拉伸到至少两倍的自身长度，在移除外力后仍可回到原本尺寸。

碳氢化合物（hydrocarbon）：只含碳原子和氢原子的分子。

镗孔（boring）：进行精确扩孔的加工工艺。

陶瓷（ceramics）：各种基于非金属、无机固体化合物的材料的总称，经过加热然后冷却制成。

套丝（threading）：一种刻制外螺纹的加工工艺。

梯形逻辑图（ladder logic diagram）：一种计算机编程语言，类似于梯子的结构，即有两条垂直线与一条水平梯级线，经常用于可编程逻辑控制器。

条件屈服极限（offset yield stress）：工程应力 - 应变关系图上，从横轴上的 0.2% 应变点开始，绘制一条与原点到比例极限的直线相平行的直线，与应力应变曲线的交点即为条件屈服极限。

统计学（statistics）：研究数据的采集、分析与解释的学科。

图示（schematic）：用符号来代表系统组件的示意图。

图像化流程图（graphical flowcharting）：一种计算机程序语言，用图像来体现整个过程中的操作顺序。

W

弯曲（deflection）：梁构件经常会发生的一种变形，即一侧被拉伸、另一侧被压缩。

万能拉伸试验机（universal testing machine）：一种多用途的仪器，可以进行几种不同的破坏性应力试验，包括拉伸试验、压缩试验、剪切试验和弯曲实验。

微处理器（microprocessor）：一种单晶片的计算机元件，包含了控制单元、中央处理电路以及所有必要的逻辑器件，可用作为计算机的中央处理器（CPU）或专用的自动控制系统。

微控制器（microcontroller）：一种电子设备，由微处理器、存储器、输入输出接口、用于计时的晶体振荡器、ADC 以及 DAC 组成，所有的元件都置于一块电路板上。

物理性质（physical property）：材料不需要经过化学变化就能表现出来的性质。

X

限位开关（limit switch）：用以限定机械设备的运动极限位置的电气开关，当运动物体接触到限位开关时，该开关会发送信号至控制器。

形心（centroid）：物体形状的中心。

形心轴（centroid axis）：一条假想的轴线，穿过形心并且与笛卡尔坐标系三条主轴中的一条重合，具体与哪一条重合取决于结构构件的方向。

悬臂（cantilever）：一端固定在墙或柱上，另一端悬伸出来，不受任何支承的结构构件。

Y

压力铸造法（die casting）：一种与注塑成型法很相似的制造方法。熔融金属被直接注入金属压铸模中，立即被冷却，随后与模具脱离。

压缩（compression）：当两个力沿着相对方向挤压物体时，物体就会被压缩。

压铸模（die）：制造工艺中使用的一种模具。

延性（ductility）：（1）材料在拉伸作用下出现塑性变形而不破坏的力学性质。（2）材料可以被加工成线材而不发生破坏的物理性质。

杨氏模量（Young's modulus）：弹性模量的另一个名称，用以纪念英国著名科学家托马斯·杨，他最早引入了弹性模量的概念并为它命名。

冶炼（smelt）：从矿石提炼出金属元素的过程，它需要持续不断的稳定高温加上助熔剂，如石灰岩。

盈亏平衡点（breakeven point）：产品的全部销售收入等于产品成本支出时的产量。

应变（strain）：也被称作单位变形，是物体相对于最初的单位尺寸所发生的改变。

应力（stress）：物体在外力引起变形时作出的抵抗行为，这些外力包括拉力、压力、剪力和扭力等。

硬度（hardness）：材料耐刺、耐刮、耐磨的力学性质。

硬化（work-harden）：对金属重复施加压力，使其发生永久变形，强度和硬度提高。

游标卡尺（dial caliper）：一种精度可达 1/1000 英寸的测量工具，可以测量物体的内尺寸、外尺寸及深度，通过游标读取数值。

元素（element）：仅由一种原子组成的物质，不能用化学方法分解成更简单的形式。

原子（atom）：物质中保持元素性质的最小的不可分单元，是元素最基本的组成单位。

运动控制（motion-control）：用于协调执行机构和其他组件的运动的系统。

运动学（kinematics）：力学的一个分支，是在不考虑物体受力的情况下对物体运动状态的研究。

Z

再结晶温度（recrystallization temperature）：对某种金属而言，在该温度下，金属的强度下降，更易成型。

增强体（reinforcement）：复合材料中用于加强的结构组分，常常以纤维、晶须或颗粒的形式存在，并且用另一种相的基体材料将其包裹。

展性（malleability）：材料可以抵抗压力并且发生塑性变形而不破坏的力学性质。

针叶树（coniferous tree）：一种常青树，通常具有针状的树叶和锥形的种子。

支距法（offset method）：对于工程应力 - 应变关系图上屈服极限点不明显的材料，支距法可用于确定它的屈服点。做法为，从横轴上的 0.2% 应变点开始，绘制一条与原点到比例极限的直线相平行的直线，与应力应变曲线的交点即为材料的近似屈服点。

执行机构（actuator）：将电能、气体动力和液体动力等转化为机械运动的输出装置。

质量（quality）：（1）产品的特征可以满足使用者的需求；（2）没有瑕疵。

中位数（median）：一组从小到大排列的数据中处于中间位置的数。如果一个数据集中含有偶数个数据，则中位数等于处于中间位置的两个数据的平均值。

中性面（neutral plane）：梁构件上的一个假想面，它将一根梁划分成受压区和受拉区，中性面上没有应力。

众数（mode）：一组数据中出现次数最多的数。

重力（gravity）：物体所受到的地球引力，方向指向地球中心。

重力加速度（gravitational acceleration）：物体在地球上自由下落过程中的加速度，是一个常量。该常量的大小为 9.8 米 / 秒 ^{2} 或 33.2 英尺 / 秒 ^{2}。

铸造（casting）：一种制造金属零件的方法。将熔融金属注入一对砂模中，待金属冷却凝固后，将零件从模具中取出。

铸造车间（foundry）：金属铸造加工的场所。

钻孔（drilling）：材料的成孔工艺中最简单的一种。

图书在版编目（CIP）数据

工程原理. 下/（美）布雷特·A. 汉德利，（美）戴维·M. 马歇尔，（美）克雷格·库恩著；黄兆祺等译. —上海：上海科技教育出版社，2017.12
（中小学工程教育丛书/张民生主编）
书名原文：Principles of Engineering
ISBN 978-7-5428-6657-8

Ⅰ. ①工… Ⅱ. ①布… ②戴… ③克… ④黄… Ⅲ. ①工程技术—原理—高中—教材Ⅳ. ①G634.931

中国版本图书馆CIP数据核字（2017）第287918号

责任编辑　赵　地　郑丁葳
装帧设计　杨　静

中小学工程教育丛书
工程原理（下）
布雷特·A. 汉德利（Brett A. Handley）
戴维·M. 马歇尔（David M. Marshall）　著
克雷格·库恩（Craig Coon）
黄兆祺　楼初旸　唐楚虹　汪凡　王佳元　译

出版发行　上海科技教育出版社有限公司
（上海市柳州路218号　邮政编码200235）
网　　址　www.sste.com　www.ewen.co
经　　销　各地新华书店
印　　刷　上海普顺印刷包装有限公司
开　　本　889 × 1194　1/16
印　　张　15.75
版　　次　2017年12月第1版
印　　次　2017年12月第1次印刷
书　　号　ISBN 978-7-5428-6657-8/G·3798
图　　字　09-2016-202号
定　　价　86.00元

Principles of Engineering
By
Brett Handley, Craig Coon and David M. Marshall
Copyright © 2012 by Cengage Engineering, a part of Cengage Learning
Original edition published by Cengage Learning. All Rights reserved.
Simplified Character Chinese edition copyright © 2017 by
Shanghai Scientific and Technological Education Publishing House
Shanghai Scientific and Technological Education Publishing House is authorized by Cengage Learning to publish, distribute and sell exclusively this edition. This edition is authorized for sale in the People's Republic of China only (excluding Hong Kong SAR, Macao SAR and Taiwan). No part of this publication may be reproduced or distributed by any means, or stored in a database or retrieval system, without the prior written permission of Cengage Learning.
上海科技教育出版社业经圣智学习亚洲私人有限公司授权
取得本书中文简体字版版权